铁路电力牵引供电系统电气设备调试技术

中铁电气化局集团有限公司第一电气试验室　编

中国铁道出版社

2013年·北　京

内 容 简 介

本书主要内容包括电气试验的一般要求、电气设备单体试验、系统试验、系统整套启动试验四部分，同时涵盖城市轨道交通供电系统交流部分的试验。

本书主要供铁路电力牵引供电系统和城市轨道交通供电系统的电气试验人员使用，并可作为培训教材。本书还可作为设计单位以及大专院校教学的参考资料。

图书在版编目(CIP)数据

铁路电力牵引供电系统电气设备调试技术/中铁电气化局集团有限公司第一电气试验室编．—北京：中国铁道出版社，2013.5

ISBN 978-7-113-16557-4

Ⅰ．①铁… Ⅱ．①中… Ⅲ．①电气化铁道－牵引供电系统－电气设备－调试方法 Ⅳ．①U223.6

中国版本图书馆 CIP 数据核字(2013)第 104996 号

书　　名：**铁路电力牵引供电系统电气设备调试技术**
作　　者：中铁电气化局集团有限公司第一电气试验室　编

策划编辑：杨建国
责任编辑：孙　楠　王风雨　**编辑部电话**：021-73139　**电子信箱**：tdpress@126.com
编辑助理：李慧君
封面设计：崔　欣
责任校对：胡明锋
责任印制：陆　宁

出版发行：中国铁道出版社(100054，北京市西城区右安门西街 8 号)
网　　址：http://www.tdpress.com
印　　刷：三河市华丰印刷厂
版　　次：2013 年 5 月第 1 版　2013 年 5 月第 1 次印刷
开　　本：700 mm×1 000 mm　1/16　印张：14.5　字数：271 千
印　　数：1～4000 册
书　　号：ISBN 978-7-113-16557-4
定　　价：45.00 元

前言

PREFACE

电气化铁路变电所的首要任务是安全可靠地供电。任何故障导致停电,都会影响工农业生产及铁路的正常运输秩序,给人民的出行带来不便,给国民经济造成损失。所以针对各种类型的变电所在建成后能否顺利投入运行,以及投入运行后能否保证各种电气设备运行稳定、性能良好,对这些问题进行一系列的试验是非常必要的。

电气试验的主要目的是验证电气设备的各种性能是否符合国家规定的交接标准及厂家的技术条件,找出各种可能影响设备正常运行的缺陷并予以克服,为接收单位提供可靠、准确的试验数据,以便接收单位在预防性试验以及日常运行中能够进行分析和比较,从而保证设备的正常运转。通过电气试验能够发现设备的某些缺陷,但单一的试验项目存在一定局限性,试验人员需根据试验结果,结合有关标准、出厂数据以及同类设备试验数据进行比较,经过综合判断来发现电气设备绝缘缺陷或薄弱环节。对于设备缺陷试验方应会同生产厂家、项目施工方共同制定处理方案加以修复,经修复试验符合标准规程的要求后才可以投入运行。

本书由中铁电气化局集团有限公司第一电气试验室编制。第一电气试验室成立于1958年,已有50余年的历史。经过几代工程技术人员的努力,现在已取得国家二级电力试验室的认证。

本书根据国家标准《电气装置安装工程电气设备交接试验标准》(GB 50150)和行业标准《继电保护和电网安全自动装置检验规程》(DL/T 995—2006),针对铁路电力牵引供电系统电气设备特点,将电气设备调试工作划分为三个阶段进行,分别是电气设备单体调试、电气分系统调试和电气整套启动调试。电气设备单体调试包括绝缘试验和特性试验两部分,其目的是测试设备的制造质量和现场安装质量是否达到设计的需要,是否满足国家相关标准和规范的规定。电气分系统调试的目的是检查供电系统的各个子系统功能是否完整和可靠,是否满足设计文件要求。系统整套启动测试的目的是检验系统的整套功能是否满足运营需要，各项功能能否正常运行。

本书共分四篇31章，由吴胜翔担任主编，各篇章编写分工如下：

第一篇由吴向阳编写；

第二篇第4章、第5章由陈永琪编写；

第二篇第6章由楚树桥编写；

第二篇第7章、第8章由艾广宁编写；

第二篇第9章～第12章由张朝军编写；

第二篇第13章、第14章由陆阳编写；

第二篇第15章、第16章由屈明编写；

第二篇第17章、第18章由孙振声编写；

第二篇第19章、第20章由苗建祥编写；

第三篇第21章、第22章由徐杰编写；

第三篇第23章、第24章由吴胜翔编写；

第三篇第25章、第26章由吕朝编写；

第三篇第27章由周启斌编写；

第四篇由李书全编写。

全书的插图由周启斌绘制。

本书有较强的针对性，读者在阅读的过程中如果发现有缺陷或错误之处需要修改和补充，请将意见及有关资料寄送中铁电气化局集团有限公司第一电气试验室(北京市丰台区南四环西路188号7区10号楼，邮编100070)，欢迎大家提出宝贵的建议和意见。在此，我们向支持本书编制工作和对编制工作作出贡献的人员表示衷心的感谢。

中铁电气化局集团第一工程有限公司

总经理：丁晋赵

2013年4月

CONTENTS

目 录

第一篇 电气试验的一般要求

第二篇 电气设备单体试验

第三篇 系统试验

第四篇 系统整套启动试验

第一篇　电气试验的一般要求

第1章　电气试验的目的及基本要求

1.1　电气试验的目的

铁路电力牵引供电系统的安全运行，直接关系到供、用电的安全。新建牵引变电所在投运前，必须对所有电气设备按国家及相关标准进行交接性试验。

电气试验的主要目的，就是验证电气设备的各种性能是否符合国家规定的交接标准及厂家的技术条件，找出各种可能影响设备正常运行的缺陷并予以克服，为接收单位提供可靠、准确的试验数据，以便接收单位在预防性试验以及日常运行中能够进行分析和比较，从而保证设备的正常运转。

1.2　对试验人员的要求

1. 电气试验人员应具有熟练的专业电气知识和试验技术，具有一定的专业技术水平和严肃认真的工作作风。

2. 熟悉各类试验设备、仪器、仪表的原理、结构、用途及使用方法，并能排除一般故障，使试验用仪器设备经常处于完好状态。

3. 每一项试验工作开始前，试验人员应做到：熟悉施工图纸及设备资料，编制调试大纲或试验方案（包括安全措施），准备好试验用仪器设备及工具材料。

4. 试验人员安排试验工作应与施工进度相配合，减少施工现场不必要的设备拆装工作量。

5. 试验人员取得相应的资格证书后才能参加试验工作。

1.3　对试验用仪器仪表的要求

1. 试验仪器设备由试验负责人负责管理，注意维护，使仪器设备处于完好状态。

2. 仪器仪表必须经过周期检定/校准合格后才能使用，应贴有检定/校准合格标识。

3. 仪器仪表的存放，应符合干燥、防震、防尘的要求，要远离磁场、电场和腐蚀性气体。

4. 仪器的运输和搬运时，要轻拿轻放、严防强烈震动和撞击，对于长途运输的设备，应做好完善的包装措施。

5. 试验前，应根据试验内容及准确度要求，合理选择仪器仪表，试验时，严格按照仪器仪表操作规程进行操作。

1.4 试验技术要求

1. 电气装置安装工程交接试验试验包括：电气设备单体试验、电气分系统试验、电气整套启动试验。

2. 电气试验应遵循有关标准或规范的规定进行，电气设备单体试验主要依据标准 GB 50150《电气装置安装工程电气设备交接试验标准》，继电保护系统依据标准 DL/T 995—2006《继电保护和电网安全自动装置检验规程》，其他分系统及整套启动试验应按照相关的标准或规定进行。

3. 电气设备应按照标准要求进行耐压试验，但对 110 kV 及以上电压等级的设备，当标准条款没有规定时，可不进行耐压试验。

交流耐压试验时加至试验标准电压后的持续时间，无特殊说明时，应为 1 min。

非标准电压等级的电气设备，其交流耐压试验电压值，当没有规定时，可根据标准规定的相邻电压等级按比例采用插入法计算。

进行耐压试验时，应尽量将连在一起的各种设备分离开来单独试验(制造厂装配的成套设备不在此限)，但同一试验电压的设备可以连在一起试验。已有单独试验记录的若干不同试验电压的电力设备，在单独试验由困难时，也可以连在一起进行试验，此时，试验电压应采用所连接设备中的最低试验电压。

充油电力设备在注油后应有足够的静置时间才可进行耐压试验，静置时间如无制造厂规定，则应依据设备的额定电压满足以下要求：

(1)220 kV 设备静置时间大于 48 h。

(2)110 kV 及以下设备静置时间大于 24 h。

4. 在进行与温度及湿度有关的各种试验时，应同时测量被试物周围的温度及湿度。绝缘试验应在良好天气且被试物及仪器周围温度不宜低于 5 ℃，空气相对湿度不宜高于 80% 的条件下进行。对不满足上述温度、湿度条件情况下测得的试验数据，应进行综合分析，以判断电气设备是否可以投入运行。

试验时，应注意环境温度的影响，对油浸式变压器、电抗器及消弧线圈，应以被试物上层油温作为测试温度。标准中规定的常温范围为 10～40 ℃。

5. 测量绝缘电阻，应使用 60 s 的绝缘电阻值；吸收比的测量应使用 60 s 与 15 s 绝缘电阻值的比值；极化指数应为 10 min 与 1 min 的绝缘电阻值的比值。

6. 多绕组设备进行绝缘试验时，非被试绕组应予短路接地。

7. 测量绝缘电阻时，采用兆欧表的电压等级，在本标准未作特殊规定时，应按下列规定执行：

(1)100 V 以下的电气设备或回路，采用 250 V，50 MΩ 及以上兆欧表。

(2)100～500 V 的电气设备或回路，采用 500 V，100 MΩ 及以上兆欧表。

(3)500～3 000 V 的电气设备或回路，采用 1 000 V，2 000 MΩ 及以上兆欧表。

(4)3 000～10 000 V 的电气设备或回路，采用 2 500 V，10 000 MΩ 及以上兆欧表。

(5)10 000 V 及以上的电气设备或回路，采用 2 500 V 或 5 000 V，10 000 MΩ 及以上兆欧表。

8. 进行电气绝缘的测量和试验时，当只有个别项目达不到本标准的规定时，应根据全面的试验记录进行分析和综合判断，经综合判断认为可以投入运行者，可以投入运行。

第2章　电气试验组织措施

2.1　组织措施

一个完整的检测质量活动由三个部分组成：检测准备、检测实施、检测结束。从准备过程的开始到现场检测实施再到检测活动的结束，均应遵守相关国家和行业标准以及试验室质量管理体系中的规定和要求，使每一项检测活动达到预定的质量目标。

2.1.1　检测准备

1. 委托方依据工程的自身情况，填报《电气试验委托书》，技术负责人就《电气试验委托书》的内容进行审核，了解工程概况、明确工程名称、电气设备的数量、电压等级、工期安排、施工安装情况等内容，根据试验室检测能力范围，确定检测项目。

2.《电气试验委托书》经主管领导批准后，下达《检验任务书》，确定人员安排、仪器设备准备等内容。人员安排包括确定试验负责人、检验员、安全员等人员，仪器设备则根据检测项目的要求确定。

3. 试验负责人依据委托方提供的各种图纸、设备出厂报告、设计整定书等技术资料编写《调试大纲》和《安全规程》等文件，编写《电气试验进度计划表》。

4. 试验组和委托方进行技术交底和安全交底工作，就本次试验的整个过程提出要求、试验的注意事项、试验和施工的衔接、试验发现问题的处理和整改等。试验负责人根据交底情况，组织人员学习《调试大纲》和《安全规程》，使小组成员明确本次试验的目的、方法和职责。

5. 检测前委托方的各项准备工作已经就绪，如现场通风照明情况良好、试验用电源稳定、直流屏安装调试完毕可供给电气设备直流电源、技术人员已经就电气设备、元器件、连接导体及母线上的螺母螺钉进行紧固。

2.1.2　检测实施

1. 参与试验的人员严格遵守安全作业程序，试验负责人由经验丰富的人员担任，试验需有两个或两个以上的技术熟练的人员共同进行，一人操作一人监护。

2. 电气设备的绝缘测试和耐压试验，应在干燥晴朗的良好天气情况下进行，不得在低温、高湿和阴雨等恶劣天气中进行。

3. 对电气设备及元器件进行单体试验前，必须用绝缘电阻表进行绝缘电阻测试，只有在使用非破坏性的方法确认电气设备的绝缘性能良好的情况下，方可进行诸如介质损失角测试、直流耐压测试、交流耐压测试等的其他试验。

4. 试验时，先对到达现场的设备作必要的检查工作，检查外观应完好无损，状态标识在有效期之内，保证仪器设备状态良好，选取的设备的量程和准确度等级能满足测试的要求。

5. 试验负责人应控制好试验现场情况，尽量避免施工中的交叉影响现象存在，对试验协助人员进行业务和安全教育。

6. 试验负责人认真组织好车辆的运输以及试验转场时仪器设备搬运工作，使车辆平稳驾驶，仪器设备不受损害，使用过程中损坏的仪器应尽快采取隔离措施，报试验室设备管理员，安排发送维修。

7. 试验原始记录应按照试验室质量管理体系中的相关要求的格式填写，字迹清晰，不得漏记、补记、追记，不得涂改，出现错误时应杠改，并有改动人的签名或印章。

8. 检测人员采集到的原始数据应按照数据修约规则进行修约。

9. 试验过程中发现的问题，无法立即解决的或有共性现象存在的问题应及时向委托方技术主管发《试验通知单》，通知单应双方签字，并对整改后的情况进行跟踪验证。

10. 检验报告的出具流程是试验负责人先组织审核员对原始记录和检验报告进行审核，审核员对报告中采用的格式、内容、计算数据、技术术语、设备等方面进行审核，将审核签字后的报告交授权签字人批准。经批准后的报告由试验负责人或资料管理员负责发送，发送时应详实填写《检验报告发送登记表》。

11. 试验全部结束后应对电气设备和系统进行一次全面的检查工作。检查完成后的电气设备若具备送电条件，由委托方或施工方采取保护措施，防止再有施工或其他人员触碰设备、改动接线、改动程序的现象发生。

12. 审核委托方或施工方送电及试运行方案，参与送电过程，采集送电过程中以及试运行过程中各种图形、数据及参数，验证电气设备以及子系统的正常工作，并积累送电运行的经验和数据。

2.1.3　检测结束

1. 检测结束后，试验负责人组织小组成员认真总结本次试验的经验和不足，编制工程总结，报技术负责人和部门负责人进行审核，使试验检测技术更趋完善。

2. 清查在项目检测中使用的仪器设备，同设备管理员做好仪器入库工作。做好相关技术资料移交工作，将原始记录和检验报告一并移交资料员入档保存。

2.2 检测相关表格

2.2.1 委托方提供技术资料

委托方提供技术资料见表 1-2-1。

表 1-2-1　委托方提供技术资料

序号	相关资料	序号	相关资料
1	电气试验委托书	9	全线供电示意图
2	设计技术交底	10	各所亭一、二次图
3	施工安装进度计划	11	二次回路安装接线示意图
4	保护整定定值通知单	12	二次回路展开接线示意图
5	投标技术文件	13	电缆敷设图、编号图
6	技术交底书	14	断路器操动机构图、说明书
7	安全交底书	15	电气设备出厂检验报告、说明书
8	自动化系统信息表	16	自动化系统信息表

2.2.2 试验室相关资料

1. 检测实施

检测实施相关资料见表 1-2-2。

表 1-2-2　检测实施相关资料

序号	相关资料	序号	相关资料
1	调试大纲	6	仪器检定证书
2	原始记录	7	电气试验进度计划表
3	资质认定证书(复印件)	8	设备出库单
4	试验人员资格证书	9	试验通知单
5	检测标准和规程		

2. 检测结束

检测结束相关资料见表 1-2-3。

表 1-2-3　检测结束相关资料

序号	相关资料	序号	相关资料
1	原始记录	4	报告发送登记表
2	检验报告	5	设备入库单
3	工程总结		

2.2.3　试验人员构成

试验人员构成见表 1-2-4。

表 1-2-4　试验人员构成

序号	相关人员	备注
1	试验负责人	全面负责小组检验工作
2	检验员	依据标准规程开展检验工作
3	审核员	对原始记录、检验报告进行审核，可兼任
4	监督员	对检测方法、步骤进行监督，可兼任
5	安全员	负责现场检验工作的安全管理，可兼任
6	授权签字人	负责检验报告的签发和批准

2.2.4　常规仪器构成

常规仪器构成见表 1-2-5。

表 1-2-5　常规仪器构成

序号	仪器	备注
1	直流电阻测试仪	直流电阻测量
2	变比测试仪	变压器变比，电压互感器变比
3	交流耐压测试仪	电气设备耐压测试
4	直流高压发生器	直流耐压测试
5	抗干扰介损测试仪	介质损耗角测试
6	微欧计	接触电阻测试
7	高精度万用表	电流、电压量测试
8	温、湿度表	现场环境测试
9	电容电感表	电容量、电感量测试
10	接地电阻表	接地阻抗测试
11	互感器综合测试仪	电流、电压互感器特性测试
12	三相继电保护测试仪	继电器、保护系统测试
13	绝缘油测试仪	油耐压击穿测试
14	高压开关特性测试仪	断路器分合特性测试
15	绝缘电阻测试仪	绝缘电阻测试
16	双臂电桥	小感性电阻测试
17	单臂电桥	大感性电阻测试
18	变频串联谐振测试仪	电缆、GIS、变压器交流耐压测试
19	变压器绕组变形测试仪	变压器绕组变形测试
20	有载分接开关测试仪	变压器、电抗器有载挡位参数测试

2.2.5　相关标准规范

相关标准规范见表 1-2-6。

表 1-2-6　相关标准规范

序号	标准号	标准名称
1	GB 50150	电气装置安装工程电气设备交接试验标准
2	DL/T 995—2006	继电保护和电网安全自动装置检验规程
3	DL/T 596	电力设备预防性试验规程
4	国电发〔2002〕777 号	电力安全工器具预防性试验规程(试行)

第 3 章　电气试验的安全措施

3.1　安全基本要求

1. 电气试验人员应严格按照表 1-3-1 中规程规范的要求进行试验工作。

表 1-3-1　电气试验人员应执行的规程规范

序号	标准号	标准名称
1	DHY/SY-B16	试验室《安全作业管理程序》
2	DL 408	电业安全工作规程(发电厂和变电所电气部分)
3	DL/T 1082	高压试验室技术部分
4	DL 560	电业安全工作规程(高压试验室部分)
5	TB 10306	铁路通信、信号、电力、电力牵引供电工程施工安全技术规程

2. 试验负责人负责现场与检测安全活动相关的监督管理工作。

3. 凡电气试验工作，均应有两人或两人以上进行，并分工明确。试验负责人在工作前进行安全技术交底活动。

4. 做高压试验前，合理布置试验场地，应准备好接地线、放电棒、绝缘工具，在试验现场周围设备围栏并安装标志牌。

5. 高压试验必须引起试验人员的高度重视，并按以下程序进行：

(1)确认被试设备的额定电压和试验电压。

(2)试验设备的接地处必须可靠接地，高压引线应尽量缩短并用绝缘物支持牢固，试验区域内禁止与试验无关人员入内。

(3)接通电源前，试验设备的电源开关应断开，并将调压器置于零位。

(4)操作人员应按规定穿高压绝缘靴和戴绝缘手套。

(5)试验开始应自零电位开始升压，升压速度要均匀；禁止高电位合闸，以防被试设备受冲击电压而损坏。

(6)加压过程中应有专人监护并与操作人相互唱和确认。

(7)在对距离较长的电力电缆进行耐压试验时，电缆两端均应有人看守监护，并要有可靠的联络措施。

(8)试验结束时，试验人员应先对被试设备放电后再拆除接线，并检查和清理现场。

3.2　危险点分析及安全预防措施

危险点分析及安全预防措施见表 1-3-2～表 1-3-7。

表 1-3-2　试验管理安全预防措施

危险点分析	预防措施
没有对试验人员资质确认	确认人员资格符合要求。 试验人员不应少于 2 人，并应明确安全监护人和试验负责人
没有对测试设备状态及溯源确认	确认试验仪器均在鉴定有效期内且状态良好
没有对环境条件进行确认	被试物与环境温度不应低于 5 ℃，空气相对湿度不应大于 80%，遇有雷雨、大雾或 6 级以上大风时应停止高压试验
没有正确佩戴防护用品	试验负责人及安全员落实监督
没有进行班前安全讲话	全体参加试验的人员列队宣读作业票，明确作业票所列工作内容、工作范围和安全措施
既有运行所试验没有办理作业票	认真执行工作票制度和保证安全的组织措施
监护不到位	工作负责人正确、安全地组织作业，作好作业全过程监护。 作业人员做到相互监护、照顾和提醒
人身触电	作业人员必须明确当天的工作任务、现场安全措施和停电范围。 现场搬运工具、长大物件必须保持与带电设备安全距离并设置专人防护。 加压时操作人应站在绝缘垫上，要征得试验负责人的许可后方可加压，加压过程中应有监护人并准确发令。 现场要使用专用的试验电源，使用合格的电线开关，熔丝的规格应合适。 大电容设备及直流项目试验后要充分放电，非工作成员不得进入工作围栏内
高空坠落	高空作业必须系好安全带，安全带的长度及系的位置必须合适。 严禁上下抛掷物品，防止失手坠落。 按规程要求正确使用梯子

表 1-3-3　电力电缆试验安全预防措施

危险点分析	预防措施
试验设备误接线 试验电压漏放电 试验电压感应电	注意试验装置的正确接线，试验装置的外壳应可靠接地，试验电源开关应有明显的断开点。 试验现场应装设遮栏或围栏，向外悬挂“止步，高压危险”标示牌，电缆的另一头应派专人看守，电缆连接其他设备时应分开试验，三芯电缆试验时其他两相应与外屏蔽一同接地。 加压前必须认真检查试验接线，试验仪表及调压起始状态正确无误后通知有关人员离开被试电缆，并取得负责人许可后方可加压，加压过程中应有人监护并呼唱。 变更接线或试验结束后，应首先断开试验电源，对电缆进行反复放电，将升压部分的高压部分短路接地。 试验结束前禁止攀登户外电缆头所在的电杆
人身触电	在试验前应将电缆先行放电。 每试验完一相或试验结束要将设备对地放电数次并短路接地。 被试电缆另一端派专人看守，与非被试设备保持足够距离，架空线路应有地线。 试验人员要与试验设备和被试验设备保持足够的安全距离
误入带电间隔	没有许可前，工作成员禁止进入高压设备区。 高压试验不得少于两人，试验负责人应对全体试验人员详细布置试验中的安全注意事项

表 1-3-4　变压器试验安全预防措施

危险点分析	预防措施
人身触电	应核对试验设备名称，防止走错间隔。 检查仪器设备的金属外壳接地可靠，实验引线尽量短，控制箱必须有明显断开的双极开关。 试验人员与带电部位要保持足够的安全距离，不得触碰高压引线和屏蔽线。 更改试验接线时加压端必须先放电并挂接地线。 每试验完毕一个项目，必须将被试设备放尽剩余电荷。 试验人员必须站在绝缘垫上进行操作。 使用的绝缘工具应检验合格。 试验人员必须高声呼唱即将执行的试验范围和内容，以便配合和监护。 直流试验应先放电再接触加压设备
高空坠落	拆接引线必须系好安全带，并穿防滑绝缘鞋。 进入现场的人员必须戴安全帽。 使用梯子应防止牢靠并有人扶持。 严禁上下抛掷物品
人员冒进试验区	加压前必须清除与试验无关的人员在试验取作业或停留。 设置临时遮栏。 安排专人防护

表 1-3-5　互感器试验安全预防措施

危险点分析	预防措施
做VA时PT一次感应出高压,危及人员安全	加压前必须清除与试验无关的人员在试验区作业或停留。 设置临时遮栏。 安排专人防护
高压试验时误碰高压设备造成人员触电	加压前必须清除与试验无关的人员在试验区作业或停留。 设置临时遮栏。 安排专人防护
PT短路引起人员触电	使用绝缘工具,站在绝缘垫上
CT二次开路产生高压危及人员生命安全	不得将二次的永久接地断路。 工作时有人监护,使用绝缘工具,站在绝缘垫上
高空作业跌落	系好安全带。 正确使用梯子
高空坠物	地面人员戴好安全帽。 严禁上下抛掷物品

表 1-3-6　其他单体试验安全预防措施

类型	危险点分析	预防措施
电容器	静电伤人	测量前后将电容器两极对地及极间放电数次。 严防误触碰带电部分。 与升压设备和被试品保持足够的安全距离
拆装引线、测试线	人员高处摔落	安全带绑在牢固的地方。 按规程要求检查梯子,使用时放置稳固,由专人扶持。 作业时必须戴好安全帽
	引线、工具高处坠落	地面人员躲避开下放和引线运动方向。 现场人员戴好安全帽
	感应电引发摔落	作业地点加装临时接地线。 作业人员应戴手套
低压临时用电	低压交流触电	低压电源应加装有漏电保护器。 接线端子的绝缘护罩齐全、导线接头应采取绝缘包扎措施
	设备外壳漏电	设备外壳应可靠接地
	更换熔丝时低压触电	更换熔丝时或在负荷侧接线时严防误合开关
	拉合开关时电弧烧伤	拉合低压开关应戴手套和护目镜。 严禁使用不合格的电线电缆和开关

续上表

类型	危险点分析	预防措施
绝缘测试	误碰试验设备电击伤害	清除与试验无关的人员，被试验设备周围装设临时遮栏或设专人看守。 测试线应采用绝缘导线，导线端头装设绝缘套。测试至少应有两人以上进行
	残余电荷引发伤害	测试完毕对被试品进行充分放电
拆低压、二次线	低压触电	拉开电源开关并在开关上挂“禁止合闸，有人工作”牌。 确认无压后方可工作
	交、直流回路短路接地	二次线拆线前做好标记，接线端头拆开后即采取绝缘包扎。 所使用的工具必须与电源部分采取有效的绝缘隔离措施
测量微水	有毒气体毒害作业人员	室内开启强力通风装置进行通风。 开机前检查各管路接头是否密封。 作业人员身体站在上风口
取油样	工具使用不当造成伤害	使用活口扳手要卡牢

表 1-3-7　系统试验安全预防措施

类型	危险点分析	预防措施
保护装置绝缘测试	插件或芯片损坏	防止人身静电损坏芯片。 严禁带电插拔插件。 防止操作不当损坏插件。 防止带电遥测绝缘
二次接线检查	TA 开路，防止 TV 短路 误碰运行设备 直流短路 极性接反造成保护误动隐患	防止 TA 开路，防止 TV 短路。 防止误碰运行设备。 防止直流短路。 防止极性接反
开关量输入回路	直流回路短路接地 强电进入弱电回路损坏插件	防止直流回路短路接地。 防止强电进入弱电回路损坏插件
模数变换检查	电流热效应致使元件损坏	防止电压回路短路。 输入 $10I_n$ 电流时施加不能大于 2 s，输入电流是 $5I_n$ 施加不能大于 10 s
定值整定	定值错误	防止定值通知单内容与实际装置不一致或定值超出整定范围。 核对定值的正确性防止整定错误
做六角图	电流回路开路、电压回路短路 恢复接线错误 临时用电不安全因素	防止电流回路开路、电压回路短路。 防止恢复接线错误。 临时用电时，加强安全防护

第二篇　电气设备单体试验

第 4 章　牵引变压器试验

4.1　绝缘油击穿电压试验

4.1.1　试验目的

绝缘油的击穿电压试验，用来检验绝缘油被水分和其他悬浮杂质污染的程度。击穿电压是表征绝缘油电气性能好坏的主要参数之一。

4.1.2　试验方法

1. 仪器选择

选用全自动绝缘油介电强度测试仪，如图 2-4-1 所示；仪器内的试验油容器如图 2-4-2 所示。

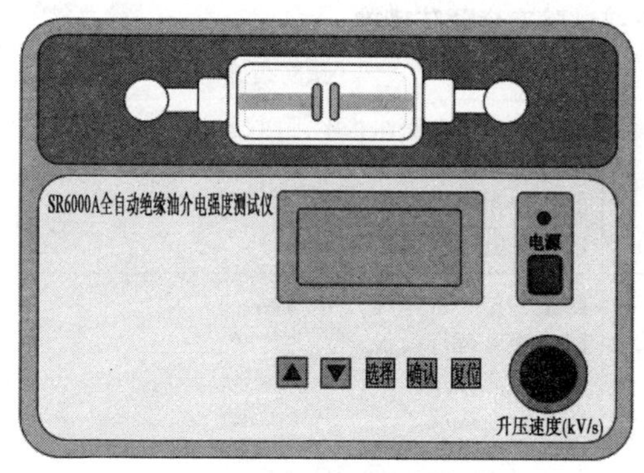

图 2-4-1　全自动绝缘油介电强度测试仪

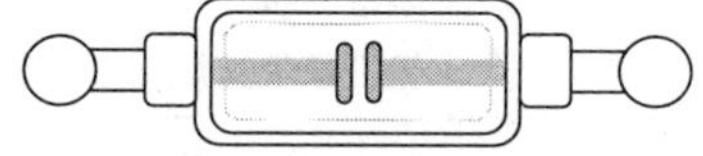

图 2-4-2　试验油容器

2. 试验步骤

(1)用标准规检查电极距离，应保持 2.5 mm。

(2)打开变压器取样阀门将出油口冲洗干净，之后用试品油冲洗油杯 2～3 次，然后将平衡到室温的试品油注入试验油容器内。注入时，应使试品油缓慢沿杯壁流下，以减少气泡，最后倒入试验油容器内的试验油油面高度距试验油容器口为 20 mm。

(3)打开观察窗把试验油容器放入测试仪内，关闭窗口静置 10 min，以消除油内气泡。

(4)检查电源达到设备要求，设备可靠接地后，操作人站在绝缘垫上进行试验。

(5)选定标准，按“开始”键，仪器自动开始测试，按约每秒3 kV的升压速度进行试验。每次击穿后对电极间的油进行充分的搅拌，并静置5 min后再重复试验；每测试完一次，仪器自动记录和显示击穿电压值，在测试完6次后，仪器可显示或打印出6次击穿电压及其平均值。

4.1.3　试验标准

1.绝缘油电气强度试验标准应符合表2-4-1的规定。

表2-4-1　绝缘油电气强度试验标准

设备额定电压	击穿电压	说　明
35 kV以下	不应低于35 kV	1.油样应取自被试设备。 2.试验油样采用平板电极。 3.注入设备的新油不低于此值
60～220 kV	不应低于40 kV	

2.新油验收及充油电气设备的绝缘油试验，应符合下列规定：

(1)6 kV以上电气设备内的绝缘油或新注入上述设备前、后的绝缘油应进行电气强度试验。

(2)对下列情况之一者，可不进行电气强度试验：

①35 kV以下互感器，其主绝缘试验已合格的。

②15 kV以下油断路器，其注入新油的电气强度已在35 kV及以上的。

③按国家标准有关规定不需取油的。

(3)绝缘油当需要进行混合时，在混合前，应按混油的实际使用比例先取混油样进行电气强度试验，其结果应符合表2-4-1的规定，混油后还应按上述规定进行绝缘油的试验。

4.1.4　试验结果判断

当试验数据不符合标准时，可以做如下分析：

1.电极之间的距离小于2.5 mm。

2.油杯没有冲洗干净，绝缘油中留有杂质。

3.绝缘油本身不合格，需要重新滤油。

4.1.5　注意事项

1.先检测交流电源，在保证仪器要求的情况下才能接通电源。

2.严格按照仪器使用说明书进行，仪器外壳和接地点应可靠接地。

3.油杯和电极清洗后，严禁用手或不洁净物接触。

4.油杯较长时间未用或测得击穿电压值过低(低于10 kV时)，应按要求重新清洗。

5. 环境温度在 15～35 ℃范围内，相对湿度不得大于 75%。

6. 确认仪器检定有效期，标准规厚度应保证在(2.5±0.1)mm。

7. 样品和规定值偏差大于 10%时应引起注意，最好重复取样做平行试验，以便证实是否由操作不当引起的。

4.2　变压器绕组直流电阻测试

4.2.1　试验目的

变压器绕组直流电阻测量是变压器试验中一个重要的试验项目。直流电阻试验，可以检查出绕组内部导线的焊接质量，引线与绕组的焊接质量，绕组所用导线的规格是否符合设计要求，分接开关、引线等载流部分的接触是否良好，三相电阻是否平衡等。

4.2.2　试验方法

如图 2-4-3 所示。

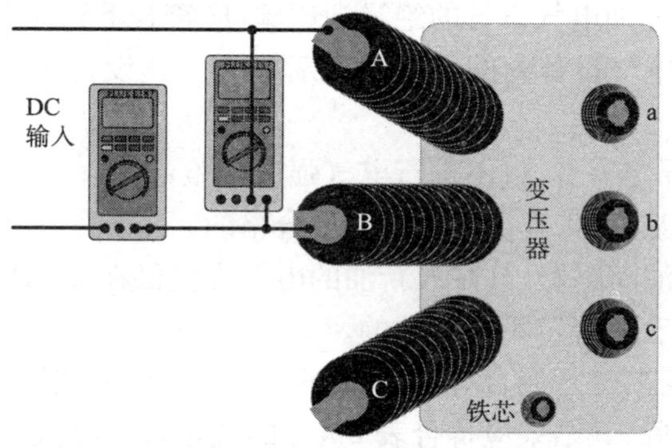

图 2-4-3　压降法测变压器直阻接线示意图

1. 仪器选择

测量变压器直流电阻主要有压降法和电桥法。

(1)压降法选择直流源、标准电压表、电流表和变阻箱等。

(2)电桥法一般采用数字电桥(直流电阻测试仪)，也可采用单臂电桥或双臂电桥。

2. 试验接线

早期试验条件和技术不成熟的情况下，一般采用原始的压降法测直流电阻，如图 2-4-3 所示，但此种方法所产生的误差比较大，一般不建议采用。现在普遍采用的是由新型的仪器(直流电阻测试仪)进行测量(如图 2-4-4 所示)。

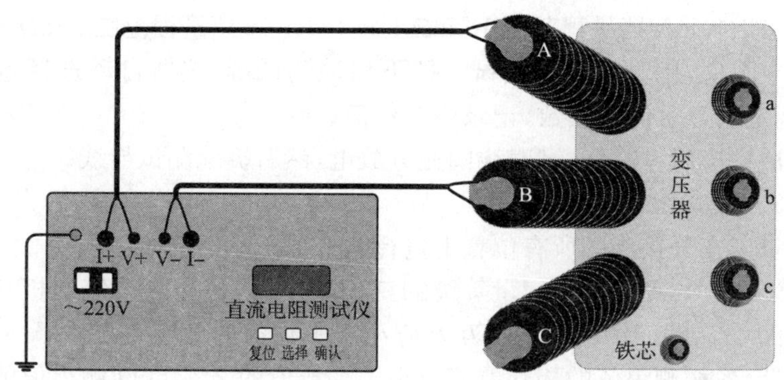

图 2-4-4　直流电阻测试仪测变压器直阻接线示意图

3. 试验步骤

(1)压降法

①根据被测电阻的大小，按照图 2-4-3 选择合适的接线方式和测试电压；

②测量时，应先合上电源开关，待电流、电压稳定后，同时读取电流、电压值；

③测完后断开电源开关；

④每测完一个电阻，最好选用三个不同的电流值分别测量，然后计算出三次电阻值的平均值作为被测电阻值。

(2)电桥法

现场进行测试时，一般使用电桥法。应用的电桥有单臂电桥(惠斯顿电桥)和双臂电桥(凯尔文电桥)两种。单臂电桥是平衡电桥中最简单的一种，一般测量 10 Ω以上电阻时较为准确。测量 10 Ω 以下电阻时，由于受连接导线电阻、电桥端钮间接触电阻等影响，从而造成较大的误差，因此测量 10 Ω 电阻以下时应使用双臂电桥。需要注意的是，用 QJ44 双臂电桥测量 0.1 Ω 以下阻值时，G 按钮应间歇使用，且测量连接导线的电阻应不大于 0.01 Ω，测量其他直流电阻时，导线电阻不大于 0.05 Ω。测量时，四端连接法的电位端 P_1、P_2 靠近被测电阻，电流端 C_1、C_2 分别接在 P_1、P_2 的外侧，次序不可颠倒。另外，测量的有效数字依据测量仪器决定，例如 QJ23 单臂电桥四位读数盘要求全部使用。利用电桥测量的优点是准确度高、灵敏度高、可直接读数，而缺点是充电时间较长，导致工作效率不能提高。

随着电子技术的飞速发展，现在有多种直流电阻测试仪，如 SR3305 直流电阻测试仪器，分辨率为 1 μΩ，测量范围为 1 mΩ～500 Ω。

下面以 SR3305 直流电阻测试仪器为例进行测试。

①首先按图 2-4-4 接线，仪器可靠接地。

②使用变压器直流电阻测试仪进行测量，测量开始前，将变压器挡位变换到待测挡位，将测试线的夹子夹在绕组的两个测量点之间。合上电源开关，估计被测电阻值大小，选择电流挡：40 mA 挡量程 250 mΩ～500 Ω，200 mA 挡量程范围

50 mΩ～100 Ω，1 A 挡量程范围 10 mΩ～200 Ω，5 A 挡量程范围 1 mΩ～3 Ω，如果估算不出电阻值，用“自动”挡测试。按下启动测试键，仪器自动选择电流进行充电，充电稳定后显示测量读数，记录最终数值。

③测试完毕后，按复位键对线圈充分放电，然后拆除测试导线。

4.2.3　试验标准

1. 测量应在分接头的所有位置上进行。

2. 1 600 kV · A 及以下容量等级的三相变压器，各相测得值的相互差值应小于平均值的 4%，线间测得值的相互差应小于平均值的 2%；1 600 kV · A 以上的三相变压器，各相测得值的相互差值应小于平均值的 2%，线间测得值的相互差值应小于平均值的 1%；线间差或相间差百分数的计算公式为：

$$\Delta R_X=\frac{R_{max}-R_{min}}{R_{av}}\times 100\% \tag{2-1}$$

对线电阻而言：

$$R_{av}=\frac{1}{3}(R_{AB}+R_{BC}+R_{AC}) \tag{2-2}$$

对相电阻而言：

$$R_{av}=\frac{1}{3}(R_{AO}+R_{BO}+R_{CO}) \tag{2-3}$$

式中，ΔR_X——线间差或相间差的百分数（%）；

R_{max}——三线或三相实测值中的最大电阻值（Ω）；

R_{min}——三线或三相实测值中的最小电阻值（Ω）；

R_{av}——三线或三相实测值的平均值（Ω）。

3. 当变压器的直流电阻超过 2 中规定时，应与同温下产品出厂实测数值比较，相应变化不大于 2%；在不同温度下电阻值按照下面公式换算：

$$R_2=R_1\times\frac{T+t_2}{T+t_1} \tag{2-4}$$

式中，R_1、R_2——分别为温度在 t_1、t_2 时的电阻值（Ω）；

T——计算用常数，铜导线取 235，铝导线取 225。

4.2.4　试验结果判断

当测得的电阻超过标准或与出厂试验值相差太多时，一般从以下几点分析：

1. 仪器电池电压不足，此时测试数据偏差很大。

2. 检查试验接线与被试品接线处是否良好，此时测试数据偏大。

3. 变压器引线和线圈焊接处接触不良，或多股并绕线圈中有一股或几股断线或未焊接牢固，这时电阻值将增大。

4. 变压器的套管中，导电杆和引线接触不良等。

5. 分接开关接触不良，由于分接开关内部不清洁，电镀脱落，弹簧压力不够等造成个别分接头的电阻偏大，三相电阻不平衡。

6. 若三角形连接绕组其中一相断线，测出的三个线端的电阻都比设计值大得多，没有断线的两相线端电阻为正常时的 1.5 倍，而断线相线端电阻为正常时的 3 倍。

4.2.5　注意事项

1. 压降法

(1)接线时，若标准表为指针式电压、电流表，应注意仪表的正负极性。

(2)使用的直流电源应电压稳定、容量充足，以防止由于电流波动产生感应电动势而影响测量的准确性。

(3)如被测试品是电感量较大绕组，则在改变测量电流时，需将电压表开关断开，以免电压表因受自感应电动势的冲击而损坏。

(4)试验电流不得大于被测电阻额定电流的 20%，且通过电流的时间不宜过长，以免被测电阻因发热而产生较大的误差。

2. 电桥法

(1)测试前确认被测变压器的所有外部连接线已完全断开，防止测试过程中把电源误送到其他设备，造成其他设备的损害和带电。

(2)在大容量变压器测试过程中，禁止被测设备与试验设备断开，防止在断开处产生逆高压损害试验设备，测试过程中禁止人员触摸变压器和进行变压器变换分接开关位置的操作。

(3)测量时一定要等待绕组自感效应影响降至最小程度，再读取数据，否则会造成较大的误差。

(4)测试结束后，应等到代器充分放完电后才能拆线、撤离仪器，防止在放电过程中产生逆电势损害设备。

(5)绕组的直流电阻测量时，必须准确记录绕组的温度，以便于换算到同温度下与出厂的实测数值比较。

(6)用双臂电桥测量小电阻时，应分开，C_1、P_1 接在被试品一端，而 C_2、P_2 接在被试品另一端，并且使电压线端(P_1、P_2)连接点比电流线端(C_1、C_2)连接点更靠近被测电阻(内侧)。

(7)多挡位变压器，应最后测量运行位。

4.3　变比试验

4.3.1　试验目的

变压比的测量是验证变压器能否达到预期的电压变换效果的有效手段。变压比的测量还可以检查各线圈的匝数比、绕向与设计是否相符，各分接引线连接与连接组标号是否正确，分接开关内部所处位置与外部指示位置是否一致及线端标志是否正确，以及变压器匝间是否短路等。因此该项试验是变压器交接必须测试的项目，该项目可以判断变压器是否能够投入运行的重要依据。此外，当变压器在运行中有异常时，变压比检查是判断匝间有无短路的重要手段之一。

4.3.2　试验方法

1. 仪器选择

测量变压器变压比主要有双电压表法、变比电桥法以及全自动变比测试仪法。

(1)双电压表法采用测量仪表不应低于 0.2 级的标准电压表。

(2)全自动变比测试仪法采用全自动变比测试仪。

2. 试验接线

现场对于不同的线路要求不一样，其设计的变压器的形式也呈现多样化，对于特种变压器，其测试方法也得因地制宜。如斯科特变压器，一般可采用双电压表法进行测量(如图 2-4-5 所示)。随着测试仪器的高速发展，对于很多变压器都可以采用高精度的仪器进行测量，以减小误差。对于普通三相电力变压器可采用全自动变比电桥进行测量(如图 2-4-6 所示)。现在随着高铁建设的大力开展，此种供电方式多采用 V—X 型接线变压器，该种变压器的变比测试比较简单，可视为单相变压器进行测量。

3. 试验步骤

(1)双电压表法

该测试方法是在变压器一次侧加电压，在二次侧进行电压测试，然后进行变比误差计算。具体试验方法如下：

①单相调压器一次侧接 220 V 交流电源，二次侧接在变压器一次侧，同时在变压器一次侧电源回路中并联一块电压表，电压表的准确级不应低于 0.2 级。

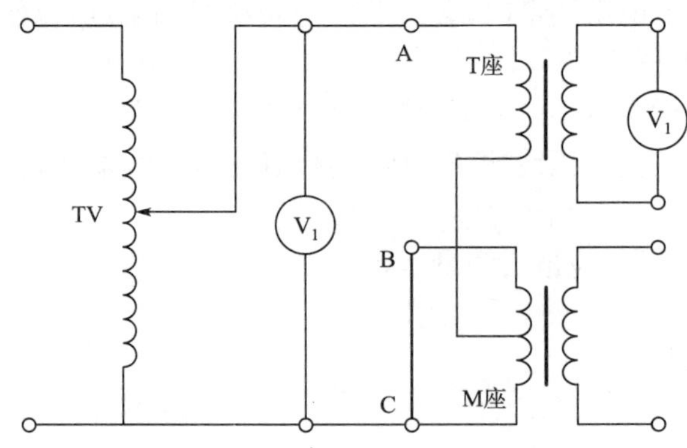

图 2-4-5　双电压表测试法测斯科特变压器 T 座变压比测试原理图

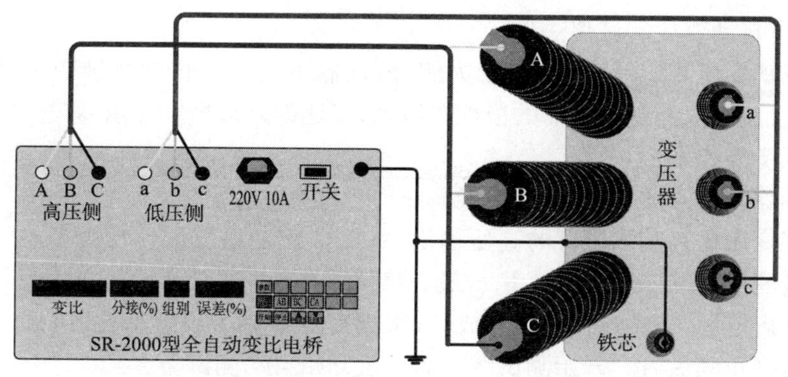

图 2-4-6　全自动变比电桥测变压器变比接线示意图

②在变压器二次侧并联一块电压表，准确级应与一次电压表相同。

③合上电源开关，缓慢升电压到 100 V，待数值稳定后，同时读取变压器一次、二次电压并记录电压值。

④将电压回调至零，切断电源。

⑤变压比误差计算：

变压器的额定变压比按下式计算：

$$K_N = U_{1N}/U_{2N} \tag{2-5}$$

式中，K_N——额定变压比；

U_{1N}——一次侧额定电压；

U_{2N}——二次侧额定电压。

变压器变压比误差按下式计算：

$$\Delta K = (K - K_N)/K_N \times 100\% \tag{2-6}$$

式中，K——实测变压比；

ΔK——变压比误差(%)。

⑥测试斯科特变压器[斯科特变压器是将地方供电电源的三相电变成相位差 90°两相电，保证供电的三相电源平衡]时，需采取以下措施：

测试 M 座变比时，单相调压器二次侧接变压器 B、C 相。

测试 T 座变比时，单相调压器二次侧接变压器 A 相和 BC 相之间，BC 之间短连。

变比误差计算：

M 座变压器变比：

$$K_N = U_{1N}/U_{2N} \tag{2-7}$$

T 座变压器变比：

$$K_N = (\sqrt{3}/2)U_{1N}/U_{2N} \tag{2-8}$$

变压器变压比误差按下式计算：

$$\Delta K = (K - K_N)/K_N \times 100\% \tag{2-9}$$

(2)全自动变比测试仪法

以自动变比测试仪 SR2000 型为例,该仪器不仅可以自动测量变压器的变比误差,而且还可以测量变压器的极性和组别,变比误差以数字显示,容易读取。

测试步骤如下:

①拆除变压器的一次、二次接线。

②将变压比自动测试仪的高压输出 A、B、C 接变压器的一次端子 A、B、C,低压输出接变压器的二次端子 a、b、c,最后将仪器接地。

③开启电源,待测试仪自检完成后,根据变压器铭牌设置变比、组别、分接,检查输入数据正确后,按"开始测试"钮,测试仪开始自动测试。

④待测试数据稳定后,读取仪器中显示的数据。

⑤按"停止"钮,然后切断电源。

4.3.3　试验标准

1. 测量应在分接头的所有位置上进行。

2. 测试值与制造厂铭牌数据相比应无明显差别,且应符合变压比的规律。

3. 电压 35 kV 以下,变比小于 3 的变压器,其变比允许偏差为±1%;其他所有变压器额定分接头变比允许偏差为±0.5%,其他分接头的变比应在变压器阻抗电压百分值的 1/10 以内,但是不得超过±1%。

4.3.4　试验结果判断

变比不合格主要是由分接开关的指示位置与内部引线位置不符,绕组匝间或层间短路等原因造成的。所以当测试结果超出标准要求时,应测试在变压器在各分接位置时的线圈直流电阻,以确定分接开关位置是否正确及接触是否良好。

4.3.5　注意事项

1. 测试前确认变比电桥的高压端和低压端,禁止高低压接线端接反。

2. 测试前确认与变压器所有的连接线已拆除,尤其是变压器的接地线。

3. 测试过程中选好变压器的分接挡位和接线方式,测试完后认真检查分析试验结果,确认变比误差在允许的范围内。

4. 在测试中,操作人员不允许接触变压器和测试仪的接线端子。

4.4　极性和组别试验

4.4.1　试验目的

单相变压器要进行极性试验,三相变压器要进行连接组别试验。极性与组别试验,是为了检验绕组的绕向、绕组的连接组及线端的标志是否正确,检查变压器高压侧线圈与低压侧线圈相位关系是否符合设计要求。

4.4.2　试验方法

1. 仪器选择

变压器的极性或连接组别常用的试验方法有直流法、双电压表法、变比电桥法、相位表法。

(1)直流法采用 1.5～3 V 干电池、直流毫伏表。

(2)双电压表法采用低压电源、一对标准电压表。

(3)变比电桥法采用自动变比电桥。

(4)相位表法采用相位表。

2. 试验步骤

(1)直流法测极性

①用两节 1.5 V 电池串联，正极通过刀闸开关接变压器的 A 端，负极接变压器的 X 端，如图 2-4-7 所示。

②把指针式万用表打至毫伏挡，万用表正极接变压器二次侧 a 端，负极接变压器二次侧的 x 端。

③合刀闸开关，观察合闸瞬间、分闸瞬间万用表指针偏转的方向，如果合闸时指针正偏，分闸时指针反偏，则变压器为减极性；如果指针摆动方向与上述相反，则为加极性。

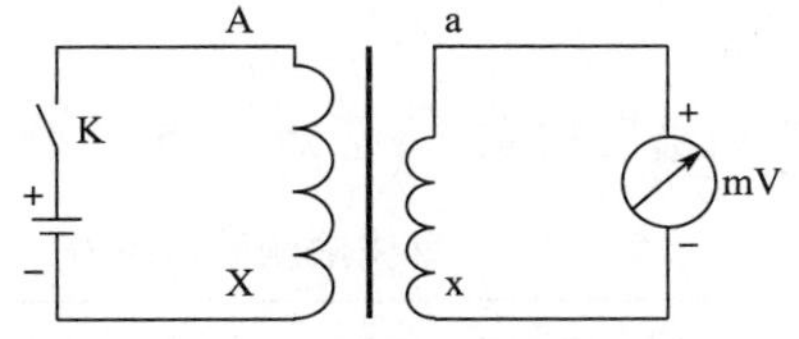

图 2-4-7　直流法测极性试验接线原理图

(2)双电压表法测极性

①连接变压器的高压侧 A 端与低压侧 a 端，在变压器的高压侧通入 100 V 低压电源。

②将三相变压器的 A 与 a 相连接，在原边施加对称 100 V 交流电压，测量电压 U_{bB}、U_{cB}、U_{bC}，并测量两端的线电压 U_{AB}、U_{BC}、U_{CA} 和 U_{ab}、U_{bc}、U_{ca}。根据测得的电压值，来判断组别。

以组别为 D_{yn11} 变压器电压计算值如下：

$$U_{bC}=U_{2r}\sqrt{1+K^2} \tag{2-10}$$

$$U_{cB}=U_{bB}=U_{2r}\sqrt{1-\sqrt{3}K+K^2} \tag{2-11}$$

式中，U_{2r}——试验时低压的线电压；

K——试验的额定变比。

如果测量的数据与计算的数据相同,则判定组别正确。

(3)全自动变压器测试仪测极性和组别

以 BZJT-1 特种变压器变比组别极性测试仪为例,该仪器测试结果可以显示变比、误差、角差和组别。测试步骤如下:

①拆除变压器的高、低压侧接线。

②将变压比自动测试仪的高压输出 A、B、C 接变压器的一次端子 A、B、C,低压输出接变压器的二次端子 a、b、c 上。

③开启电源,待测试仪自检完成后,输入标准变比,选择三相,确认测试,合测试电源,然后仪器自动调压、测试,测试完成后显示变比及误差、极性、组别和相位差,点击打印项可以打印出测试数据。

(4)相位表法

在变压器的高压侧通入适当低压三相电源,然后将变压器高低压侧的同名端电压量直接输入相位表,相位表显示出的相位角度,如果以高压侧为基准量,则低压侧每滞后 30°为一个接线组,从相位表显示的相位角度便可直接判定变压器的接线组别。

4.4.3 试验标准

检查变压器的三相接线组别和单相变压器引出线的极性,必须与设计要求及铭牌上的标记和外壳上的符号相符。

4.4.4 试验结果判断

直流法测量时,将实测结果与表 2-4-2 对照,便可确定变压器的接线组别。

表 2-4-2 直流法测量对照表

组别	通电相+ －	低压侧表计指示			组别	通电相+ －	低压侧表计指示		
		a+ b－	b+ c－	a+ c－			a+ b－	b+ c－	a+ c－
1	A B	+	－	0	4	A B	－	－	－
	B C	0	+	+		B C	+	0	+
	A C	+	0	+		A C	+	－	0
2	A B	+	－	－	5	A B	－	0	－
	B C	+	+	+		B C	+	－	0
	A C	+	－	+		A C	0	－	－
3	A B	0	－	－	6	A B	－	+	－
	B C	+	0	+		B C	+	－	－
	A C	+	－	0		A C	－	－	－

续上表

组别	通电相＋　－	低压侧表计指示			组别	通电相＋　－	低压侧表计指示		
		a＋ b－	b＋ c－	a＋ c－			a＋ b－	b＋ c－	a＋ c－
7	A　B	＋	＋	0	10	A　B	＋	＋	＋
	B　C	0	－	－		B　C	－	＋	－
	A　C	－	0	－		A　C	－	＋	＋
8	A　B	－	＋	＋	11	A　B	＋	0	＋
	B　C	－	－	－		B　C	－	＋	0
	A　C	－	＋	－		A　C	0	＋	＋
9	A　B	0	＋	＋	0	A　B	＋	－	＋
	B　C	－	0	－		B　C	－	＋	＋
	A　C	＋	＋	0		A　C	＋	＋	＋

双电压表法测量时，将实际测得的电压值U_{Bb}、U_{Bc}、U_{Cb}与通过理论计算得到的该连接组的U_{Bb}、U_{Bc}、U_{Cb}的计算值相比较，若相等或接近相等则可认为其连接组正确。

4.4.5　注意事项

1. 在测定大变比变压器时，可用 6 V 或更高直流电源，在低压侧应用小量程表计，使表计指针能保持在半偏以上。

2. 操作时应先接通低压表计然后接电，读数完毕，应先断开电源再断开测量回路。

3. 外部施加电压勿超过相位表量程范围，可调电阻选用应在试验电压下的电流不超过相位表电流线圈的额定电流，电流值应调节适当。

4.5　测量铁芯的绝缘电阻

4.5.1　试验目的

检查铁芯和夹件是否存在多点接地，防止多点接地产生环流。

变压器在运行中，线芯及其夹件等金属部件，均处在强电场之中，由于静电感应而在铁芯及金属部件上产生悬浮电位，可能在某些地方引起放电，是不允许的，为此铁芯及其夹件都必须正确，可靠地接地。如果有两点或多点接地，在接地点之间便形成了闭合回路，当变压器运行时，其主磁通穿过此闭合回路时，就会产生环流，将会造成铁芯的局部过热，甚至烧毁某个金属部件及其绝缘。所以变压器铁芯不能多点接地。

4.5.2　试验方法

1. 仪器选择

选用兆欧表。

2. 试验接线

对于变压器铁芯的绝缘一般按照图 2-4-8 接线测试。

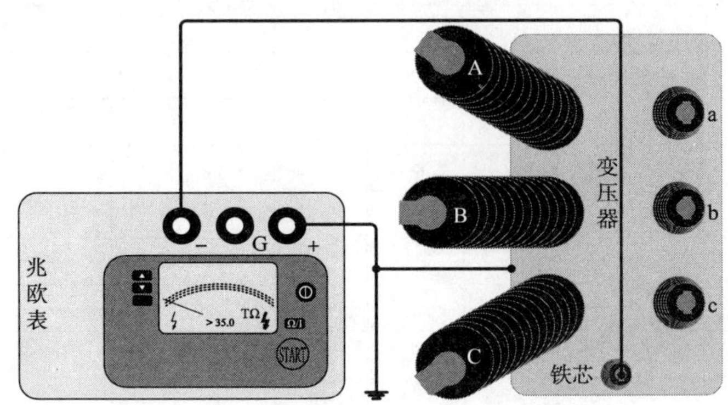

图 2-4-8　变压器铁芯对地绝缘电阻测试接线示意图

3. 试验步骤

(1)拆除变压器铁芯接地。

(2)使用 2 500 V 兆欧表(对于运行年久的变压器可用 1 000 V 兆欧表),分别测量铁芯对地、夹件对地、铁芯对夹件的绝缘电阻。

4.5.3　试验标准

1. 进行器身检查的变压器,应测量可接触到的穿芯螺栓、轭铁夹件及绑扎钢带对铁轭、铁芯、油箱及绕组压环的绝缘电阻。当轭铁梁及穿芯螺栓一端与铁芯连接时,应将连接片断开后进行试验。

2. 不进行器身检查的变压器或进行器身检查的变压器,所有安装工作结束后应进行铁芯和夹件(有外引接地线的)的绝缘电阻测量。

3. 铁芯必须为一点接地;对变压器上有专用的铁芯接地线引出套管时,应在注油前测量其对外壳的绝缘电阻。

4. 采用 2 500 V 兆欧表测量,持续时间为 1 min,应无闪络及击穿现象。

4.5.4　试验结果判断

如绝缘电阻值过低,应排除环境温度、湿度、表面脏污、感应电压等影响,所测的绝缘电阻值应符合规程规定要求。

4.5.5　注意事项

1. 测试完毕后,应立即恢复变压器铁芯的接地。

2. 试验前后对被试设备均应充分放电。

4.6　套管试验

4.6.1　试验目的

检查套管是否存在受潮现象,判断绝缘性能的好坏。

4.6.2　试验方法

1. 仪器选择

选择兆欧表;介质损耗测试仪;试验变压器,操作箱;绝缘油试验器;温湿度计。

2. 试验步骤

(1)测量绝缘电阻

对于套管的绝缘测试有两项内容,一是套管末屏绝缘测试(如图 2-4-9 所示),二是套管的主绝缘测试(如图 2-4-10 所示)。

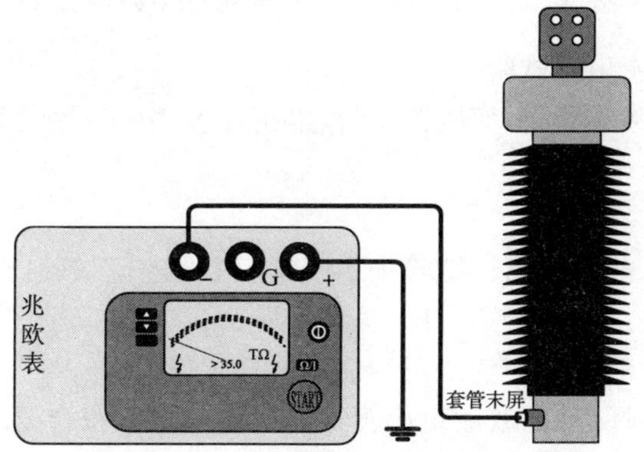

图 2-4-9　末屏绝缘测量接线示意图

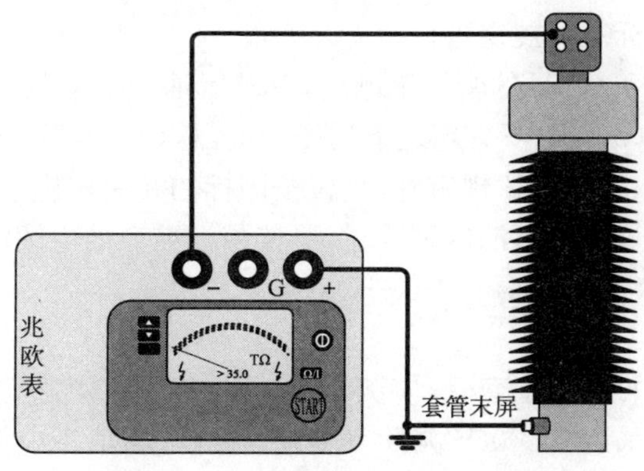

图 2-4-10　套管绝缘测量接线示意图

(2)套管的介质损耗角正切值 tanδ 及电容量测试

采用正接法测量导电杆对末屏的 tanδ,测量接线见图 2-4-11,试验电压为 10 kV。

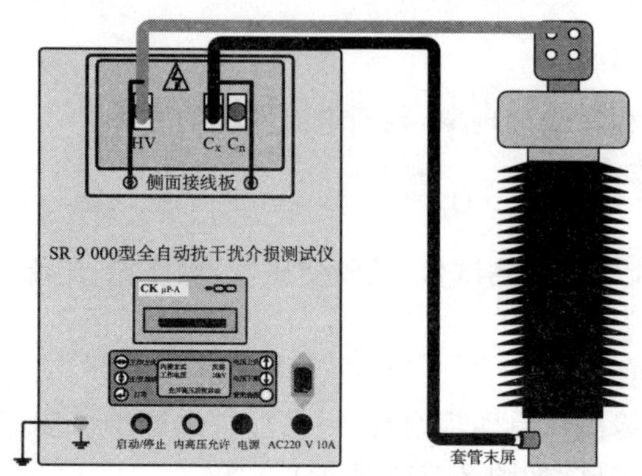

图 2-4-11　变压器套管介质损耗测试接线示意图

(3)套管的交流耐压试验

穿墙套管、断路器套管、变压器套管、电抗器及消弧线圈套管,均可随母线或设备一起进行交流耐压试验。

(4)套管的绝缘油试验

套管中的绝缘油应有出厂试验报告,现场可不进行试验。但当有下列情况之一者,应取油样进行水分、击穿电压、色谱试验:

①套管主绝缘的介质损耗角正切值超过规定值。

②套管密封损坏,抽压或测量小套管的绝缘电阻不符合要求。

③套管由于渗漏等原因需要重新补油时。

注意,套管绝缘油的补充或更换时进行的试验,应符合下列规定:

①换油时应按标准的规定进行。

②电压等级为 500 kV 的套管绝缘油,宜进行油中溶解气体的色谱分析;油中溶解气体组分含量(μL/L)不宜超过下列任一值,总烃:10,H_2:150,C_2H_2:0。

补充绝缘油时,除按上述规定外,且应按国标的相关规定进行。

充电缆油的套管须进行油的试验时,可按国标准充油电缆的相关规定进行。

4.6.3　试验标准

1. 绝缘电阻

66 kV 及以上的电容型套管,应测量“抽压小套管”对法兰或“测量小套管”对法兰的绝缘电阻。采用 2 500 V 兆欧表测量,绝缘电阻值不应低于 1 000 MΩ。

2. 套管的介质损耗角正切值 tanδ

在室温不低于 10 ℃ 的条件下,套管的介质损耗角正切值 tanδ 不应大于表 2-4-3中的规定。

表 2-4-3　套管主绝缘介质损耗角正切值 tanδ(%)的标准

套管主绝缘类型		tanδ(%)最大值
电容式	油浸纸	0.7(500 kV 套管 0.5)①
	胶浸纸	0.72)
	胶粘纸	1.0(66 kV 及以下电压等级套管 1.5)①②
	浇铸树脂	1.5
	气体	1.5
	有机复合绝缘③	0.7
非电容式	浇铸树脂	2.0
	复合绝缘	由供需双方商定
其他套管	由供需双方商定	

注:①所列的电压为系统标称电压;

②对 20 kV 及以上电容式充胶或胶纸套管的老产品,其 tanδ(%)值可为 2 或 2.5;

③有机复合绝缘套管的介损试验,宜在干燥环境下进行。

电容型套管的实测电容量值与产品铭牌数值或出厂值相比,其差值应在±5%范围内。

4.6.4　试验结果判断

如试验过程出现异常,应排除环境温度、湿度、表面脏污等影响。

4.6.5　注意事项

1.测量绝缘电阻

(1)测量前应打开末屏的接地,使末屏处于测量状态。如果测量结果是末屏的对地绝缘电阻为零,应首先检查末屏的接地端子是否已经打开或末屏是否有绝缘缺陷。

(2)被试套管表面应擦拭干净,末屏小套管也应擦拭干净,必要时在套管上增加屏蔽环,并与兆欧表的屏蔽端子(G)连接。

2.套管的介质损耗角正切值 tanδ 及电容量测试

(1)与套管连接的绕组以及其他绕组应短接,防止电感影响测量结果。

(2)套管外表以及末屏小套管应擦拭干净。

4.7　有载调压和切换装置的检查和试验

4.7.1　试验目的

检查有载调压切换装置的功能能否正确实现。

4.7.2　试验方法

1.仪器选择

选用变压器有载分接开关测试仪。

2. 试验接线

采用变压器有载分接开关测试仪进行测试接线时，可参照图 2-4-12 进行接线。

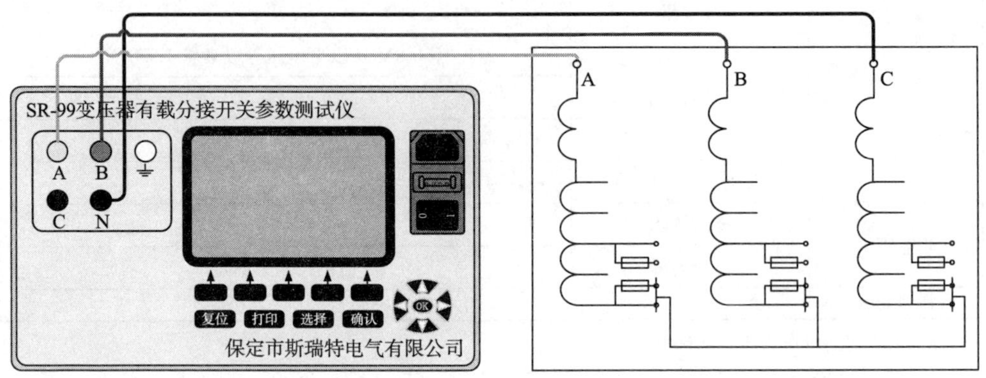

图 2-4-12　分接开关参数测量接线示意图

3. 试验步骤

(1)变压器带电前应进行有载调压切换装置切换过程试验，检查切换开关切换触头的全部动作顺序，测量过渡电阻阻值和切换时间。

调压侧绕组 Y、△形接线中性点没有引出的变压器测试，如测试 A、B 相，接线如图 2-4-12，把 C 相当做中性点，将测试线黄、绿、黑依次夹到变压器高压侧 A、B、C，然后将测试线另一端黄绿黑分别接入仪器的 A、B、N 端子上，非测试端低压侧分别短路接地。确认接线无误后，开机测试，液晶屏幕一次只显示两组波形和数据，过渡电阻需换算：设测量值为 R'，实际值为 R，Y 形接线变压器两相测量时 $R=\frac{1}{3}R'$，△形变压器两相测试时 $R=R'$，单相测量时 $R=\frac{2}{3}R'$，测量 B、C 相，把 A 相当做中性点。

(2)在变压器无电压下，手动操作不少于 2 个循环、电动操作不少于 5 个循环。其中电动操作时电源电压为额定电压的 85%及以上。操作无卡涩、连动程序，电气和机械限位正常。

(3)循环操作后进行绕组连同套管在所有分接下直流电阻和电压比测量，试验结果应符合国标的相关要求。

(4)在变压器带电条件下进行有载调压开关电动操作，动作应正常。操作过程中，各侧电压应在系统电压允许范围内。

4.7.3　试验标准

测得的过渡电阻阻值、三相同步偏差、切换时间的数值、正反向切换时间偏差均符合制造厂技术要求。由于变压器结构及接线原因无法测量的，不进行该项试验。

4.7.4　试验结果判断

1. 在实际测试时所测波形往往比理论波形差,尤其在有绕组测量时,这是因为在测量时变压器绕组的电感、电容参数造成的振荡信号,以及分接开关的机械振动,使所测波形呈现出一些波动,这种情况在实际测试时是无法避免的。

2. 波形如果出现异常情况,还要考虑仪器选择是不是超量程。

4.7.5　注意事项

1. 使用仪器前,仪器接地端子必须接好地线。

2. 测试中不允许拆除测试线。

3. 带绕组测试时,变压器非测试端应三相短路接地。

4.8　测量绕组的绝缘电阻、吸收比

4.8.1　试验目的

本项目主要是检查变压器的绝缘是否有受潮、脏污以及贯穿性的集中缺陷。

当直流电压作用于绝缘物上时,所产生的电流是由充电电流,吸收电流和泄漏电流三部分组成,其中充电电流及吸收电流随时间由大到小变化,只有泄漏电流与时间无关,所谓绝缘电阻试验,就是通过仪表测试电气设备的泄漏电流值,通常仪表将这一电流值显示为绝缘电阻值。为了减少测试初始时充电电流的影响,一般取加压 1 min 后的绝缘电阻值为测量值;如果同时读出加压 15 s 时的数值,则可求吸收比 $K=R_{60}/R_{15}$,绝缘电阻和吸收比,是判断变压器是否受潮的灵敏指标。

4.8.2　试验方法

1. 仪器选择

测量仪器选用兆欧表、温湿度计。

2. 试验接线

测试变压器绕组连同套管的绝缘时,须按图 2-4-13、图 2-4-14、图 2-4-15 分别进行测试。

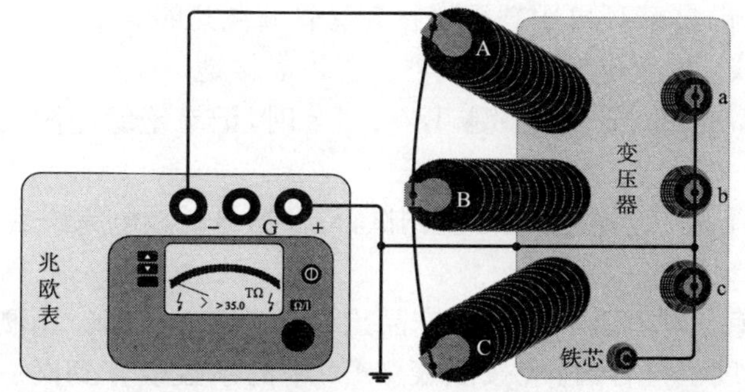

图 2-4-13　变压器绕组连同套管绝缘电阻高对低地接线示意图

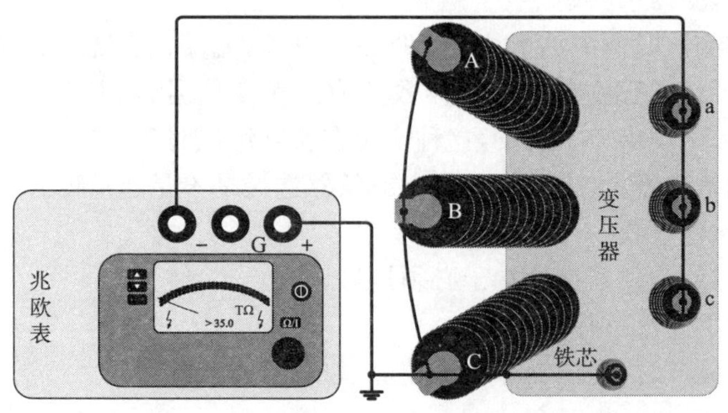

图 2-4-14　变压器绕组连同套管绝缘电阻低对高地接线示意图

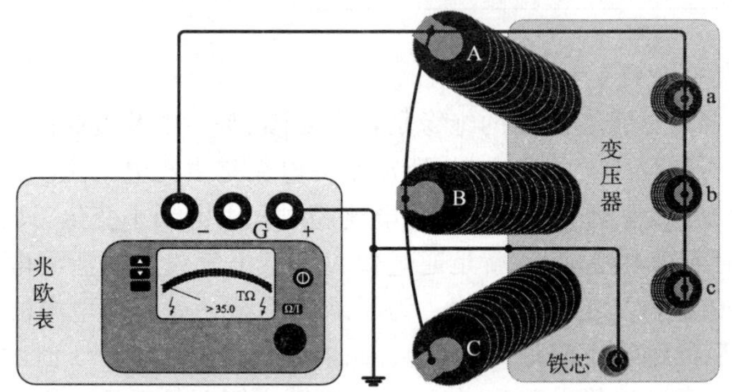

图 2-4-15　变压器整体对外壳绝缘电阻测试接线示意图

3. 试验步骤

(1)进行测试前应拆除变压器所有对外连线,用干燥清洁棉纱擦拭瓷套管表面,将绕组对地充分放电。

(2)为了安全,操作人应站在绝缘垫上,试验负责人负责安全防护。

(3)如果试验环境湿度较大,瓷套管表面泄漏较大时,可加等电位屏蔽,屏蔽线接于兆欧表"G"端,屏蔽环可用软裸线在瓷套管缠绕几圈。

(4)按图接线,非被测绕组和变压器外壳可靠接地。

(5)打开仪器电源,按"测试"键,15 s、60 s 时,记录绝缘电阻的数值及温湿度数值。

(6)读取数值后,按"停止"键停止测试,待仪器自动放电完毕后关闭电源。

4.8.3　试验标准

规程规定:绝缘电阻值不应低于产品出厂试验值的 70%,当测量温度与产品出厂试验时的温度不符合时,应按照表 2-4-4 中的系数换算到同一温度时的数值进行比较。

表 2-4-4　油浸式变压器绝缘电阻的温度换算系数表

温度差 K	5	10	15	20	25	30	35	40	45	50	55	60
换算系数 A	1.2	1.5	1.8	2.3	2.8	3.4	4.1	5.1	6.2	7.5	9.2	11.2

注：K 为实测温度减去 20 ℃时的绝对值。

当测量温度不是表中所列温度时 A 可用线性插入法确定或按下式计算：

$$A=5.5K/10 \tag{2-12}$$

校正到 20 ℃时绝缘电阻值可用下述公式计算：

当实测温度为 20 ℃以上时：

$$R_{20}=AR_t \tag{2-13}$$

当实测温度为 20 ℃以下时：

$$R=R_t/A \tag{2-14}$$

式中，R_{20}——校正到 20℃时绝缘电阻值；

R_t——在测量温度下的绝缘电阻值。

电压等级在 35 kV 及以上，且容量在 4 000 kV·A 及以上时，应测量吸收比，吸收比与产品出厂值相比应无明显差别，在常温下不应小于 1.3；当 R_{60s} 大于 3 000 MΩ 时，吸收比可不做考核要求。

4.8.4　试验结果判断

当测试结果不符合标准时，可以从以下几个方面考虑：

1. 空气湿度大，使绝缘表面吸附潮气、瓷质表面形成水膜，常使绝缘电阻显著降低。

2. 测试前被试品放电不充分，残余电荷的存在使测量数据不准确。

3. 是否存在感应电压的影响。

4. 取变压器内绝缘油进行试验，以判明是否绝缘受潮或有局部缺陷。

4.8.5　注意事项

1. 测试前要对被测设备进行放电和污垢处理，残余电荷和被测设备表面的脏污都会影响被测电阻值的偏大或偏小，引起测得的绝缘电阻不准确。

2. 根据测量的设备选好兆欧表的电压等级。

3. 绝缘测量时一定要拆除与被测设备相连的连接线，防止高压串到其他设备上造成设备和人员的危害。

4. 绝缘电阻测完后要对被测设备进行放电，防止被测设备残存电压造成人员伤害。

4.9　测量绕组连同套管的介质损耗角正切值 tanδ 及电容量

4.9.1　试验目的

检查套管是否有绝缘受潮、劣化、老化等分布性缺陷或绝缘中有气隙放电缺陷。

4.9.2　试验方法

1. 仪器选择

一般选用全自动抗干扰介损测试仪。

2. 试验接线

测量绕组连同套管的介质损耗时，须按照图 2-4-16、图 2-4-17、图 2-4-18 分别进行。

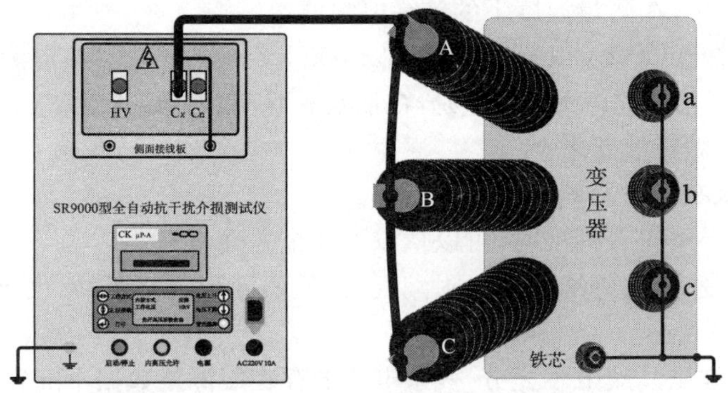

图 2-4-16　变压器高压绕组对地介质损耗角正切值 tanδ 测试接线示意图

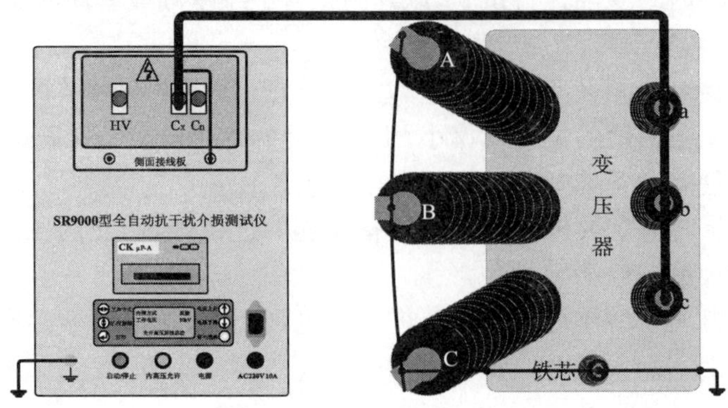

图 2-4-17　变压器低压绕组对地介质损耗角正切值 tanδ 测试接线示意图

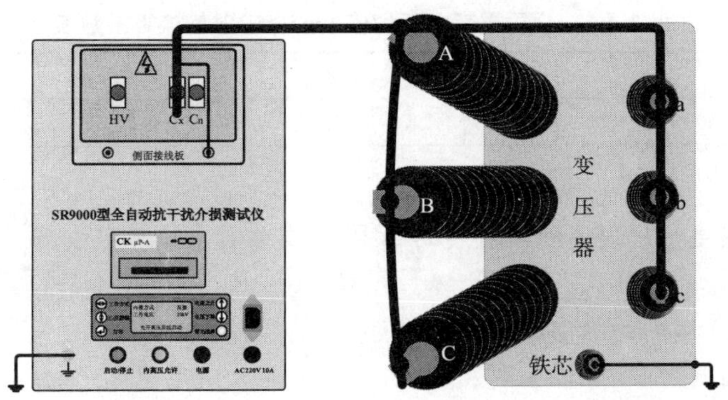

图 2-4-18　变压器整体对地介质损耗角正切值 tanδ 测试接线示意图

3. 试验步骤

以 SR9000 全自动抗干扰介损测试仪为例，测试步骤如下：

(1)仪器应用专用接地线良好接地。确认“电源”键未按下，从“Cx”端子用仪器专用线缆接至被试品高压端和低压端。

(2)接通电源，试验负责人发出“将要合闸”命令，其他人员退出围栏以外，指定操作人员合上闸刀开关。按下“电源”键，仪器自检完毕。

(3)按“电压选择”键选择试验电压，变压器、非纯瓷套管测试选择 10 kV。

(4)按“正/反接线”键选择接线方式。非纯瓷套管测试选择“正接”；变压器测试选择“反接”。

(5)操作者一只手放在闸刀开关旁边，随时准备拉开关，另一手按下“高压允许”键，再按下“启动”键，仪器自动升压，开始测量，蜂鸣器发出信号，并在显示窗口从 5 到 1 到计数(此时可松开“启动”键，退出测量状态)。到计数结束，高压加至试品，蜂鸣器发出警示信号，测量过程不超过 60 s，测量结束，高压自动降下，此时，必须按窗口提示将“高压允许”键松开，窗口会显示测量结果。然后松开“启动”键关机，拉开开关，用放电棒将被试品充分放电，并将接地封线挂在高压输出端，才可宣布“高压已断开”。才能允许其他工作人员进入围栏工作。

4.9.3　试验标准

规程规定：

1. 当变压器电压等级为 35 kV 及以上且容量在 8 000 kV·A 及以上时，应测量介质损耗角正切值 tanδ。

2. 被测绕组的 tanδ 值不应大于产品出厂试验值的 130%。

3. 当测量温度与产品出厂试验时的温度不符合时，应按表 2-4-5 中的系数换算到同一温度进行比较。

表 2-4-5 介质损耗角正切值 tanδ(%)温度换算系数表

温度差 K	5	10	15	20	25	30	35	40	45	50
换算系数 A	1.15	1.3	1.5	1.7	1.9	2.2	2.5	2.9	3.3	3.7

注:K 为实测温度减去 20 ℃时的绝对值。

当测量温度不是表中所列温度时 A 可用线性插入法确定或按下式计算:

$$A=1.3K/10 \tag{2-15}$$

校正到 20 ℃时绝缘电阻值可用下述公式计算。

当实测温度为 20 ℃以上时:

$$\tan\delta_{20}=\tan\delta_t/A \tag{2-16}$$

当实测温度为 20 ℃以下时:

$$\tan\delta_{20}=A\tan\delta_t \tag{2-17}$$

式中,$\tan\delta_{20}$——校正到 20 ℃时介质损耗角正切值;

$\tan\delta_t$——在测量温度下介质损耗角正切值。

4.9.4 试验结果判断

影响 tanδ 测量的因素,除温度外,还有频率的影响,电源质量一定要好;被试品表面的影响也很大,当空气相对湿度较大或表面脏污时,瓷套表面泄漏电流的影响,对测试结果影响很大,易发生误判断,有条件时,可以在太阳光下干燥后再进行试验,或用电热风机将瓷套的瓷裙吹干。

变压器的介质损耗角试验结果不符合规定时,应测试绝缘油的介质损耗角。

4.9.5 注意事项

1. 非被试绕组应短封后接地。

2. 被试变压器周围应无杂物(如脚手架等),否则它们与试验电极间形成电容与被试物并联,因而产生试验误差。

3. 介损测量时一定要拆除与被测设备相连的连接线,防止高压串到其他设备上造成设备和人员的危害。

4. 介质损耗测完后要对被测设备进行放电,防止被测设备残存电压造成人员伤害。

4.10 测量绕组连同套管的直流泄漏电流

4.10.1 试验目的

检查变压器纯瓷套管是否存在开裂的局部缺陷。

泄漏电流试验的试验原理和作用与绝缘电阻试验相似,只是试验电压较高,用微安表监视,因而测量灵敏度较高,更能将绝缘物本身的弱点反映出来,现场实践证明，它能较灵敏有效地发现像变压器套管密封不严进水，套管有裂纹等其他试验项目不易发现的现象。

4.10.2　试验方法

1. 仪器选择

采用直流高压发生器。

2. 试验接线

对于变压器的直流泄漏，可参照图 2-4-19、图 2-4-20 进行接线测试。

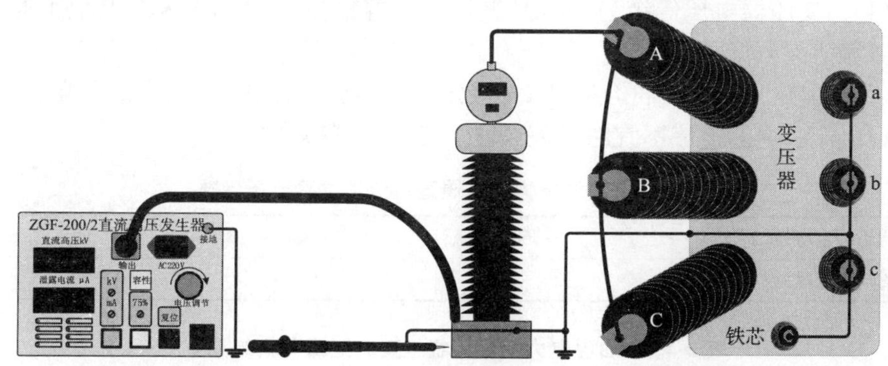

图 2-4-19　变压器(高压对低压及地)的直流泄漏电流测试接线示意图

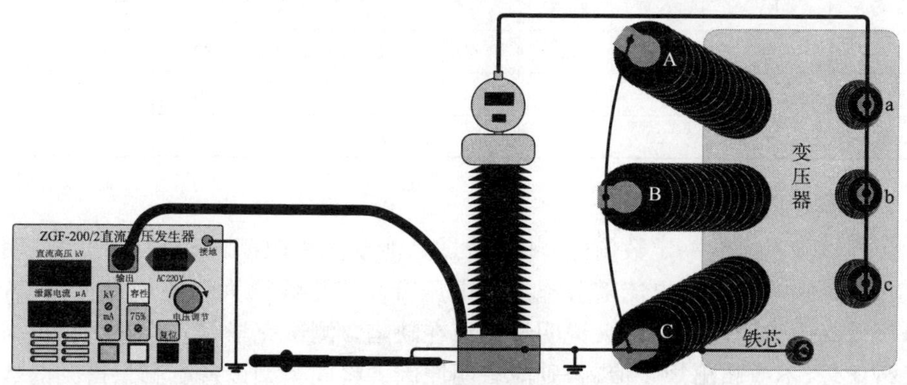

图 2-4-20　变压器(低压对高压及地)的直流泄漏电流测试接线示意图

3. 试验步骤

(1)试验人员应穿好绝缘靴、戴好绝缘手套，站在绝缘垫上操作。

(2)将调压器置零位，微安表置于最大量程(2 mA 挡)。

(3)接线前应拆除被试设备的外部连线。用专用地线作良好接地，并接好放电棒。经工作负责人确认方可开始试验。

(4)接通电源后，试验负责人发出“将要合闸”命令，指定操作人员合上闸刀开关。开机，操作者一只手放在开关板旁边随时准备拉闸，另一只手匀速升高电压，升压速度为 2 kV/s,升压过程中,应随时呼喊电压数值。升至变压器被试绕组的电压等级按表 2-4-7 所规定的试验电压,时间达到 1 min 时,读取并记录在高压侧微安表显示的泄漏电流值。测试完毕迅速将调压器恢复零位,切断电源,用放电棒将被试品充分放电,并在高压输出端挂上接地封线,才可宣布“高压已断开”。才能允许其他工作人员进入围栏工作。

4.10.3　试验标准

规程规定:

(1)当变压器电压等级为 35 kV 及以上且容量在 8 000 kV·A 及以上时,应测量直流泄漏电流。

(2)试验电压标准应符合表 2-4-6 规定。当试验电压达 1 min 时,在高压端读取泄漏电流。泄漏电流不宜超过表 2-4-6、表 2-4-7 的规定。

表 2-4-6　油浸电力变压器直流泄漏试验电压标准

绕组额定电压(kV)	20～35	63～330	500
直流电压试验(kV)	20	40	60

表 2-4-7　油浸电力变压器绕组直流泄漏电流参考值

额定电压(kV)	试验电压(kV)	在下列温度时变压器绕组直流泄漏电流参考值(μA)							
		10 ℃	20 ℃	30 ℃	40 ℃	50 ℃	60 ℃	70 ℃	80 ℃
35	20	33	50	74	111	167	205	400	570
63～330	40	33	50	74	111	167	205	400	570
500	60	20	30	45	67	100	150	235	330

4.10.4　试验结果判断

1.当试验电压在一定数值保持时,若试品泄漏随着时间的延长而增大说明设备存在绝缘缺陷。泄漏电流随着施加压电压升高成直线增大说明绝缘良好,若随着电压升高电流变化加快增大说明绝缘存在缺陷。测试完毕首先将测试结果与标准进行比较,不应超出规定值,否则应查明原因。将同类型设备所测量得到的数据进行比较应无明显差别。

2.测量中影响泄漏电流的因素很多,测量中应当注意以下方面。

(1)高压连接导线和被试设备进行试验时,带有较高的电压,周围的空气有可能发生游离,从而产生对地的泄漏电流,这种对地的泄漏电流将直接影响测量的准确性。解决方法是现场应采取增加高压引线直径,减少尖端毛刺,进行屏蔽,增加对地距离、微安级电流表选择适当的位置等措施减少杂散电流对试验结果的影响。

(2)当空气湿度较大时，表面泄漏电流增加，影响测量结果。解决方法是对被试设备表面进行擦拭或用电吹风吹干，测试时使用屏蔽电极接线。

(3)温度对试验结果的影响较大，对所测得泄漏电流值要与历史数据换算到同一温度下进行比较。

(4)被试设备绝缘中的残余电荷是否放尽将直接影响泄漏电流的测试值，因此，为了测量的准确与试验安全，试验前后均应对试品进行充分放电，重复试验亦应如此。

(5)试验前应擦干净瓷套表面。

(6)试验电源的电压极性、波形，试验过程中的升压速度对测量的结果也是有影响的，在分析试验结果时应综合考虑。

4.10.5　注意事项

1. 试验前应将套管外表面擦拭干净，防止外部脏污影响测量的准确性。

2. 升压速度应平缓均匀，在升压过程注意微安表的示值，发现异常情况应停止试验，查明原因。

3. 读取数据后，降下试验电压，切断电源开关，用专用放电棒对试品进行充分的放电。

4. 被试品附近有容性电气设备时(如电容型电压互感器、电缆、电容等)，应对这些设备也进行充分放电，以免感应电压伤人。

4.11　变压器绕组变形试验

4.11.1　试验目的

绕组变形指变压器绕组在机械力或电动力作用下发生的轴向或径向的尺寸变化，通常表现为绕组局部扭曲、鼓包或移位等特征。变压器在遭受短路电流冲击或在运输过程中遭受冲撞时，均有可能发生绕组变形现象，它将直接影响变压器的安全运行。

绕组变形试验是检验变压器的制造工艺水平和判断运输过程中对变压器绕组有无不良影响以及在变压器运行过程中有无大电流冲击影响的有效手段。

4.11.2　试验方法

1. 仪器选择

绕组变形测试仪、笔记本电脑。

2. 试验接线

试验时，将仪器所附带的配件(测试线、夹子)参照图 2-4-21 所示进行连接，并按照标示正确连接上电脑及仪器进行测试。

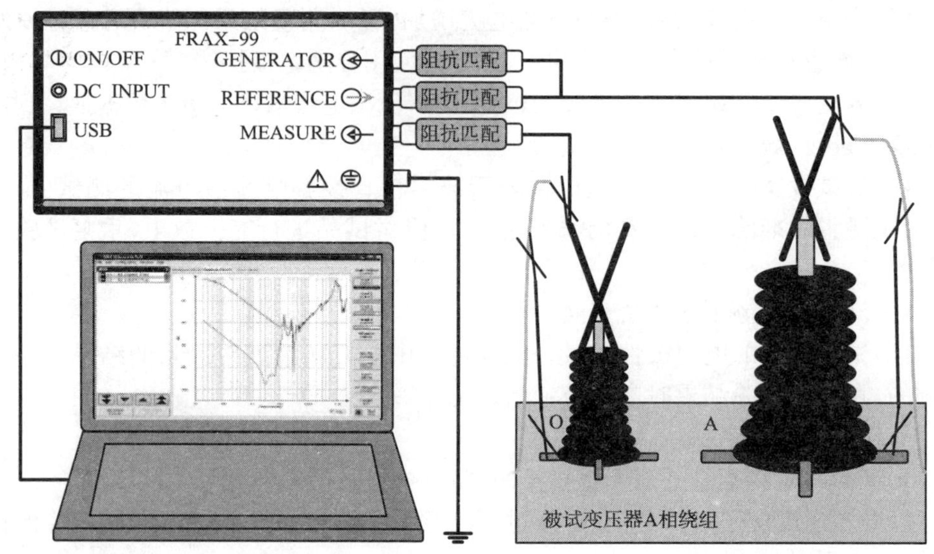

图 2-4-21　变压器绕组变形试验频率响应法接线示意图

3. 试验步骤

(1)低电压短路阻抗法

①原则上单相参数用单相法测试。

②单相法测试应依次确定:被测变压器、被测绕组对、被测绕组的分接位置、被测相、被测参数。

③被加压绕组为 Y_N 的三相变压器。可用三相四线法同时测取其短路阻抗 Z_{Ke} 和各单相参数。

④三相法测试除省去“被测相”外,其余同②。

⑤测试结果出现异常时,应对所有绕组对用单相法进行复试。

(2)频率响应法

①变压器绕组变形试验检测应在所有直流试验项目之前或在绕组充分放电以后进行,选定信号的激励(输入)端和响应(检测)端,逐一对变压器的各个绕组进行检测,分别记录幅频响应特性曲线。

②用频率响应法判断变压器绕组变形,主要是对绕组的幅频响应特性进行纵向或横向比较,并综合考虑变压器遭受短路冲击的情况、变压器结构、电气试验及油中溶解气体分析等因素。根据相关系数的大小,可较直观地反应出变压器绕组幅频相应特性的变化。

4.11.3　试验标准

1. 对于 35 kV 及以下电压等级变压器,宜采用低电压短路阻抗法。

(1)建立包含出厂、交接和现场首次试验值的原始资料数据库。

(2)每次检测后,均应分析同一个参数的三个单相值的互差(横比)和同一参数值与原始数据和上一次测试数据的相比之差(纵比)。判断差值是否超过了如下注意值。

①纵比

容量100 MV·A及以下且电压220 kV以下的电力变压器绕组参数的相对变化不应大于±2.0%。

容量100 MV·A以上或电压220 kV及以上的电力变压器绕组参数的相对变化不应大于±1.6%。

②横比

容量100 MV·A及以下且电压220 kV以下的电力变压器绕组参数的相对变化不应大于±2.5%。

容量100 MV·A以上或电压220 kV及以上的电力变压器绕组参数的相对变化不应大于±2.0%。

(3)首次低电压电抗法检测后,可将测取的短路阻抗Z_{Ke}、Z_K与铭牌(或出厂试验报告)同绕组对、同分接位置的短路阻抗Z_{Ke}或Z_K相比。

①分析纵、横比值的变化趋势。

②分析相关绕组对参数变化与异常绕组对参数变化的对应性。

③结合测量绕组的直流电阻、绕组对和绕组对地的等值电容、变压器的空载电流、空载损耗、局部放电,进行绕组频率响应的分析、油中气体的色谱分析,可使变压器绕组有无变形及其严重程度的判断更为准确、可靠。

2.对于66 kV及以上电压等级变压器,宜采用频率响应法测量绕组特征图谱。

4.11.4　试验结果判断

1.低电压短路阻抗法

(1)测量变压器各绕组对地各单相的短路阻抗Z_K、短路电抗X_K、漏电感L_K之中的任何一个参数。

(2)首次电抗法检测时还应检测短路阻抗Z_{Ke};三相变压器应用三相法测量短路阻抗。

(3)测量的参数Z_{Ke}、Z_K、X_K应进行频率校正。

(4)测量100 MV·A以下容量变压器的短路阻抗Z_{Ke}、Z_K还应对其有功分量进行温度换算。

(5)所有测量值的复验性应在±0.2%以内。

2.频率响应法

(1)典型的变压器绕组变形幅频响应特性曲线,通常包含多个明显的波峰和波谷。经验及理论分析表明,幅频响应特性曲线中的波峰或波谷分布位置及分布数量的变化，是分析变压器绕组变形的重要依据。

(2)幅频响应特性曲线低频段(1～100 kHz)的波峰或波谷位置发生明显变化，通常预示着绕组的电感改变，可能存在匝间短路的情况。频率较低时，绕组的对地电容所形成的容抗较大，而感抗较小，如果绕组的电感发生变化，会导致其幅频响应特性曲线低频部分的波峰或波谷位置发生明显移动。对于绝大多数变压器，其三项绕组低频段的响应特性曲线应非常相似，如果存在差异则应及时查明原因。

(3)幅频响应特性曲线低频段(100～600 kHz)的波峰或波谷位置发生明显变化，通常预示着绕组发生扭曲和鼓包等局部变形现象。在该频率范围内的幅频响应特性曲线具有较多的波峰和波谷，能够灵敏地反应出绕组分布电感、电容的变化。

(4)幅频响应特性曲线低频段(>600 kHz)的波峰或波谷位置发生明显变化，通常预示着绕组的对地电容改变，可能存在绕圈整体移位或引线位移等情况。

4.11.5　注意事项

1.低电压短路阻抗法

(1)测试时，先将被测绕组对的不加压侧所有接线端全部短接。短接线及其接触电阻的总阻抗不得大于被测绕组对短路侧短路阻抗的0.1%。

(2)对加压侧为D接线的三相变压器，用单相法测试时，多余绕组应作相应的短接。

(3)对加压侧为Y_N接线的三相变压器，用三相法测试时，变压器被加压绕组的中性点(N)、测试系统的中性点和测试电源的中性点应良好连接。

(4)测100 MV·A以上容量变压器的绕组参数时，测试系统引向变压器的电流线和电压线应分开。

2.频率响应法

(1)测试前应拆除与变压器套管端部相连的所有引线，并使拆除的引线尽可能远离被测变压器套管。对于套管引线无法拆除的变压器，可利用套管末屏抽头作为响应端进行检测，但应注明，并应与同样条件下的检测结果作比较。

(2)变压器绕组的幅频响应特性与分接开关的位置有关，宜在最高分接位置下检测，或者应保证每次检测时分接开关均处于相同的位置。

(3)因检测信号较弱，所有接线均应稳定、可靠、减小接触电阻。

(4)两个信号检测端的接地线均应可靠连接在变压器外壳上的明显接地端(如铁芯接地端)，接地线应尽可能短且不应缠绕。

4.12　绕组连同套管的交流耐压试验

4.12.1　试验目的

工频交流耐压试验是检验变压器绝缘强度最直接、最有效的方法，对于发现变压器主绝缘的局部缺陷，如绕组主绝缘受潮、开裂或者在运输过程中引起的绕组松动，引线距离不够以及绕组绝缘上附着脏物等缺陷十分有效。它对考核变压器主绝缘的强度、绝缘的局部缺陷，具有决定性的作用。

4.12.2　试验方法

1. 仪器选择

(1)工频耐压试验，采用设备为试验变压器、操作箱等。对容量较大的被试品，可采用串联谐振装置(包含操作箱、电抗器、阻容分压器、励磁变等)。

(2)感应耐压试验，采用三相调压器、标准电压表、倍频发生器。

2. 试验接线

变压器的耐压试验一般利用操作箱控制试验变压器升压的方式，在实际现场操作的过程中一般电压等级低、电容量小的设备都可参照如图 2-4-22、图 2-4-23 所示进行接线测试。

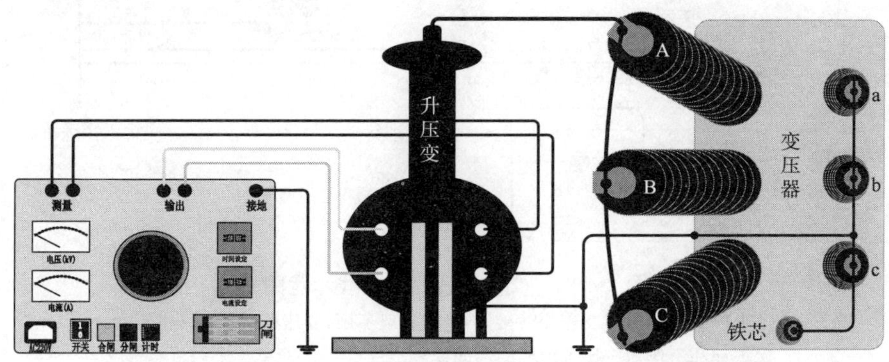

图 2-4-22　变压器高压绕组连同套管交流耐压试验接线示意图

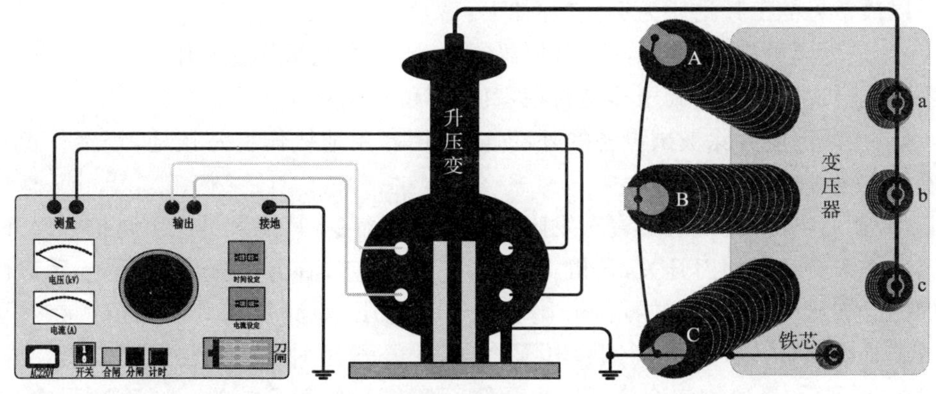

图 2-4-23　变压器低压绕组连同套管交流耐压试验接线示意图

对于电压等级高、电容量大的设备的耐压试验，可采用串联谐振装置进行，其测试接线可参照图 2-4-24。

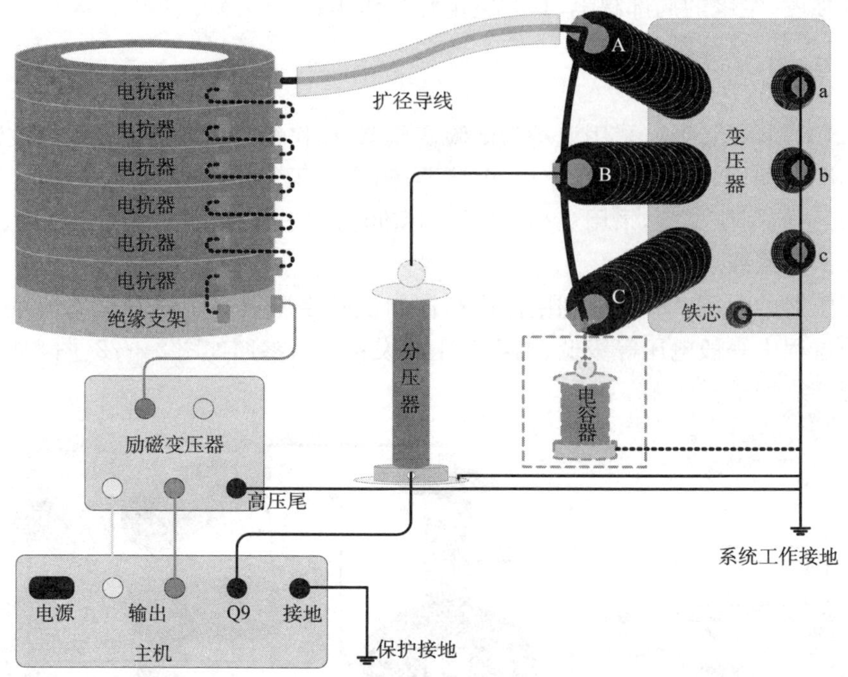

图 2-4-24 交流耐压测试接线示意图

说明：1. 虚框内的补偿电容在需要时接入，电缆一般不用，变压器试验时视情况接入；

2. 保护地和工作地应接到地网的不同位置。

3. 试验步骤

以最常见的工频耐压为例，步骤如下：

(1)试验人员应穿好绝缘靴、戴好绝缘手套、站在绝缘垫上操作。

(2)连接试品，检查调压器是否在零位，零位开关是否正常。

(3)接线前应拆除被试设备的外部连线，用专用地线作良好接地，经工作负责人确认方可开始试验。

(4)接通电源后，试验负责人发出“将要合闸”命令，其他人员退至防护栏以外，指定操作人员合上闸刀开关，开机，操作者一只手应放在开关板旁边，另一手对试品加压。加压时，应由机械零位开始缓慢升高电压，观测仪表升压数值。在升至75％试验电压时，以每秒 2％试验电压的速率升压至短时工频耐压的试验值，维持60 s，时间到后，迅速均匀地将试验电压降至零位后再断开电源。试验过程中，其他试验人员应站在安全地带注意被试设备有无异常声音和弧光，如有异常现象，应高声呼喊“降压”，操作人应立即停止试验，查找原因。

(5)采用串联谐振装置时,试验回路调谐必须在很低的励磁电压下进行,设备自动改变电源频率,使被试品端的电压达到最大,此时,回路达到谐振状态,再按规定的升压速度升高励磁电压,使高压侧达到试验电压。耐压完毕,均匀、快速地降压后,切断电源。

①根据接线示意图 2-4-24 正确接线。

②参考出厂试验报告,确定被试品电容量及试验电压。

③计算电抗器:

$$L=\frac{1}{C\,(2\pi\cdot f_0)^2} \tag{2-18}$$

根据计算电感量,选择相匹配的电抗器,根据试验电压确定电抗器的耐压,单只承受耐压 20 kV,当两个相叠加时,每个承受最大电压时 10 kV,当单只使用不够耐压时,可通过串联使用提高耐压。

再根据匹配的电感量计算出:

$$f_0=\frac{1}{2\pi}\frac{1}{\sqrt{LC}} \tag{2-19}$$

设备耐压时,$f_0=45\sim65$ Hz。

④据电容值、谐振频率、计算电抗器工作最大电流:

$$I=2\pi\cdot f_0CU_S \tag{2-20}$$

式中,U_S——试验电压。

⑤合装置总电源开关,绿色“电源”指示灯亮,LCD 显示屏亮,屏幕显示开机界面及预热递减时间,大约 60 s 后,选择菜单,然后显示界面如图 2-4-25 所示。

通过“→”、“←” 按键选择,按“确认”键进入“试验”菜单。

⑥耐压试验:

如图 2-4-26 所示进行设置,设置完成后,然后出现“手动”、“自动”及“半自动”选择菜单。

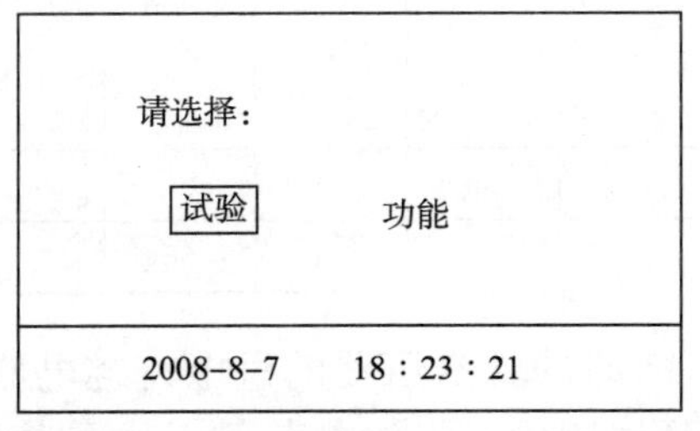

图 2-4-25　开机预热后选择界面

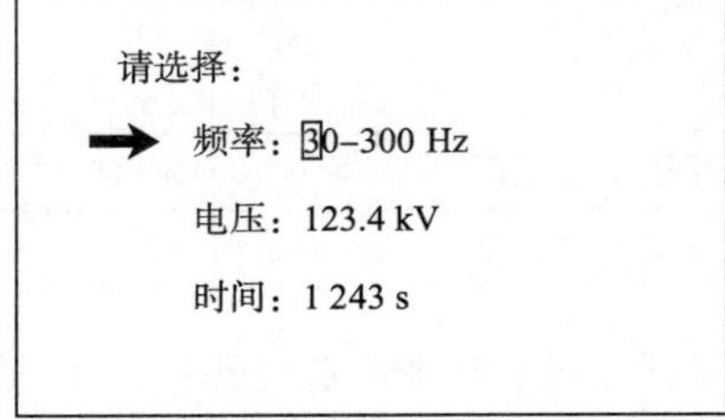

图 2-4-26　参数设置界面

手动方式:按“确认”键,按照屏幕提示搜索谐振频率,确认此频率为谐振频率,按照屏幕提示手动升压,通过监视显示的电压读数,到达所需电压后开始计时,时间到后仪器会自动降压，并停止高压输出。

自动方式：按“确认”键，仪器自动完成搜索谐振点、锁频、自动升压、自动计时、到时降压、自动停止高压输出。

半自动方式：按“确认”键，仪器自动完成搜索谐振点，锁频后按照屏幕提示需要手动升压，通过监视显示电压读数，到达所需电压后开始计时，时间到后仪器会自动降压，停止高压输出。

示例“手动”屏幕操作显示如图 2-4-27 所示。

注：在此显示屏下，按住“↑”键不放，则频率会连续递增。

搜索到谐振频率后，按“确认”键后，则出现如图 2-4-28 所示。

手动搜频

实时电压：12.3 kV

频率：40.1 Hz

↑↓：粗　←→：细　取消：返回

图 2-4-27　手动搜索设置界面

手动升压试验

	设置值	运行值
试验电压	120.3 kV	68.6 kV
输出频率	30～260 Hz	50.3 Hz
耐压时间	0 100 s	s

当前状态：正在升压……

↑↓：升降　取消：停止返回

图 2-4-28　手动升压试验界面

试验结束后请切断电源，对被试品充分放电即可。

4.12.3　试验标准

1. 规程规定：

(1)容量在 8 000 kV·A 以下、绕组额定电压在 110 kV 以下的变压器，应按表 2-4-8 试验电压标准进行交流耐压试验。

(2)容量在 8 000 kV·A 以上、绕组额定电压在 110 kV 以下的变压器，在有试验设备时，可按表 2-4-8 试验电压标准进行交流耐压试验。

表 2-4-8　电力变压器交流耐压试验电压标准

系统标称电压(kV) / 设备最高电压(kV)	<1 / ≤1.1	3 / 3.6	6 / 7.2	10 / 12	15 / 17.5	20 / 24	35 / 40.5	66 / 72.5
油浸电力变压器	—	14	20	28	36	44	68	112
干式电力变压器	2.5	8.5	17	24	32	43	60	

2. 试验过程中，电流表的指示突然猛增，随即试验变压器的过电流继电器动作，切断电源，这种现象一般为击穿。如在升压过程中发出放电声音，应立即停电，并根据声音的部位及声音的种类来判断原因。

4.12.4　试验结果判断

工频耐压试验的结果判断，主要是看被试设备是否承受住了外施高压。在试验过程中，试验人员要根据仪表的指示、有无放电声音以及放电声音的种类来及时判断被试设备的绝缘缺陷及部位，以减少被试设备被击穿损坏的损失。

1. 在试验过程中，电流表的指示突然猛增，随即试验变压器的过流继电器动作，切断电源，这种现象一般为被试物击穿的象征。

2. 在试验过程中，随着电压升高而发出放电声音，应当即停电，并根据声音的部位及声音的种类来判断原因。电力变压器如果缺油或油有气泡，以及铁芯松动、绝缘包扎松动等缺陷，在进行交流耐压时也会发出各种声音。

3. 被试设备在试验过程中，发生击穿、冒烟、有气味等现象，如果确定这些现象是设备内部发生的，则认为是被试设备有绝缘缺陷或已击穿。

4.12.5　注意事项

1. 变压器交流耐压试验必须在其他绝缘，如变压器绝缘、介质损耗、变压器油耐压试验均合格后才能进行。

2. 变压器油箱和铁芯应可靠接地。

3. 所有非被试相绕组均应短封且可靠接地。

4. 对所有可能留有空气的部位进行放气，如套管升高座、油箱顶部。储油柜连管阀门打开。

5. 电容套管测量端子接地，套管电流互感器二次短封接地。

6. 测试前拆除所有与变压器连接的外部连线，防止高压送到其他设备造成设备损害和危及人员安全。

7. 测试前确认安全范围，拉好安全警戒带，向外悬挂“止步，高压危险！”警示牌并派专人防护好，以防其他人员误入高压区。

8. 测试过程中测试人员应穿好绝缘靴，戴好绝缘手套，站在绝缘垫上进行，测试过程中精力集中，发现有异常情况赶紧切断电源。放电后再检查原因。

9. 试验变压器与试品的连接应用直径足够大的导体，以避免过多的放电和电晕。

10. 试验设备和地的连接应该短且牢固，以避免对试验回路中发生闪络时电压变化。

11. 试验前，应断开温度传感器与温控仪的插头。试验完毕后及时恢复。

12. 有时耐压试验进行了数十秒，中途因故失去电源，使试验中断，待查明原因，恢复电源后，应重新进行全时间的持续耐压试验，不可仅进行“补足时间”的试验。

13. 耐压试验前后应测量被试设备的绝缘电阻。

4.13 局部放电试验

4.13.1 试验目的

由于局部放电的开始阶段能量小,它的放电并不立即引起绝缘击穿,电极之间尚未发生放电的完好绝缘仍可承受住设备的运行电压。但在长时间运行电压下,局部放电所引起的绝缘损坏继续发展,最终导致绝缘事故发生。所以测量设备局部放电是绝缘监督重要手段之一,也是判断用电设备长期安全运行的较好方法。电力变压器主要采用油—纸屏障绝缘,这种绝缘由电工纸层和绝缘油交错组成。由于大型变压器结构复杂、绝缘很不均匀。当设计不当,造成局部场强过高,工艺不良或外界原因等因素,造成内部缺陷时,在变压器内必然会产生局部放电,并逐渐发展,最后造成变压器损坏。

4.13.2 试验方法

1.仪器选择

局部放电测试仪、耦合电容器、交流耐压试验装置。

2.试验接线

变压器局部放电测试原理图如图 2-4-29 所示。

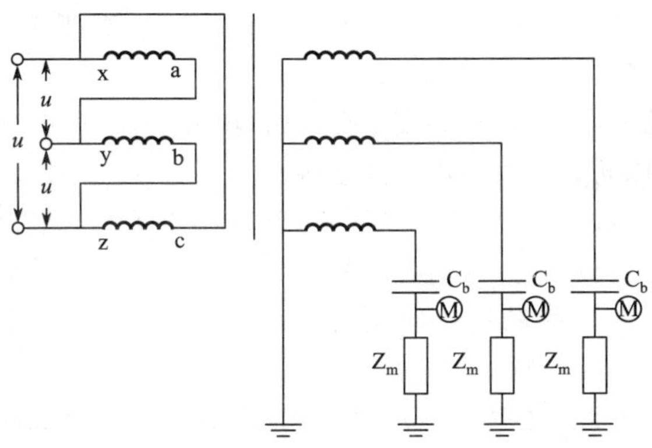

图 2-4-29 变压器局部放电测试原理图

3.试验步骤

(1)接线前应拆除被试设备的外部连线,用专用地线作良好接地,试品表面(尤其套管)应清洁干燥,注油后应静置 48 h 后试验。经工作负责人确认方可开始试验。测量电力变压器局部放电试验按上图接线。

(2)局部放电试验源 $u_{试}=u_m$,试验电源一般用中频电源,150～200 Hz。

(3)利用校正脉冲发生器进行系统放电校正。

(4)利用交流耐压试验装置升电压到预加电压 $u_2=1.3u_m/\sqrt{3}$或 $u_2=1.5u_m/\sqrt{3}$,

停留5 min记录并记录放电量。然后把电压升到 u_1，$u_1=\sqrt{3}u_m$，坚持 5 s 读取并记录放电量，5 s 后电压再降到 u_2，这时 u_2 坚持 30 min，后再降为零，每 5 min 读取并记录放电量。

(5)升至试验电压时，调节放大器粗调，使局部放电脉冲显示在示波器上，大小适中。

(6)打开判别开关，调节阈电平粗调和阈电平细调，使有效指示灯闪亮，记录此时的数值为放电量值，将开关拨至 kV 即可读取电压值，记下试验结果。

(7)将电压调至零，测试完毕。

4.13.3　试验标准

绕组连同套管的长时感应电压试验带局部放电测量：电压等级 220 kV 及以上，在新安装时，必须进行现场局部放电试验。对于电压等级为 110 kV 的变压器，当对绝缘有怀疑时，应进行局部放电试验。

如满足下列条件，则试验合格：

1. 试验电压不产生忽然下降。

2. 在 $U_2=1.5U_m/\sqrt{3}$或 $1.3U_m/\sqrt{3}$下的长时试验期间，局部放电量的连续水平不大于 500 pC 或 300 pC。

3. 在 U_2 下，局部放电不呈现持续增加的趋势，偶然出现的较高幅值的脉冲可以不计入。

4. 在 $1.1U_m/\sqrt{3}$下，视在电荷量的连续水平不大于 100 pC(U_m为设备的最高电压有效值)。

4.13.4　试验结果判断

试验完毕后，应对整个测试系统再进行一次重复校正，验证是否与试验前所校正出的系数相等，以免测试仪器或其他环节在试验过程中发生故障而使测试结果有误。

4.13.5　注意事项

1. 在开始试验前，试验人员必须详细而全面地检查一遍线路，以免线路接错。检查检测设备接地线是否与接地体牢固连接，若连接不牢或在准备工作时接地线被脚踢断，将引起人身或设备事故。

2. 试验前，保证没有悬浮电位。

3. 对高压端子实施屏蔽。

4. 试验时，带电区域做好安全防护。

第 5 章　电抗器及消弧线圈试验

5.1　测量绕组连同套管的直流电阻

5.1.1　试验目的

直流电阻试验可以检查出电抗器及消弧线圈绕组内部导线的焊接质量，引线与绕组的焊接质量，绕组所用导线的规格是否符合设计要求。

5.1.2　试验方法

1. 仪器选择

和变压器直阻测试方法相同，一般选择直流电阻测试仪进行测试。

2. 试验接线

消弧线圈的直流电阻的测试接线示意图见图 2-5-1，三相干式电抗器的测试接线与之类似，空心电抗器的测试接线如图 2-5-2 所示。

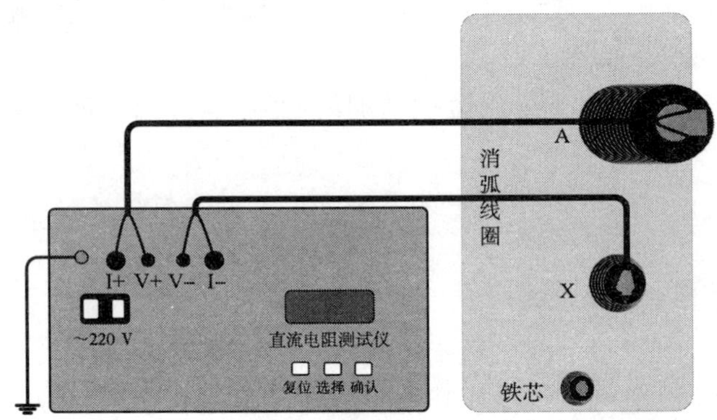

图 2-5-1　消弧线圈直流电阻测试接线示意图

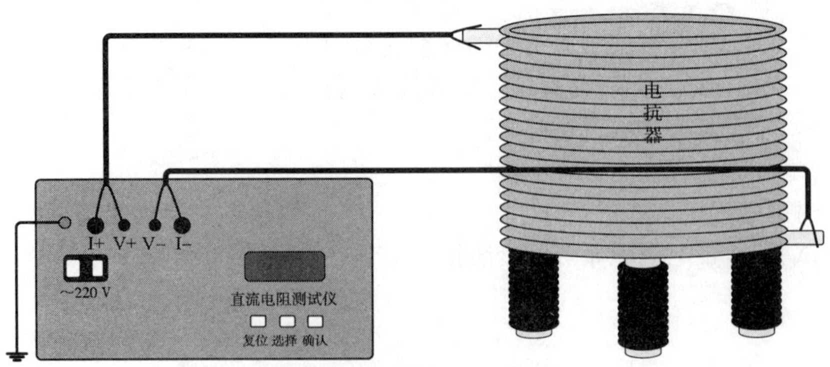

图 2-5-2　空心电抗器直流电阻测试接线示意图

3. 试验步骤

下面以 SR3305 直流电阻测试仪器为例进行测试。

(1)仪器可靠接地，估计被测线圈 AX 电阻值大小，选择电流挡：40 mA 挡量程 250 mΩ～500 Ω，200 mA 挡量程范围 50 mΩ～100 Ω，1 A 挡量程范围 10 mΩ～200 Ω，5 A 挡量程范围 1 mΩ～3 Ω，如果估算不出电阻值，用"自动"挡测试。

(2)在测试过程中，尽可能地避免充电时突然断线。放电时仅当蜂鸣声消失，才可以更换测试对象。

5.1.3　试验标准

1. 测量应在各分接头的所有位置上进行。

2. 实测值与出厂值的变化规律应一致。

3. 三相电抗器绕组直阻值相互间差值不应大于三相平均值的 2%。

4. 电抗器及消弧线圈的直流电阻，与同温下产品出厂值比较相应变化不应大于 2%。

5.1.4　试验结果判断

当试验数据出现异常时，可从以下几点分析判断：

1. 仪器电压不足或不稳，此时测试数据偏差很大。

2. 检查试验接线与被试品接线处是否良好，此时测试数据偏大。

3. 电抗器或消弧线圈引线和线圈焊接处接触不良，或多股并绕线圈中有一股或几股断线或未焊接牢固，这时电阻值将增大。

4. 电抗器或消弧线圈的套管中，导电杆和引线接触不良等。

5. 由于分接开关接触不良，分接开关内部不清洁，电镀脱落，弹簧压力不够等造成个别分接头的电阻偏大，三相电阻不平衡。

5.1.5　注意事项

1. 测试前确认被测电抗器或消弧线圈的所有外部连接线已完全断开，防止测试过程中把电源误送到其他设备造成其他设备的损害和带电。

2. 在测试过程中禁止被测设备与试验设备断开，防止在断开处产生逆高压损害试验设备，测试过程中禁止人员触摸被试品和进行变换分接开关位置的操作。

3. 测量时一定要等待绕组自感效应影响降至最小程度，再读取数据，否则会造成较大的误差。

4. 测试完后充分放完电后才能撤离设备，防止在放电过程中产生逆电势损害设备。

5. 绕组的直流电阻测量时，必须准确记录绕组的温度，以便于换算到同温度下与出厂的实测数值比较。

5.2 测量绕组连同套管的绝缘电阻、吸收比或者极化指数

5.2.1 试验目的

测量绕组的绝缘电阻、吸收比或极化指数，能够有效的检查出设备的绝缘整体受潮，部件表面受潮或脏污，以及贯穿性的集中性缺陷，如瓷件破裂、引线接壳、器身内有金属接地等缺陷。

5.2.2 试验方法

1. 仪器选择

选用兆欧表测量。

2. 试验接线

消弧线圈的绝缘电阻及吸收比测试与变压器类似，如图 2-5-3 所示。

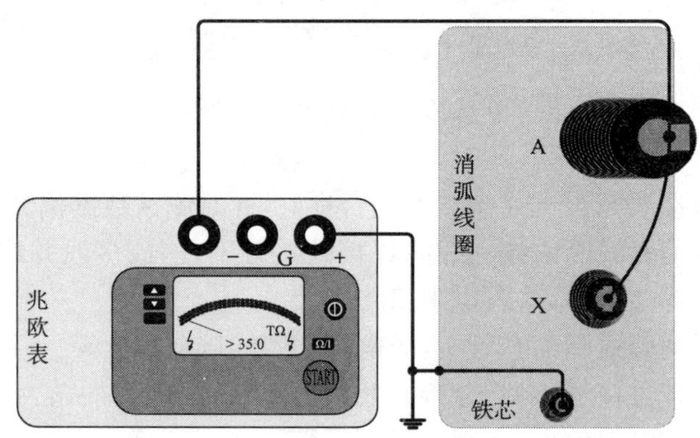

图 2-5-3 消弧线圈绕组连同套管对地绝缘电阻测试接线示意图

3. 试验步骤

(1)进行测试前应拆除变压器所有对外连线，将绕组对地充分放电后，用干燥清洁棉纱擦拭瓷套管表面。

(2)为了安全，操作人应站在绝缘垫上，试验负责人负责安全防护。

(3)如果试验环境湿度较大，瓷套管表面泄漏较大时，可加等电位屏蔽，屏蔽线接于兆欧表“G”端，屏蔽环可用软裸线在瓷套管缠绕几圈。

(4)按图接线，非被测绕组和变压器外壳可靠接地。

(5)打开仪器电源，按“测试”键，60 s 时，记录绝缘电阻的数值(同时记录试验时环境温度、湿度)。

(6)读取数值后，按停止键停止测试，待仪器自动放电完毕后关闭电源。

5.2.3 试验标准

规程规定:绝缘电阻值不应低于产品出厂试验值的 70%，当测量温度与产品出厂

试验时的温度不符合时，应按表 2-5-1 中的系数换算到同一温度时的数值进行比较。

表 2-5-1　电抗器绝缘电阻的温度换算系数

温度差 K	5	10	15	20	25	30	35	40	45	50	55	60
换算系数 A	1.2	1.5	1.8	2.3	2.8	3.4	4.1	5.1	6.2	7.5	9.2	11.2

注：K 为实测温度减去 20 ℃时的绝对值。

当测量温度不是表中所列温度时 A 可用线性插入法确定或按式 2-21 计算：

$$A=5.5K/10 \tag{2-21}$$

校正到 20 ℃时绝缘电阻值可用下述公式计算。

当实测温度为 20 ℃以上时：

$$R_{20}=AR_t \tag{2-22}$$

当实测温度为 20 ℃以下时：

$$R=R_t/A \tag{2-23}$$

式中，R_{20}——校正到 20 ℃时绝缘电阻值；

R_t——在测量温度下的绝缘电阻值。

电压等级在 35 kV 及以上，且容量在 4 000 kV·A 及以上时，应测量吸收比，吸收比与产品出厂值相比应无明显差别，在常温下不应小于 1.3；当 R_{60s} 大于3 000 MΩ 时，吸收比可不做考核要求。

5.2.4　试验结果判断

当测试结果不符合标准时，可以从以下几个方面考虑：

1. 空气湿度大，使绝缘表面吸附潮气、瓷质表面形成水膜，常使绝缘电阻显著降低。

2. 测试前被试品放电不充分，残余电荷的存在使测量数据不准确。

3. 是否存在感应电压的影响。

5.2.5　注意事项

1. 测试前要对被测设备进行放电和污垢处理，残余电荷和被测设备表面的脏污都会影响被测电阻值的偏大或偏小，引起测得的绝缘电阻不准确。

2. 根据测量的设备选好兆欧表的电压等级，防止测量不准确及对仪器和设备造成损害。

3. 绝缘测量时一定要拆除与被测设备相连的连接线，防止高压串到其他设备上造成设备和人员的危害。

4. 绝缘电阻测完后要对被测设备进行放电，防止被测设备残存电压造成人员伤害。

5.3　绕组连同套管的交流耐压试验

5.3.1　试验目的

在绝缘电阻测试后，为了保证电抗器的质量符合国家标准，必须进行工频交流耐压试验。交流耐压试验时，所有被试绕组部分对地的试验电压均相等。它对考核电抗器或消弧线圈主绝缘的强度、绝缘的局部缺陷，具有决定性的作用。

5.3.2　试验方法

1. 仪器选择

试验变压器、操作箱。

2. 试验接线

消弧线圈的耐压试验与变压器类似，试验前将消弧线圈的头尾连接起来引至升压变压器的高压输出端子处，其铁芯及外壳良好接地，升压变压器的高压尾、试验操作箱的保护接地分别接至不同的接地点上，如图 2-5-4 所示。空心电抗器的耐压试验主要是针对其底部的支持绝缘子，其试验接线如图 2-5-5 所示。

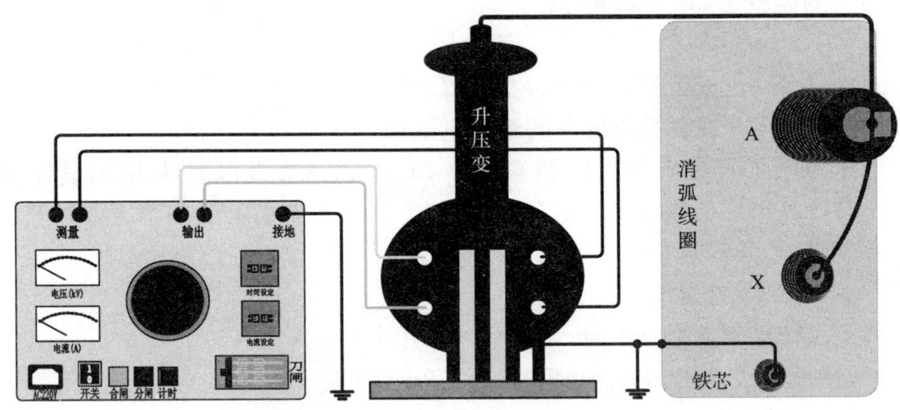

图 2-5-4　消弧线圈绕组连同套管对地耐压试验接线示意图

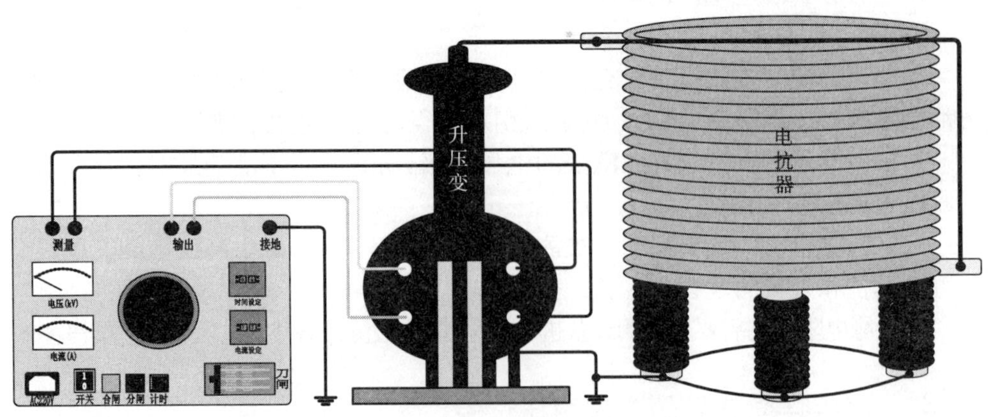

图 2-5-5　空心电抗器线圈对地耐压试验接线示意图

3. 试验步骤

(1)试验人员应穿好绝缘靴、戴好绝缘手套、站在绝缘垫上操作。

(2)连接试品,检查调压器是否在零位,零位开关是否正常。

(3)接线前应拆除被试设备的外部连线,用专用地线作良好接地,经工作负责人确认方可开始试验。

(4)接通电源后,试验负责人发出“将要合闸”命令,其他人员退至防护栏以外,指定操作人员合上闸刀开关,开机,操作者一只手应放在开关板旁边,另一手对试品加压。加压时,应由机械零位开始缓慢升高电压,观测仪表升压数值。在升至75%试验电压时,以每秒2%试验电压的速率升压至短时工频耐压的试验值,维持60 s,时间到后,迅速均匀地将试验电压降至零位后再断开电源。试验过程中,其他试验人员应站在安全地带注意被试设备有无异常声音和弧光,如有异常现象,应高声呼喊“降压”,操作人应立即停止试验查找原因。

5.3.3　试验标准

1. 额定电压在 110 kV 以下的消弧线圈、干式或油浸式电抗器均应进行交流耐压试验,试验电压符合表 2-5-2 的规定。

表 2-5-2　电抗器交流耐压试验电压标准

额定电压(kV) / 电压有效值(kV)	3	6	10	15	20	35	63
油浸式电抗器	14	20	28	36	44	68	112
干式电抗器	8.5	17	24	32	43	60	—

2. 对分级绝缘的耐压试验电压标准,应按接地端或其末端绝缘电压等级来进行。

5.3.4　试验结果判断

工频耐压试验的结果判断,主要是看被试设备是否承受住了外施高压。在试验过程中,试验人员要根据仪表的指示、有无放电声音以及放电声音的种类来及时判断被试设备的绝缘缺陷及部位,以减少被试设备被击穿损坏的损失。

1. 在试验过程中,电流表的指示突然猛增,随即试验变压器的过流继电器动作,切断电源,这种现象一般为被试物击穿的象征。

2. 在试验过程中,随着电压升高而发出放电声音,应当即停电,并根据声音的部位及声音的种类来判断原因。电抗器或消弧线圈如果缺油,或油有气泡,以及铁芯松动、绝缘包扎松动等缺陷,在进行交流耐压时也会发出各种声音。

3. 被试设备在试验过程中,发生击穿、冒烟、有气味等现象,如果确定这些现象是设备内部发生的,则认为是被试设备有绝缘缺陷或已击穿。

5.3.5　注意事项

1. 交流耐压试验必须在其他绝缘试验均合格后才能进行。

2. 测试前拆除所有与电抗器或消弧线圈连接的外部连线,防止高压送到其他设备造成设备损害和危及人员安全。

3. 测试前确认安全范围，拉好安全警戒带，向外悬挂“止步，高压危险！”警示牌，并派专人防护好以防其他人员误入高压区。

4. 测试过程中测试人员应穿好绝缘靴，戴好绝缘手套，站在绝缘垫上进行，测试过程中精力集中，发现有异常情况赶紧切断电源。放电后再检查原因。

5. 试验变压器与试品的连接应用直径足够大的导体，以避免过多的放电和电晕。

6. 试验和地的连接应该短且牢固，以避免对试验回路中发生闪络时电压变化。

7. 试验前，应断开温度传感器与温控仪的插头。试验完毕后及时恢复。

8. 有时耐压试验进行了数十秒钟，中途因故失去电源，使试验中断，再查明原因，恢复电源后，应重新进行全时间的持续耐压试验，不可仅进行“补足时间”的试验。

9. 耐压试验前后应测量被试设备的绝缘电阻。

第6章　互感器试验

6.1　绕组的绝缘电阻试验

6.1.1　试验目的

测量绕组的绝缘电阻,能够有效地检查出高压设备绝缘整体受潮,部件表面受潮或脏污,以及贯穿性的集中性缺陷,如瓷件破裂、引线接壳、器身内有金属接地等缺陷。

6.1.2　试验方法

1. 仪器选择

互感器绝缘电阻测试选择兆欧表。

2. 试验接线

电流互感器及电压互感器绝缘测试内容包括:

①一次绕组对二次绕组及外壳,测试前将被测试的一次绕组头尾短接一起与绝缘电阻表的负极相连,所有二次绕组头尾短接接地与互感器的外壳(底座)、绝缘电阻正极相连,如图 2-6-1 所示。

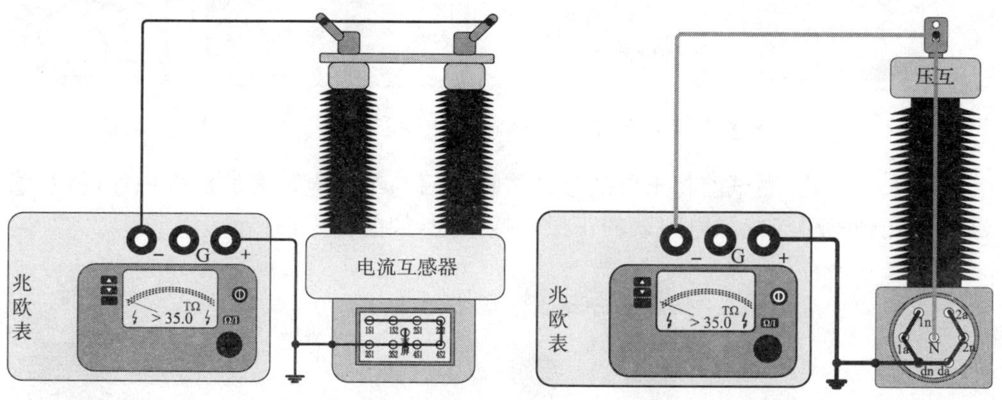

图 2-6-1　互感器绕组绝缘电阻高对低地接线示意图

②各二次绕组对外壳,测试前将被测试的所有二次绕组头尾短接一起与绝缘电阻表的负极相连,一次绕组头尾短接接地与互感器的外壳(底座)、绝缘电阻正极相连,如图 2-6-2 所示。

③二次绕组之间,测试前将被测试的二次绕组头尾短接与绝缘电阻表负极相连,剩余的所有二次绕组头尾短接接地与互感器的外壳(底座)、绝缘电阻正极相连,如图 2-6-3 所示。

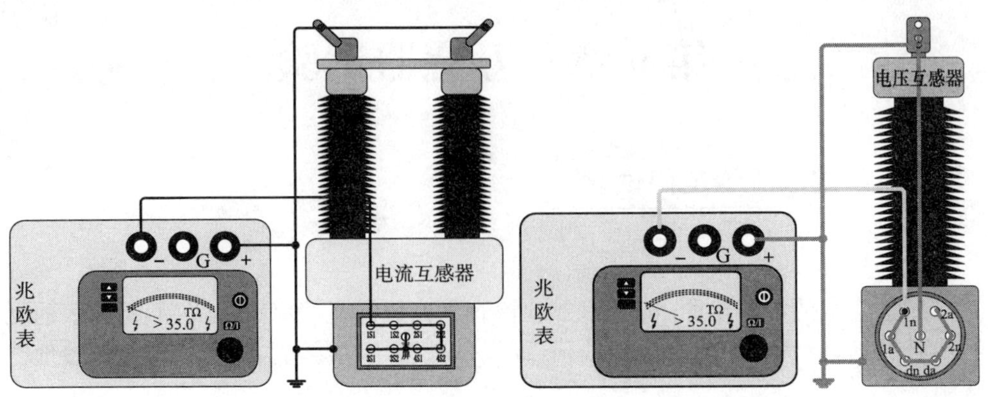

图 2-6-2　互感器绕组绝缘电阻低对高地接线示意图

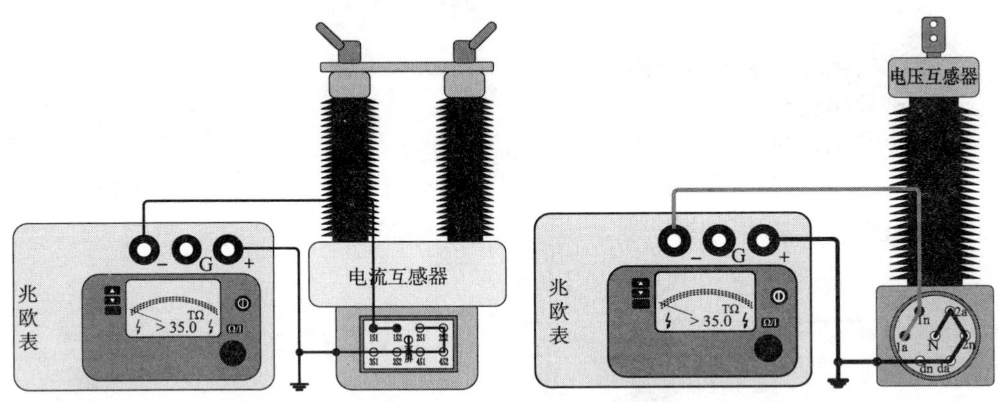

图 2-6-3　互感器二次绕组之间绝缘电阻接线示意图

④末屏对地，测试前将末屏的接地线拆除后与绝缘电阻表的负极相连，将互感器的外壳（底座）与绝缘电阻表的正极短接接地，如图 2-6-4 所示。

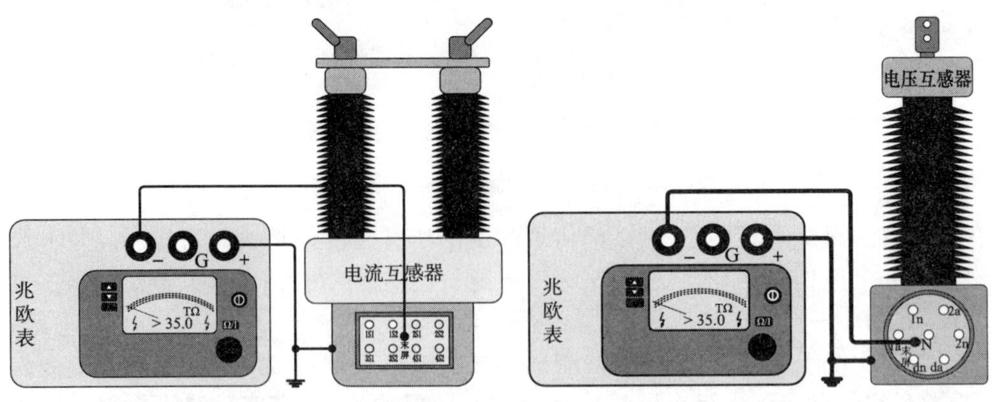

图 2-6-4　互感器绕组绝缘末屏对地接线示意图

3. 试验步骤

(1)试验前拆除相应接线并做好标记,用干燥清洁的棉纱擦拭瓷套管表面,将绕组对地充分放电。

(2)根据测量的设备选好兆欧表的电压等级;互感器测试接线时高压线L端与接地线E端不能缠绕在一起,必要时L端高压线悬空。

(3)如果试验环境湿度较大,瓷套管表面泄漏较大时,可加等电位屏蔽线接于兆欧表"G"端,屏蔽环可用软裸线在瓷套管靠近接线端子部位缠绕几圈。

(4)按"测试"键,60 s时,记录绝缘电阻的数值(同时记录试验时环境温度、湿度)。

(5)读取数值后,停止测试充分放电。

(6)如被试设备不做其他项目测试,应准确恢复拆除的所有外部引线,并经试验负责人确认。

6.1.3　试验标准

1. 测量一次绕组对二次绕组及外壳、各二次绕组间及对其外壳的绝缘电阻,绝缘电阻不宜低于1 000 MΩ。

2. 测量电流互感器的一次绕组段间的绝缘电阻,绝缘电阻值不宜低于1 000 MΩ,但由于结构原因而无法测量时可不进行。

3. 测量电容式电流互感器的末屏及电压互感器接地端(N)对外壳(地)的绝缘电阻,绝缘电阻值不宜小于1 000 MΩ。若末屏对地绝缘电阻小于1 000 MΩ,应测量其$\tan\delta$。

6.1.4　试验结果判断

1. 所测得的绝缘电阻应大于规定值。

2. 进行"纵"的比较(即与本台设备的出厂及历年试验结果相比较);进行"横"的比较(即与同类设备的试验结果相比较),这时都不应有明显的下降或较大的差别,否则必须引起注意,查明原因,在比较电气设备绝缘电阻时也要考虑温度、湿度、脏污及气候条件的影响。

6.1.5　注意事项

1. 测试前要对被测设备进行放电和污垢处理,残余电荷和被测设备表面的脏污都会影响被测电阻值的大小,引起测得的绝缘电阻不准确。

2. 测试前一定要拆除与被测设备相连的连接线,防止高压串到其他设备上造成设备和人员的危害。

3. 测量时,考虑温度的影响,尽可能在相近温度下进行测量,以避免温度换算引起的误差。

4. 测量时,考虑湿度的影响,必要时可加屏蔽环或烘干。

5. 测量时，考虑感应电压的影响，必要时应采取电场屏蔽等措施克服感应耐压的影响。

6. 测完后还要对被测设备进行放电，防止被测设备残存电压造成人员伤害。

6.2　测量 35 kV 及以上互感器一次绕组连同套管的介质损耗角正切值 tanδ 及电容量

6.2.1　试验目的

在电压作用下，电介质产生一定的能量损耗，这部分损耗称介质损耗。对 35 kV及以上互感器，测量一次绕组的介质损耗角正切值 tanδ，尤其对绝缘受潮、劣化及套管绝缘损坏等缺陷，反映非常灵敏。

6.2.2　试验方法

1. 仪器选择

测试选用全自动抗干扰介损测试仪，精密电压源。

2. 试验接线

①非电容型互感器的介质损耗多采用反接法进行测试，测试前将高压引线拆除。电流互感器头尾短连接至全自动抗干扰介质损耗仪 C_x 端，其所有二次绕组头尾全部短连与互感器外壳(底座)接地，如图 2-6-5 左侧所示；电压互感器的高压头引至全自动抗干扰介质损耗仪 C_x 端(必要时也可将高压尾与之相连，并注意引线与互感器保持相应安全距离)，其所有二次绕组 n 端(接地端)全部短连与互感器外壳(底座)接地，如图 2-6-5 右侧所示。

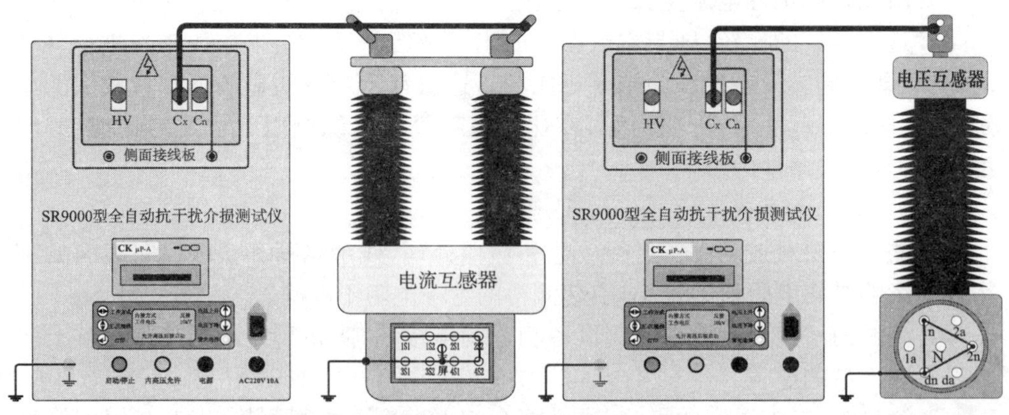

图 2-6-5　非电容型互感器高压绕组对地介质损耗角正切值 tanδ 测试接线示意图

②对于电容型电压互感器，在必要时也可采用自激法测试介质损耗，由精密电压源给电压互感器二次绕组施加一个电压(此电压换算到一次侧应力 3 kV)，全自

动抗干扰介质损耗仪采用正接法接线，如图 2-6-6 所示。

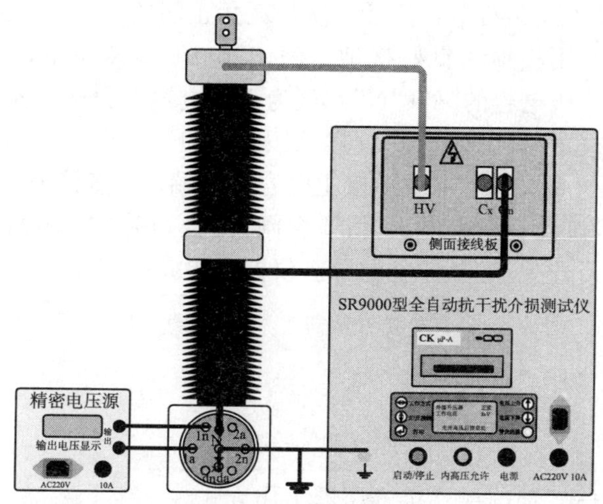

图 2-6-6　电容型电压互感器介质损耗角正切值 tanδ 及电容量测试接线示意图

3. 试验步骤

(1)非电容型互感器电容值及介质损耗角正切值 tanδ 测试

①仪器应用专用接地线良好接地。确认"电源" 键未按下，如接线示意图图 2-6-6所示，从"C_x"端子用仪器专用线缆接至被试品短接的一次绕组端，短接的二次绕组和外壳均接地。

②接通电源，试验负责人发出"将要合闸"命令，其他人员退出围栏以外，指定操作人员合上闸刀开关。按下"电源"键，仪器自检完毕应显示：

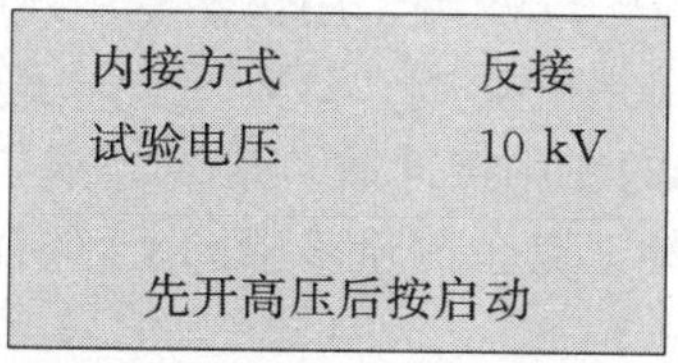

③按"电压选择"键选择试验电压，电流互感器测试选择 10 kV；电压互感器测试选择 3 kV。

④按"正/反接线"键选择接线方式。选择"反接"。

⑤操作者一只手放在闸刀开关旁边，随时准备拉开关，另一手按下"高压允许"键，再按下"启动"键，仪器自动升压，开始测量，蜂鸣器发出信号，并在显示窗口从 5 到 1 到计数(此时可松开"启动"键，退出测量状态)。到计数结束，高压加至试品，蜂鸣器发出警示信号，测量过程不超过 60 s，测量结束，高压自动降下，此时，必须按窗口提示将"高压允许"键松开，窗口会显示测量结果。然后关机，拉开开关，用放电棒将被试品充分放电，并将放电棒挂在高压输出端，才可宣布"高压已断

开”，才能允许其他工作人员进入围栏工作。

(2)电容型电压互感器电容值及介质损耗角正切值 $\tan\delta$ 测试

①仪器应用专用接地线良好接地。确认“电源”键未按下，从“HV”端子用仪器专用线缆接至分压电容的“δ”(“N”)点(为消除电缆本身电容量对测量结果的影响，“HV”专用电缆的专用接地插头同整根电缆一起悬空，不要插入仪器的专用接地端)，从“C_x”端子用仪器专用线缆接主电容高压端，X_L 点接地。

②接通电源，试验负责人发出“将要合闸”命令，其他人员退出围栏以外，指定操作人员合上闸刀开关。按下“电源”键，仪器自检完毕应显示：

外接升压器	正接
试验电压	3 kV
先开高压后按启动	

③按“工作方式”键选择外接升压器工作方式。

④按“正/反接线”键选择接线方式。选择“正接”。

⑤操作者一只手放在闸刀开关旁边，随时准备拉开关，另一手按下“高压允许”键，再按下“启动”键，另一操作者用中间变压器励磁加电压，试验电压不超过 3 kV，仪器自动采集外接电压，开始测量，测量结束，操作者将调压器归零，外加电压撤除，此时，必须按窗口提示将“高压允许”键松开，窗口会显示测量结果。即为主电容 C_1 和 $\tan\delta 1$ 的值。然后关机，拉开开关，用放电棒将被试品充分放电，并将放电棒挂在高压输出端，才可宣布“高压已断开”。才能允许其他工作人员进入围栏工作。

⑥改变仪器接线方式，从“HV”端子用仪器专用线缆接至主电容高压端(为消除电缆本身电容量对测量结果的影响，“HV”专用电缆的专用接地插头同整根电缆一起悬空，不要插入仪器的专用接地端)，从“C_x”端子用仪器专用线缆接分压电容的“δ”(“N”)点，X_L 点接地。其余测量步骤同上，同样的方法测出的值即为分压电容 C_2 和 $\tan\delta$ 的值。

6.2.3　试验标准

1. 互感器的绕组 $\tan\delta$ 测量电压应在 10 kV 测量，$\tan\delta$ 不应大于下表中数据。当对绝缘有怀疑时，可采用高压法进行试验，在(0.5～1)$\sqrt{3}U_m$ 范围内进行，$\tan\delta$ 变化量不应大于 0.2% ，电容变化量不应大于 0.5%。

2. 末屏 $\tan\delta$ 测量电压为 2 kV，$\tan\delta$(%)限值须符合表 2-6-1 中的规定。

注：本条主要适用于油浸式互感器。SF_6 气体绝缘和环氧树脂绝缘结构互感器不适用，注硅脂等干式互感器可以参照执行。

表 2-6-1　tanδ(%)限值表

额定电压 \ 种类	20～35 kV	66～110 kV	220 kV	330～500 kV
油浸式电流互感器	2.5	0.8	0.6	0.5
充硅脂及其他干式电流互感器	0.5	0.5	0.5	—
油浸式电压互感器绕组	3	2.5	—	
串级式电压互感器支架	—	6	—	
油浸式电流互感器末屏	—	2		

注：电压互感器整体及支架介损受环境条件(特别是相对湿度)影响较大，测量时要加以考虑。

6.2.4　试验结果判断

1. 所测得的 tanδ 应符合规定标准值。

2. 当发现 tanδ 随试验电压变化有明显变化时，应认真检查分析原因。

3. 实践表明，试验温度小于 0 ℃或天气潮湿(相对湿度大于 85%)条件下进行 tanδ 试验，不能得到反映绝缘状况的测量结果，因此一般不能用低温下的 tanδ 来估算实际绝缘状况。

6.2.5　注意事项

1. 测试前拆除所有与互感器连接的外部连线，确认带电区域，拉好安全警戒带，挂好警戒标牌“止步，高压危险”。并派专人防护好以防其他人员误入高压区，防止高压送到其他设备造成设备损害和危及人员安全。

2. 测试过程中精力集中，设备接地要可靠，发现有异常情况赶紧切断电源，放电后再检查原因。

3. 测试中，考虑温度的影响，尽可能在相近温度下进行测量，以避免温度换算引起的误差。

4. 测试中，考虑湿度和表面脏污的影响，有条件时可以在太阳光下干燥后再进行试验，必要时也可烘干，擦净表面后试验。

5. 测试中，考虑电源频率的影响，测量前检查电源频率要稳定。

6. 外界电场的干扰可使测量结果产生误差，为消除这种干扰影响，试品应远离干扰电源，也可采用移相法消除干扰的影响。

6.3　交流耐压试验

6.3.1　试验目的

为了灵敏有效地查出互感器某些局部缺陷，考验被试品绝缘承受各种过电压能力，通常采用超过额定电压一定倍数的高电压进行工频交流耐压试验。

6.3.2　试验方法

1. 仪器选择

电气设备交流耐压试验选用交流耐压试验器，二次回路交流耐压试验选用耐压测试仪。

①试验变压器的电压应根据试品的要求进行选择，例如 27.5 kV 设备可选择两级试验变压器；55 kV 设备可选择三级试验变压器，低压侧电压的选择也应与现场的实际电源电压相匹配。

②试验变压器的额定电流 I_c 应大于试品所需电流，可按试品电容量估算：

$$I_c > 3.14 \times 10^{-7} \times C_x \times U_{sy}$$

式中 C_x 是指试品电容（可由测量 tanδ 时测得）和附加电容（综合电容，其值一般在 100～1 000 pf）；U_{sy} 为试验电压（有效值，kV）。

2. 试验接线

①一次绕组对二次绕组及地耐压，试验前，将互感器引线拆除，一次绕组头尾短接引至升压变压器高压输出端，其所有二次绕组均头尾短接与互感器外壳（底座）、升压变压器高压尾接地，试验操作箱单独接至良好接地点，如图 2-6-7 所示。

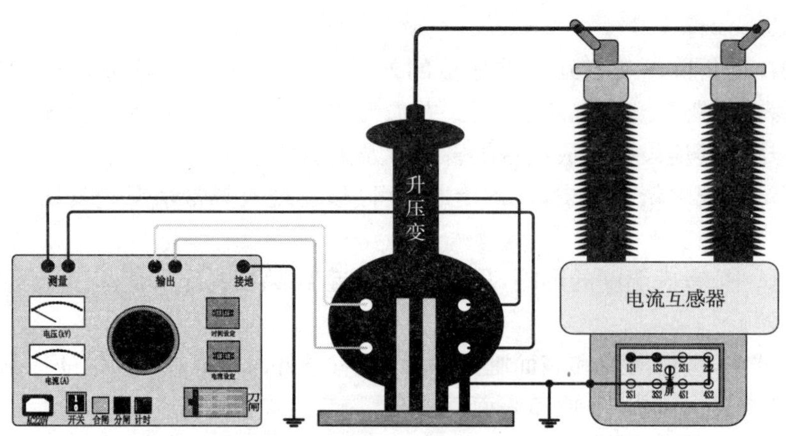

图 2-6-7　电流互感器一次绕组连同套管交流耐压试验接线示意图

②二次绕组对地耐压，将互感器引线拆除，被测试绕组头尾短连，其余绕组短连接至互感器外壳（底座）并接地，如图 2-6-8、图 2-6-9 所示。

3. 试验步骤

①试验人员应穿好绝缘靴、戴好绝缘手套、站在绝缘垫上操作。

②连接试品，检查调压器是否在零位，零位开关是否正常。

③接线前应拆除被试设备的外部连线，用专用地线作良好接地，经工作负责人确认后方可开始试验。

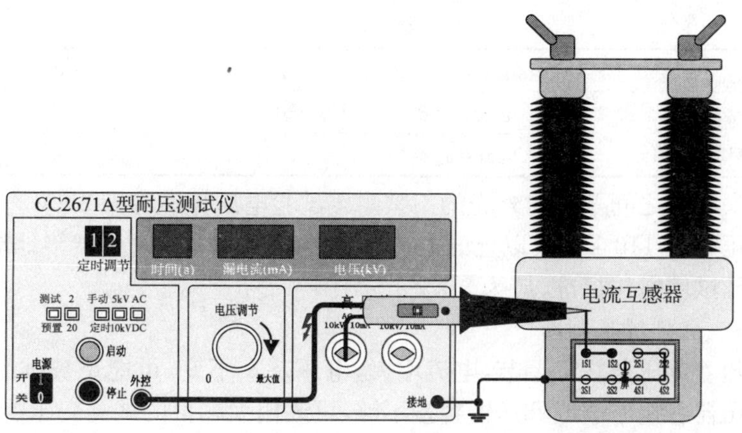

图 2-6-8　电流互感器二次绕组交流耐压试验接线示意图

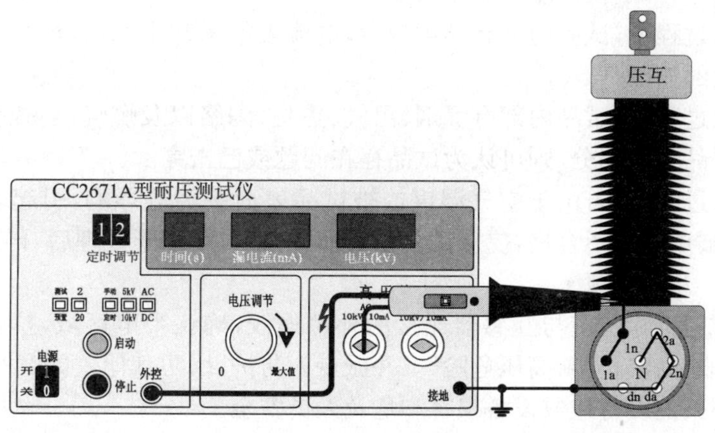

图 2-6-9　电压互感器二次绕组交流耐压试验接线示意图

④接通电源后，试验负责人发出“将要合闸”命令，其他人员退至防护栏以外，指定操作人员合上闸刀开关，开机，操作者一只手应放在开关板旁边，另一手对试品加压。加压时，应由机械零位开始缓慢升高电压，观测仪表升压数值。在升至75％试验电压时，以每秒 2％试验电压的速率升压至短时工频耐压的试验值，维持60 s，时间到后，迅速均匀地将试验电压降至零位后再断开电源。试验过程中，其他试验人员应站在安全地带注意被试设备有无异常声音和弧光，如有异常现象，应高声呼喊“降压”，操作人应立即停止试验查找原因。

6.3.3　试验标准

1. 全绝缘互感器应进行一次绕组连同套管对外壳的工频交流耐压试验和二次绕组之间及其对外壳的工频交流耐压试验，试验电压见表 2-6-2。

表 2-6-2

额定电压(kV)		3	6	10	35
1 min 工频耐压(kV)试验电压有效值	电压互感器	20	24	33	76
	电流互感器	20	24	33	76

2. 二次绕组之间及其对外壳的工频耐压试验电压标准应为 2 kV。

3. 电压等级 110 kV 及以上的电流互感器末屏及电压互感器接地端(N)对地的工频耐压试验电压标准,应为 3 kV。

6.3.4 试验结果判断

1. 若随着调压器往上调节,电流增大,电压基本不变,可能是被试品容量较大或试验变压器容量不够或调压器容量不够,可改用大容量的试验变压器或调压器。

2. 试验过程中,电流表的指示突然上升或突然下降,电压表指示突然下降,过流继电器动作,都是被试品击穿的象征。

3. 加压过程中,试品内部有异常响声,电流表指示却很稳定,这可能是悬浮的金属件对地的放电。

4. 加压过程中,试品内部有冒烟、出气、焦臭、闪络以及燃烧,当查明这种情况确实来自试品绝缘部分,则可认为试品存在问题或已击穿。

5. 试验过程中,若由于空气湿度或被试品表面脏污等影响,引起表面滑闪放电,不应视被试品为不合格,应对被试品表面进行清擦、烘干处理后,再进行试验。

6.3.5 注意事项

1. 测试前拆除所有与互感器连接的外部连线,确认带电区域,拉好安全警戒带,挂好警戒标牌"止步、高压危险"。并派专人防护,以防其他人员误入高压区;防止高压送到其他设备造成设备损害和危及人员安全。

2. 试验变压器与试品的连接线应牢固,不能在试验过程中断开,设备应可靠接地。

3. 测试过程中测试人员应穿好绝缘靴,戴好绝缘手套,站在绝缘垫上进行。测试过程中精力集中,发现有异常情况赶紧切断电源,放电后再检查原因。

6.4 局部放电试验

6.4.1 试验目的

互感器的工艺特点使其绝缘内部总是存在多个气泡,运行后,导致互感器绝缘层内部放电,且放电的特点是脉冲重复率较高,如果气泡较多,放电脉冲就会叠加在一起,使绝缘击穿。因此,检测互感器的局部放电非常重要。

6.4.2 试验方法

1. 仪器选择

选择局部放电测试仪、耦合电容器、交流耐压试验仪进行试验。

2. 试验接线

互感器的局部放电测试可参照图 2-6-10 接线测试。

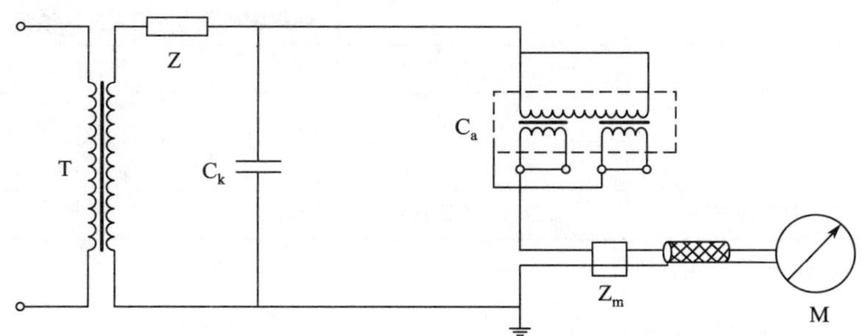

图 2-6-10　互感器局部放电测量试验线路原理图

T—试验变压器；C_a—被试互感器；C_k—耦合电容器；M—局部放电测量仪器；

Z_m—测量阻抗；Z—滤波器（如果 C_k 是试验变压器的电容，则没有 Z）

3. 试验步骤

(1)按照上图将互感器与试验设备对应接线。

(2)设定基本放电量。

(3)升电压到试验要求预加值，停留 10 s 以上。

(4)降电压至测量电压值，停留 1 min。

(5)调节放电量的阀值，同时调节灵敏度调节钮，使灵敏度最大。

(6)当“有效”指示灯处于闪烁的临界状态时，此时放电量阀值就是试品的最大放电量。

6.4.3　试验标准

1. 局部放电测量宜与交流耐压试验同时进行。

2. 电压等级为 35～110 kV 互感器的局部放电测量可按 10%进行抽测，若局部放电量达不到规定要求应增大抽测比例。

3. 电压等级 220 kV 及以上互感器在绝缘性能有怀疑时宜进行局部放电测量。

4. 局部放电测量时，应在高压侧（包括电压互感器感应电压）监测施加的一次电压。

5. 局部放电测量的测量电压及视在放电量应满足表 2-6-3。

表 2-6-3　互感器局部放电量的允许水平

互感器型式	测量电压（$t \geqslant 1$ min）	允许视在放电量（pC）	
		环氧树脂及其他干式	油浸式和气体式
≥66 kV	$1.2U_m\sqrt{3}$	50	20
	$1.2U_m$（必要时）	100	50

续上表

互感器型式		测量电压(t≥1 min)	允许视在放电量(pc)	
			环氧树脂及其他干式	油浸式和气体式
35 kV	全绝缘结构	$1.2U_m$	100	50
		$1.2U_m\sqrt{3}$	50	20
	半绝缘结构(一次绕组一端直接接地)	$1.2U_m\sqrt{3}$	50	20
		$1.2U_m$(必要时)	100	50

注:U_m为设备的最高电压有效值。

6.4.4　试验结果判断

1.环氧浇注的互感器内部总存在多个气泡,且分布不均匀,有的靠近高压侧,有的靠近低压侧,因此正、负脉冲高度在正、负半周很不对称,所以,在排除掉确认的外干扰脉冲的情况下,应以确认为内部的较高半周的脉冲作为测量结果。

2.在进行局部放电试验时,如果发现放电量特别大,应立即停止试验,查明原因。

3.对不同等级和结构的互感器在标准试验电压下,不应超过标准的最大允许视在放电量。

6.4.5　注意事项

1.测试前拆除所有与互感器连接的外部连线,确认带电区域,拉好安全警戒带,挂好警戒标牌"止步、高压危险"。并派专人防护,以防其他人员误入高压区;防止高压送到其他设备造成设备损害和危及人员安全。

2.测试过程中测试人员应穿好绝缘靴,戴好绝缘手套,站在绝缘垫上进行。测试过程中精力集中,发现有异常情况赶紧切断电源,放电后再检查原因。

3.局部放电试验应在耐压试验以后进行,此时测试效果更接近真值。

4.对于电压互感器,低压绕组的首端应悬空,不允许与末端短接。

5.对于串级式电压互感器,应施加感应电压,频率一般为150～200 Hz。

6.5　测量绕组的直流电阻

6.5.1　试验目的

直流电阻试验可以检查出绕组内部导线的焊接质量,引线与绕组的焊接质量,绕组所用导线的规格是否符合设计要求。

6.5.2　试验方法

1.仪器选择

单臂电桥,双臂电桥。

2. 试验接线

互感器的一次直阻测试接线如图 2-6-11 所示，二次直阻测试接线如图 2-6-12 所示。

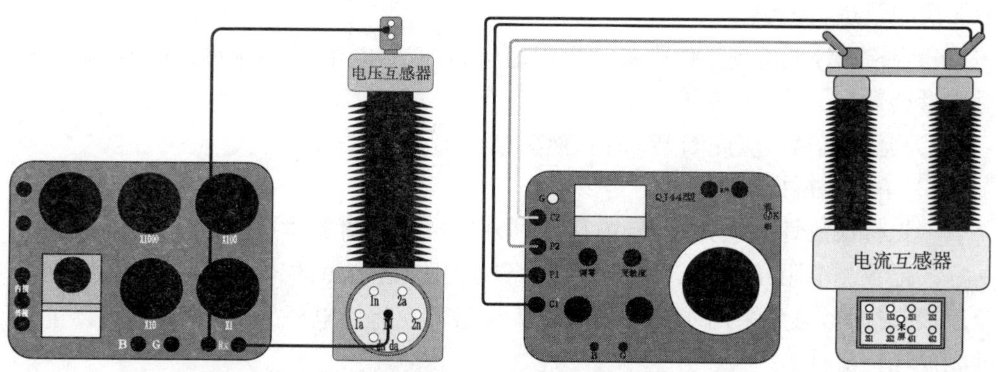

图 2-6-11　电压互感器、电流互感器一次直阻测试接线示意图

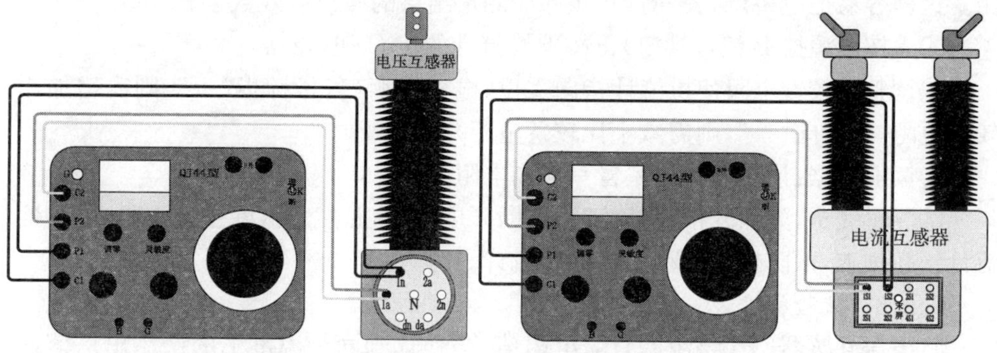

图 2-6-12　电压互感器、电流互感器二次直阻测试接线示意图

3. 试验步骤

首先估计被测电阻大小，单臂电桥是平衡电桥中最简单的一种，一般测量 10 Ω以上电阻时较为准确。测量 10 Ω 以下电阻时，由于受连接导线电阻、电桥端钮间接触电阻等的影响，从而造成较大的误差，因此测量 10 Ω 以下电阻时应使用双臂电桥。

（1）双臂电桥测试方法

①首先将检流计指针机械调整到零位。

②将“电源选择”开关置于相应位置，将检流计指针调到零位（电位调整零位）。

③将被测电阻值 R_x 按图所示的四端钮接法接在电桥相应的接线柱上，P_1、P_2 接在被试物内侧。

④估计被测电阻值大小，选择适当倍率位置，先按 B 钮，再接 G 钮测量，此时

若检流计指针偏转幅度很大，应调整检测值，反复开、断 G 钮测量直至电桥平衡检流计指向零位。

⑤在测试过程中，双臂电桥的灵敏度旋钮应逐步调到最大位置，双臂电桥细调依靠滑线盘进行调整。

⑥当检流计调整到零位则被测电阻值应为：双臂电桥 R_x＝倍率×（步进读数＋滑线盘读数）。

⑦测量完毕后，应先断开 G 钮，然后断开 B 钮。

(2)单臂电桥操作方法

①先将检流计的锁扣打开（内接打到外接），调节调零器把指针调到零位。

②把被测电阻接在"R_x"的位置上。要求用较粗较短的连接导线，并将漆膜刮净。接头拧紧，避免采用线夹。因为接头接触不良将使电桥的平衡不稳定，严重时可能损坏检流计。

③估计被测电阻的大小，选择适当的桥臂比率，使比较臂的四挡都能被充分利用。这样容易把电桥调到平衡，并能保证测量结果的 4 位有效数字。

④先按电源按 B 钮，（锁定）再按下检流计的按 G 钮（点接）。

⑤调整比较臂电阻使检流计指向零位，电桥平衡（若指针指"＋"，则需增加比较臂电阻，针指向"－"，则需减小比较臂电阻）。

⑥读取数据：比较臂×比率臂＝被测电阻。

⑦测量完毕，先断开检流计按钮，在断开电源按钮，然后拆除被测电阻，再将检流计锁扣锁上，以防搬动过程中损坏检流计。

6.5.3 试验标准

1. 电压互感器一次绕组的直流电阻值，与换算到同一温度下的产品出厂值比较相差不宜大于 10%。二次绕组直流电阻测量值，与换算到同一温度下的出厂值比较，相差不宜大于 15%。

2. 电流互感器：同型号、同规格、同批次电流互感器一，二次绕组的直流电阻和平均值的差异不宜大于 10%。当有怀疑时，应提高施加的测量电流，测量电流一般不宜超过额定电流（方均根）的 50%。

6.5.4 试验结果判断

1. 各种类型的电压互感器一次绕组的直流电阻均在几百欧至几千欧之间，一般采用单臂电桥进行测量，电流互感器一次绕组的直流电阻在几微欧至几欧之间，一般采用双臂电桥测量，互感器二次直阻一般是几欧，一般采用双臂电桥测量，测量结果应与制造厂测得的数值无明显差异。

2. 测试完后认真检查对比测试结果，对于不符合标准的互感器再重复进行测试判断，并做好记录。

6.5.5　注意事项

1. 测试前断开互感器设备的外部连线，电桥测试前一定要调零。

2. 测试时先按下电池B钮，然后按G钮，测试完后先松开G钮，再松开B钮。

3. 测量时双臂电桥的四根线（C_1、C_2、P_1、P_2）应分别连接，C_1、C_2引线应接在被测绕组外侧，P_1、P_2接在被测绕组内侧，以避免将C_1、C_2与绕组连接处的接触电阻测量在内。

4. 测试完毕后，将双臂电桥灵敏度调到最小，关闭电源开关，长期不用，应将电池取出。单臂电桥在携带或不使用时应将检流计连接片放在"内接"位置，使检流计短路。

6.6　检查接线极性和变比误差测量

6.6.1　试验目的

互感器的变比和极性要求检查结果要与铭牌和技术条件相符，防止变比和极性错误导致计量仪表指示错误及带有方向性的继电保护误动作。

6.6.2　试验方法

1. 仪器选择

选用CT综合测试仪、全自动变比电桥，1.5 V电池，毫伏表。

2. 试验接线

互感器的极性测试原理如图2-6-13、图2-6-14所示；流互一般采用互感器综合特性测试仪测试变比，测试时，被测绕组接仪器的测试端子，其余二次绕组均要短封接地，如图2-6-15所示；压互采用全自动变比，电桥测试变比的接线如图2-6-16所示。

3. 试验步骤

①电流互感器的变比测试用CT综合测试仪在互感器的一次侧施加电流，如图2-6-15所示，在面板上一次电流表处读取一次电流I_1。在二次电流表读取二次电流I_2，记录测量的一次值和二次值。

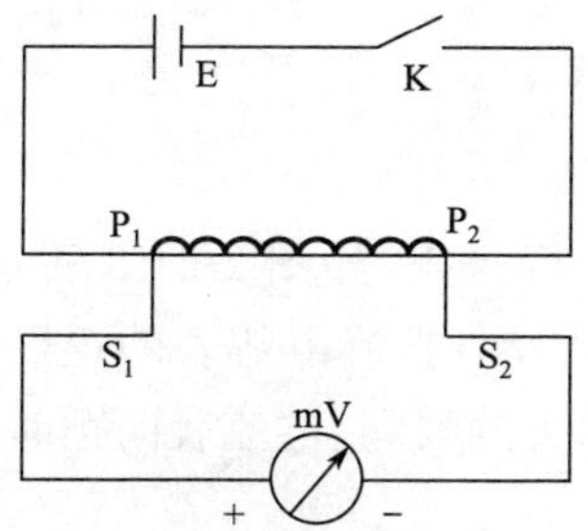

图2-6-13　电流互感器极性测试接线示意图

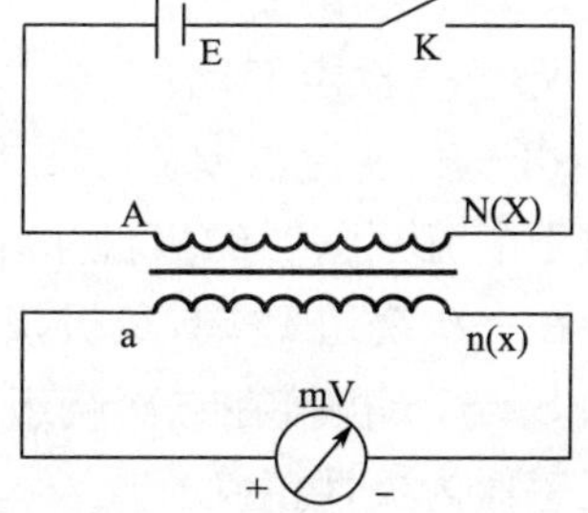

图2-6-14　电压互感器极性测试接线示意图

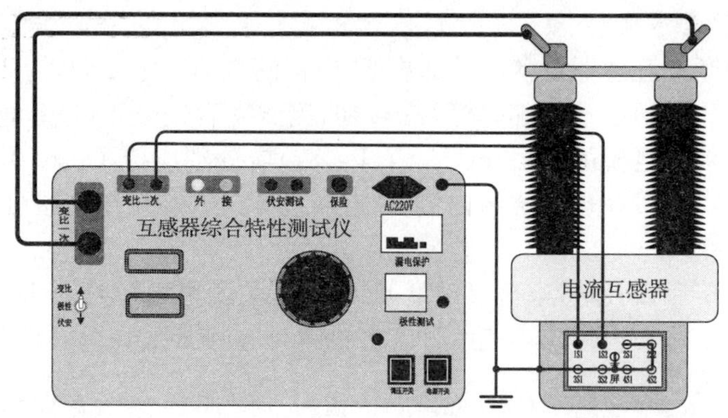

图 2-6-15　电流互感器变比测试接线示意图

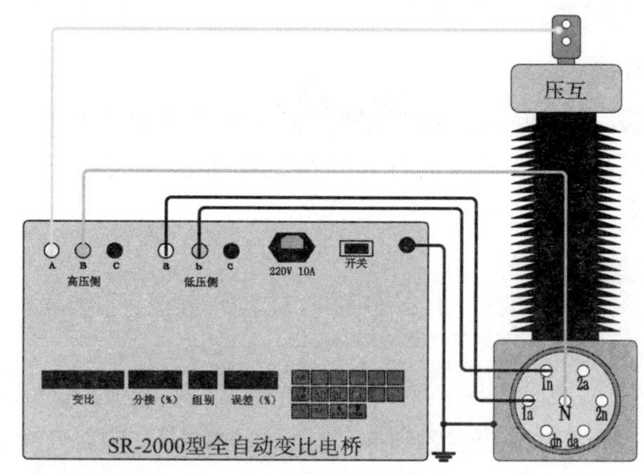

图 2-6-16　电压互感器变比测试接线示意图

降电流至零，切断电源，进行计算核对变比误差计算：

$$K=I_1/I_2 \tag{2-24}$$

$$\Delta K\%=(K-K_N)/K_N\times100\% \tag{2-25}$$

式中，K——实测变比；

K_N——额定变比；

$\Delta K\%$——变比误差。

②对于电流互感器的极性采用直流试验法进行检查，如图 2-6-13 所示，电池的正极接在一次绕组 P_1 端，负极接在一次绕组的 P_2 端；直流电流表的正极接在二次绕组的 S_1 端，负极接在二次绕组的 S_2 端，接通开关的瞬间，电流表向顺时针方向摆动则互感器为极性正确。

③电压互感器的变比测试采用自动变比电桥，首先接通电源，仪器自检完闭后，设置变比，然后，按“开始”键仪器自动测试，测试完毕后，显示误差值。

④对于电压互感器的极性采用直流试验法进行检查，如图 2-6-14 所示，电池的正极接在一次绕组 A 端，负极接在一次绕组的 B(或 N)端；直流电压表的正极接在二次绕组的 a 端，负极接在二次绕组的 b(或 n)端，接通开关的瞬间，电压表向顺时针方向摆动则互感器极性正确。

6.6.3　试验标准

1. 检查互感器的接线组别和极性，必须符合设计要求，并应与铭牌相符。

2. 互感器的误差测量应符合下列规定：

①用于关口的互感器，必须进行误差测量，且进行误差检测的机构必须是国家授权的法定计量检定机构。

②用于非关口计量，电压等级 35 kV 及以上的互感器，宜进行误差测量。

③用于非关口计量，电压等级 35 kV 以下的互感器，检查互感器变比，应于制造厂铭牌值相符。对于多抽头的互感器，可只检查使用分接头的变比。

④非计量用绕组应进行变比检查。

6.6.4　试验结果判断

1. 检查互感器的接线极性，必须符合设计要求，并应与铭牌相符。

2. 所测得的变比误差结果应符合规定标准值。

6.6.5　注意事项

1. 流互变比测试中应将其他待测二次线圈短封，防止流互二次在测试过程中开路产生高电压。

2. 流互极性测试时注意 P_1、P_2 和 S_1、S_2 的方向，测试结果应与铭牌标记和设计要求相符。

3. 变比电桥使用时，在高压侧输出 220 V 交流电压，注意安全；接线操作一定要在测量停止状态；高低压端子不能反接，容易损坏仪器。

4. 测试过程中禁止人员触摸电压互感器，防止人员触电情况发生。

5. 对于流互二次绕组有多抽头时，应测量使用的抽头，且变比测时其余抽头应悬空。

6.7　电流互感器伏安特性试验

6.7.1　试验目的

电流互感器伏安特性试验的目的是通过鉴别磁化曲线的饱和程度(只对继电保护有要求的二次绕组进行)，校核用于继电保护的电流互感器特性是否符合要求，并从伏安特性曲线判别流互的绕组有无匝间短路等缺点。

6.7.2　试验方法

1. 仪器选择

根据试验要求，选择 CT 综合测试仪。

2. 试验接线

一般可用互感器综合特性测试仪测试流互伏安特性，将流互被测二次绕组首尾接入仪器的伏安测试端子，其余二次绕组均短封接地，如图 2-6-17 所示。

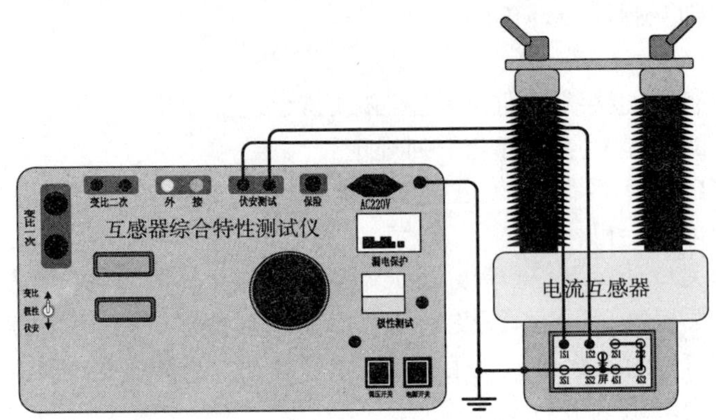

图 2-6-17　流互伏安特性测试接线图

3. 试验步骤

①根据互感器铭牌上的参数以及实际测量出的绕组的电阻数值由下列公式计算出极限电动势 E_1。

$$E_1 = ALF \times I_{2n} \times \sqrt{(R_{ct}+R_2)^2+(X_{ct}+X_2)^2} \tag{2-26}$$

式中，ALF——准确限值系数；

I_{2n}——额定二次电流，单位为 A；

R_{ct}——二次绕组电阻，单位 Ω；

X_{ct}——二次绕组漏电抗（可按 0.1 Ω 估算），单位为 Ω；

R_2——额定输出对应负荷的有功分量，单位为 Ω；

X_2——额定输出对应负荷的无功分量，单位为 Ω。

②试验前，应将电流互感器二次绕组引线和接地线均拆除，试验时，一次侧开路，从二次侧施加电压。

③试验接线完毕后，经试验负责人确认无误后方可调压。

④升压过程中，中途不要下降，平稳上升。应两人配合，一个人监视电压表，一人读取电压值。

⑤测量出对应 $0.6E_1$、$0.7E_1$、$0.8E_1$、$0.9E_1$、$1.0E_1$、$1.1E_1$ 下的励磁电流。

⑥当电流增大而电压变化不大时，说明铁芯已饱和，应停止试验。

⑦试验后，根据试验数据绘出伏安特性曲线。

6.7.3　试验标准

1. 当继电保护对电流互感器的励磁特性有要求时，应进行励磁特性曲线试验。

2. 当电流互感器为多抽头时，可在使用抽头或最大抽头测量。

3. 同型式电流互感器特性相互比较，应无明显差别。

6.7.4　试验结果判断

1. 判断测量的结果是否满足设计要求。例如二次额定电流为 1 A 的 10P20 的电流互感器，在二次绕组施加 1.0E_1时所测量得到的励磁电流 $I_0>0.1\times20\times1=2$A 时，则判断该绕组的准确限值系数不合格。

2. 实测的伏安特性曲线与过去或出厂的伏安特性曲线比较，电压不应有显著降低。若有显著降低，应检查是否存在二次绕组的匝间短路。

6.7.5　注意事项

1. 测试前断开流互二次与其他保护装置的连接回路。

2. 互感器二次接线接地端必须断开，防止合闸瞬间烧毁仪表。

6.8　电压互感器空载励磁特性试验

6.8.1　试验目的

试验的主要目的是检查互感器的铁芯质量，通过鉴别磁化曲线的饱和程度，判断互感器的二次绕组有无匝间短路。

6.8.2　试验方法

1. 仪器选择

根据试验要求，选择调压器、标准电流表、标准电压表。

2. 试验接线

测试压互的空载励磁特性，将带调压器输出端并入标准电压表，输出回路中串入标准电流表，接到压互的被测绕组上，其余绕组的尾端（n、N）均接地，具体的接线可参照图 2-6-18 所示。

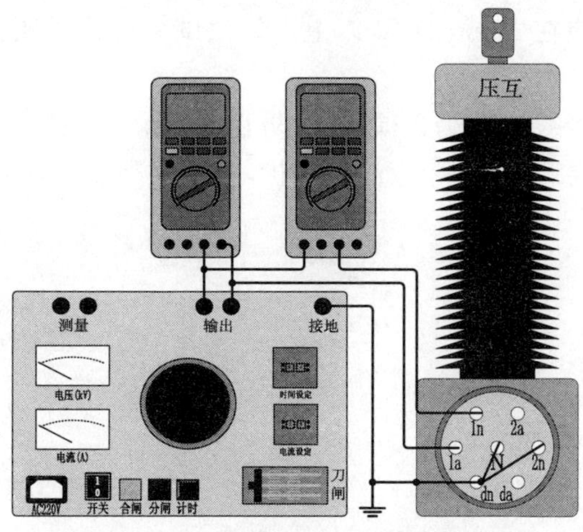

图 2-6-18　压互伏安特性测试接线示意图

3. 试验步骤

(1)由于试验时,一次测将产生高压,所以应设置安全围栏且有人防护。

(2)试验接线完毕后,经试验负责人确认无误后方可升压。升压过程中,中途不要下降,平稳上升。应两人配合,一个监视电压表,一人读取电流值。

(3)电压互感器进行试验时,高压侧开路,低压侧通以电压,读取其电流。读数以电压为准。一般情况下,励磁曲线测量点为额定电压的 20%,50%,80%,100%,120%,逐点读取相应电流值。

(4)试验后,根据试验数据绘出励磁特性曲线。

6.8.3 试验标准

电磁式电压互感器的励磁曲线测量,应符合以下要求:

1. 用于励磁曲线测量的仪表为方均根值,若发生测量结果与出厂试验报告和型式试验报告有较大出入(>30%)时,应该核对使用的仪表种类是否正确。

2. 一般情况下,励磁曲线测量点为额定电压的 20%,50%,80%,100%和120%。对于中性点直接接地的电压互感器(N 端接地的)电压等级 35 kV 以下的电压互感器最高测量点为 190%;电压等级为 66 kV 及以下的电压互感器最高测量点为 150%。

3. 对于额定电压测量点(100%)励磁电流不宜大于其出厂试验报告和型式试验报告的测量值的 30%,同批次、同型号、同规格的电压互感器次点的励磁电流不宜相差 30%。

6.8.4 试验结果判断

实测的励磁特性曲线或额定电压时的空载电流值与过去或同类型电压互感器的特性相比较,应无明显的差异,否则应查明原因。

6.8.5 注意事项

1. 电压表内阻应在 2 000 Ω/V 以上。每次试验都使用同类型的仪表,以便同类型设备进行比较。

2. 互感器二次接线接地端必须断开,防止合闸瞬间烧毁仪表。

3. 试验过程中会产生高压,应注意防护,应设立高压区,挂警戒绳和警戒牌,并派专人防护。

第 7 章　断路器试验

7.1　断路器的绝缘电阻试验

7.1.1　试验目的

对各种型式的断路器，一般要求测量其整体的绝缘电阻，即断路器导电回路对地的绝缘电阻。对空气断路器，实际是测量其支持瓷套的绝缘电阻，对于少油和多油断路器还应测量绝缘提升杆的绝缘电阻。绝缘提升杆一般由有机材料制成，容易受潮。

其绝缘状况如何，直接影响系统的安全可靠运行。

7.1.2　试验方法

1. 仪器选择

电气设备绝缘电阻测试选择 2 500 V 兆欧表。

2. 试验接线

断路器的绝缘分为端口间的绝缘测试和主回路的绝缘测试，其测试接线可参照图 2-7-1 所示。

3. 试验步骤

(1)用干燥清洁的棉纱擦拭瓷套管表面，并将待测试部分对地充分放电。

(2)根据测量的设备选好兆欧表的电压等级；断路器测试接线时高压线 L 端与接地线 E 端不能缠绕在一起，必要时 L 端高压线悬空。

(3)如果试验环境湿度较大，瓷套管表面泄漏较大时，可加等电位屏蔽线接于兆欧表“G”端，屏蔽环可用软裸线在瓷套管靠近接线端子部位缠绕几圈(但不能碰上)。

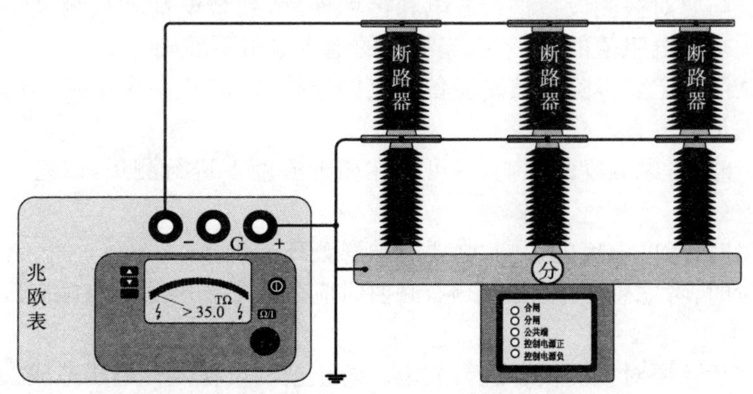

图 2-7-1(a)　断路器端口间的绝缘电阻测试

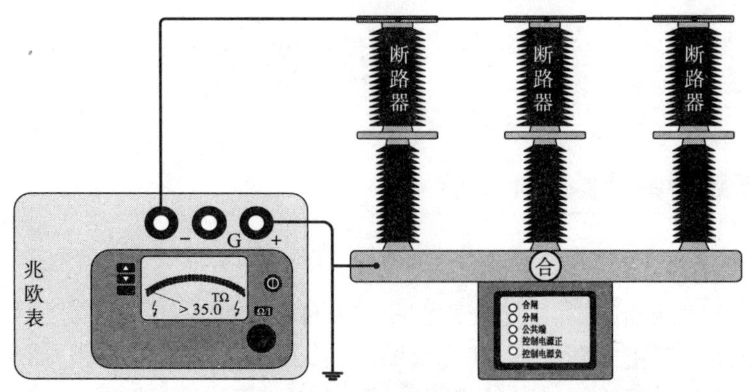

图 2-7-1(b)断路器主回路的绝缘电阻测试接线示意图

(4)如图 2-7-1(b)所示,接线完毕后,将断路器合闸,按"测试"键,60 s时,记录断路器导电回路整体对地绝缘电阻的数值(同时记录试验时环境温度、湿度),如图 2-7-1(a)所示,接线完毕后,将断路器分闸,按"测试"键,60 s时,记录断路器断口间的绝缘电阻。

(5)读取数值后,停止测试充分放电。

7.1.3 试验标准

1. 测量断路器的绝缘电阻值;整体绝缘电阻值测量,应参照制造厂的规定。

2. 绝缘拉杆的绝缘电阻,在常温下不应低于表 2-7-1 的规定。

表 2-7-1

额定电压(kV)	3～15	20～35	63～220	330～500
绝缘电阻值(MΩ)	1 200	3 000	6 000	10 000

7.1.4 注意事项

1. 测试前要对被测设备进行放电和污垢处理,残余电荷和被测设备表面的脏污都会影响被测电阻值的大小,引起测得的绝缘电阻不准确。

2. 测试前一定要拆除与被测设备相连的连接线,防止高压串到其他设备上造成设备和人员的危害。

3. 测量时,考虑温度的影响,尽可能在相近温度下进行测量,以避免温度换算引起的误差。

4. 测量时,考虑湿度的影响,必要时加屏蔽环或烘干。

5. 测量时,考虑感应电压的影响,必要时应采取电场屏蔽等措施克服感应耐压的影响。

6. 测完后还要对被测设备进行放电。防止被测设备残存电压造成人员伤害。

7.1.5 试验结果判断

绝缘电阻一般数值很高,最低不得小于 5 000 MΩ。

7.2　每相导电回路的电阻试验

7.2.1　试验目的

断路器导电回路的接触电阻，是断路器特性参数之一，它反映断路器触头接触是否良好，如果接触不良，电阻值较大，带电运行后容易发生过热，尤其通过短路电流时，可能烧伤周围绝缘或造成触头烧熔黏结，从而影响断路器跳闸时间，甚至拒动。

7.2.2　试验方法

1. 仪器选择

选择微欧计进行试验。

2. 试验接线

用微欧计（回路电阻测试仪）测量断路器的导电回路电阻可参照图 2-7-2 所示。

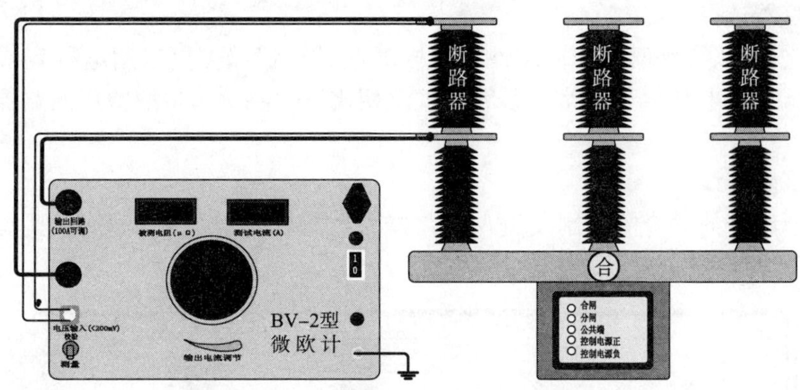

图 2-7-2　断路器每相导电回路电阻测试接线示意图

3. 试验步骤

(1)测量前应先分合几次断路器，以破坏触头上的金属氧化膜，减少电阻值误差。

(2)按上图接好试验线，接通微欧计电源，启动“开始”按钮。

(3)待数值稳定后记录测试结果，电流输出为零后断开电源。

7.2.3　试验标准

断路器回路电阻要求用电流不小于 100 A 的直流压降法测量，电阻值应符合产品技术条件的规定。

7.2.4　试验结果判断

所测电阻值应符合产品技术条件的规定。

7.2.5 注意事项

1. 接线时应用弹性较大的线夹，采集电压夹子应夹在断路器内侧，有效排除测试线电阻对试验结果的影响，牢固夹在触头最近端，且用力拧线夹，以破坏线夹与断路器接触面的氧化膜，减小接触电阻。

2. 采用微欧计测试时，在测试过程中，不可断开测试线，以防损坏仪器。

3. 测试过程中，应防止断路器跳闸损坏仪器。

7.3 断路器的分、合闸时间、同期性及合闸时触头的弹跳时间试验

7.3.1 试验目的

断路器的分、合闸时间及相间同期性能，除直接影响开关的正常分合功能和安全运行外，还关系到系统其他设备的安全投切、内部过电压的高低，对其进行正确的测量意义重大。

7.3.2 试验方法

1. 仪器选择

断路器分、合闸时间与同期性可以同时测试。仪器可以采用电秒表或断路器参数测试仪。电秒表与断路器参数测试仪相比，接线复杂，目前常用断路器参数测试仪。

2. 试验接线

将断路器的分合闸控制线引入断路器参数测试仪对应的端子上，其具体的测试接线可参照图 2-7-3 所示。

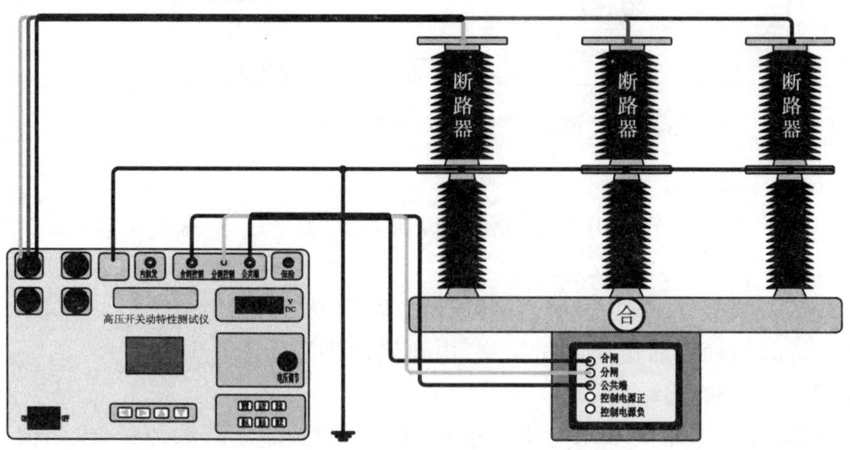

图 2-7-3 断路器的分、合闸时间、同期性及合闸时触头的弹跳时间试验接线示意图

3. 试验步骤

(1)用专用电缆线按图所示连接断路器触头和测试仪。

(2)给断路器控制回路加入直流电源 220 V(或 110 V),从断路器的控制回路中引出控制电源正极、分闸控制线及合闸控制线分别连接到断路器参数测试仪面板上所对应的插孔,并对仪器做好接地。(此处也可使用仪器内置电源接线如图 2-7-3所示,并调整输出控制电压为 220 V 或 110 V)

(3)试验前先手动、电动分合断路器几次,确保断路器机构灵活。

(4)打开主机,进入测试界面,选择“合闸”或“分闸”。

(5)按下“准备”按钮,待“准备指示灯”亮后,旋转“启动”钮,断路器动作一次。

(6)记录主屏幕显示数据,包括分、合闸时间、同期时间和弹跳时间。

7.3.3　试验标准

1. 测量断路器的分、合闸时间应在产品额定操作电压、液压下进行。实测数值应符合产品技术条件的规定。

2. 测量断路器主触头的三相或同相各断口分、合闸的同期性,应符合产品技术条件的规定。

3. 真空断路器弹跳值 40.5 kV 以下不应大于 2 ms;40.5 kV 以上不应大于 3 ms。

7.3.4　试验结果判断

1. 所测数值应符合产品技术条件的规定。

2. 所测量数据与断路器的技术参数进行比较偏差太大时,应多测几次,查找原因。

7.3.5　注意事项

1. 新安装的断路器必须经过严格的调整,手动操作正常,并且经过若干次手动、电动分、合闸以后再进行时间测量。

2. 电磁机构和空气操作机构必须在符合测试要求的条件下进行测量。

3. 与断路器触头连接的夹子一定要加紧牢固,以免断路器分合闸产生振动引起误差超标。

7.4　测量断路器分、合闸线圈及合闸接触器线圈的绝缘电阻和直流电阻

7.4.1　试验目的

检查断路器分、合闸线圈及合闸接触器线圈的绝缘电阻及直流电阻是否符合要求,这将直接影响断路器是否能够正常、可靠地操作。

7.4.2　试验方法

1. 仪器选择

选用兆欧表和单臂电桥。

2. 试验接线

测试断路器分合闸线圈的绝缘电阻可参照图 2-7-4 所示，测试断路器分合闸线圈直流电阻可参照图 2-7-5 所示；合闸接触器的测试与之类似。

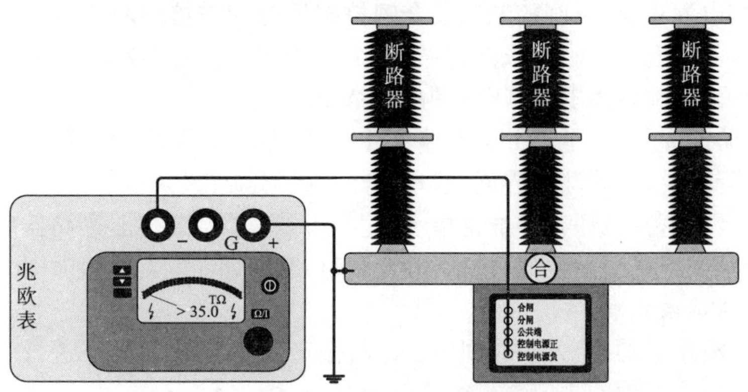

图 2-7-4　断路器线圈绝缘电阻测试试验接线示意图

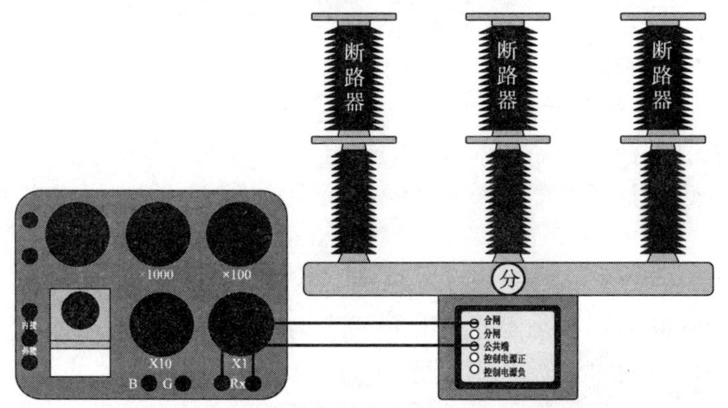

图 2-7-5　断路器线圈直流电阻测试试验接线示意图

3. 试验步骤

(1)线圈绝缘电阻测试

①测试前拆除与线圈相连的连接线，防止高压串到其他设备上造成设备和人员的危害。

②测试接线时高压线 L 端与接地线 E 端不能缠绕在一起，且 L 端高压线应悬空。

③根据测量的设备选好兆欧表的电压等级，按“测试”键，60 s 时，记录绝缘电阻的数值(同时记录试验时环境温度、湿度)。

④读取数值后，停止测试充分放电。

(2)线圈直流电阻测试

①先将检流计的锁扣打开(内接打到外接),调节调零器把指针调到零位。

②把被测线圈接在 R_x的位置上。要求用较粗,较短的连接导线,并将漆膜刮净。接头拧紧,避免采用线夹。因为接头接触不良将使电桥的平衡不稳定,严重时可能损坏检流计。

③估计被测电阻的大小,选择适当的桥臂比率,使比较臂的四档都能被充分利用。这样容易把电桥调到平衡,并能保证测量结果的 4 位有效数字。

④先按电源按钮 B,(锁定)再按下检流计的按钮 G(点接)。

⑤调整比较臂电阻使检流计指向零位,电桥平衡。若指针指“+”,则需增加比较臂电阻,针指向“-”,则需减小比较臂电阻。

⑥读取数据:比较臂×比率臂=被测电阻。

⑦测量完毕,先断开检流计按钮,在断开电源按钮,然后拆除被测电阻,再将检流计锁扣锁上,以防搬动过程中损坏检流计。

7.4.3　试验标准

测量断路器分、合闸线圈及合闸接触器线圈的绝缘电阻值不应低于 10 MΩ,直流电阻值与产品出厂试验值相比应无明显差别。

7.4.4　试验结果判断

1. 测量断路器分、合闸线圈及合闸接触器线圈的绝缘电阻值不应低于 10 MΩ。

2. 直流电阻值与产品出厂试验值相比应无明显差别。

7.4.5　注意事项

1. 绝缘测量时一定要拆除与被测设备相连的连接线,防止高压串到其他设备上造成设备和人员的危害。

2. 绝缘电阻测完后要对被测设备进行放电,防止被测设备残存电压造成人员伤害。

3. 直阻测试时先按下电池 B 钮,然后按 G 钮,测试完后先松开 G 钮,再松开 B 钮。

4. 直阻测试完毕后,单臂电桥在携带或不使用时应将检流计连接片放在“内接”位置,使检流计短路。

7.5　断路器交流耐压试验

7.5.1　试验目的

断路器的交流耐压试验应分别在合闸和分闸状态下进行。合闸状态下是为了考验绝缘支柱瓷套管绝缘;分闸状态下的试验是为了考验断路器断口、灭弧室的绝缘。

7.5.2　试验方法

1. 仪器选择

电气设备交流耐压试验选用交流耐压试验变压器及控制箱。

2. 试验接线

断路器的交流耐压须做断口的交流耐压，接线如图 2-7-6 所示；合闸对地的交流耐压，接线如图 2-7-7 所示。

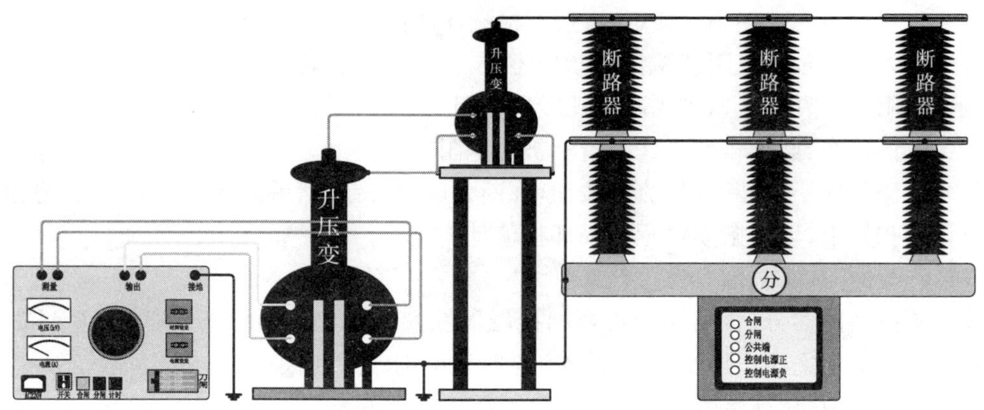

图 2-7-6　断路器断口交流耐压试验接线示意图

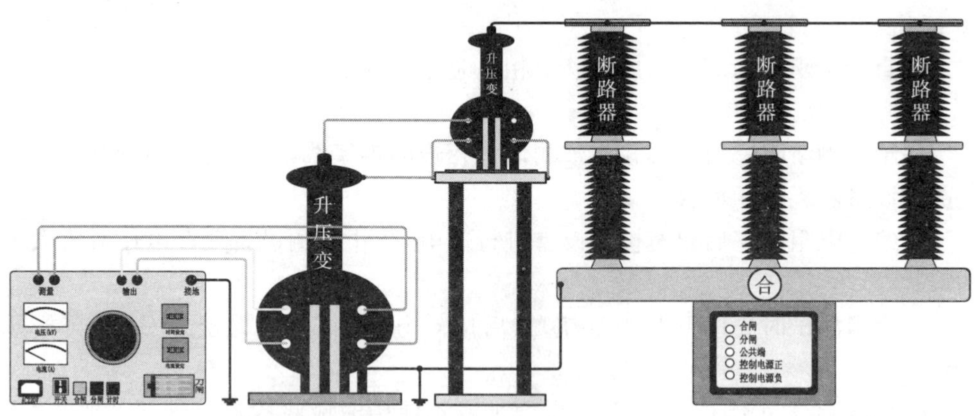

图 2-7-7　断路器合闸对地交流耐压试验接线示意图

3. 试验步骤

(1)试验前应做好安全防护，设置防护围栏，围栏上应悬挂"止步，高压危险！"的标志牌。

(2)接线前应拆除断路器的外部连线。用专用地线作良好接地，并接好放电棒。经工作负责人确认方可开始试验。

(3)操作人员应穿好绝缘靴、戴好绝缘手套、站在绝缘垫上操作。

(4)连接试品,检查调压器是否在零位,零位开关是否正常。

(5)接通电源后,试验负责人发出“将要合闸”命令,其他人员退至护卫栏以外,指定操作人员合上闸刀开关,开机,操作者一只手应放在开关板旁边,另一手调整调压器旋钮升压,施加电压时应从足够低的数值开始,以防止瞬变过程引起过电压的影响,然后应缓慢地升高电压以便能在仪表上能准确读数,但也不能太慢,以免试品在接近试验电压 U 时耐压的时间过长。当电压升高至 $75\%U$ 时以每秒 $2\%U$ 的速度上升即可满足要求。升到试验电压 U 后开始计时(一般要求 1 min),时间到后,迅速均匀地降压但不能突然分断电源以免产生操作过电压而导致设备损坏或得到不确定的试验结果。调压器旋回零位后,断开电源。试验过程中,其他试验人员应站在安全地带注意被试设备有无异常声音和弧光,如有异常现象,应高声呼喊“降压”,操作人应立即停止试验并查找原因。

(6)试验完毕,充分放电,并将放电棒挂在高压输出端,才可宣布“高压已断开”。然后进行换线连接,准备下一次试验。

7.5.3　试验标准

1. 真空断路器试验标准

应在断路器合闸及分闸状态下进行交流耐压试验。当在合闸状态下进行时,试验电压应符合表 2-7-2 的规定。当在分闸状态下进行时,真空灭弧室断口间的试验电压应按产品技术条件的规定,试验中不应发生贯穿性放电。

2. 油断路器试验标准

断路器交流耐压试验应在分、合闸状态下分别进行,试验电压按表 2-7-2 规定执行。

表 2-7-2　断路器交流耐压试验电压标准

额定电压(kV)	3	6	10	35	66
1 min 工频耐受电压峰值(相间)(kV)	25	32	42	95	155
1 min 工频耐受电压峰值(断口)(kV)	25	32	42	95	155

3. SF_6断路器试验标准

应在 SF_6气压为额定值时进行,试验电压按出厂试验电压的 80%进行。

7.5.4　试验结果判断

1. 若随着调压器往上调节,电流增大,电压基本不变,可能是被试品容量较大或试验变压器容量不够或调压器容量不够,可改用大容量的试验变压器或调压器。

2. 试验过程中,电流表的指示突然上升或突然下降、电压表指示突然下降、过流继电器动作、都是被试品击穿的象征。

3. 加压过程中,试品内部有异常响声,电流表指示却很稳定,这可能是悬浮的金属件对地放电。

4. 加压过程中，试品内部有冒烟、出气、焦臭、闪络以及燃烧，当查明这种情况确实来自试品绝缘部分，则可认为试品存在问题或已击穿。

5. 试验过程中，若由于空气湿度或被试品表面脏污等影响，引起表面滑闪放电，不应视为被试品不合格，应对被试品表面进行清擦、烘干处理后，再进行试验判断其合格与否。

7.5.5　注意事项

1. 测试前应独立断路器，确认带电区域，拉好安全警戒带，挂好警戒标牌“止步，高压危险”。并派专人防护好以防其他人员误入高压区；防止高压送到其他设备造成设备损害和危及人员安全。

2. 试验变压器与试品的连接线应牢固，不能在试验过程中断开，设备应可靠接地。

3. 测试过程中测试人员应穿好绝缘靴，戴好绝缘手套，站在绝缘垫上进行。测试过程中精力集中，发现有异常情况赶紧降压切断电源，放电后再检查原因。

7.6　断路器操动机构的试验

7.6.1　试验目的

测量操作机构的动作电压是指断路器动作时，合闸接触器线圈和分闸电磁铁线圈端头上的电压值。操作机构是保证断路器可靠工作的重要附属设备，为了保证断路器能够投入安全运行，须测量操作机构的动作电压。

7.6.2　试验方法

1. 仪器选择

选择标准电压表、可调直流电源。

2. 试验接线

(1)将可调直流电源的输出端接在断路器侧正负控制母线之间。

(2)用标准电压表监视电压。

3. 试验步骤

(1)首先在额定操作电压 U_N 下将断路器进行分、合闸试验。

(2)将操作电压调节至 110%U_N，合断路器，断路器应可靠动作。

(3)将操作电压调节至 65%U_N，分断路器，断路器应可靠动作。

(4)将操作电压调节至 85%U_N，合断路器，断路器应可靠动作。

(5)将操作电压调节至 30%U_N，分断路器，断路器不应动作。

(6)将电压调至额定电压，根据设备技术要求，按产品规定的最高调节液压，进行分、合闸试验，断路器应可靠动作。

7.6.3　试验标准

1. 合闸操作

(1)当操作电压在表 2-7-3 范围内时，操动机构应可靠动作。

(2)弹簧操动机构的合闸线圈以及电磁操动机构的合闸接触器的动作要求，均应符合(1)项的规定。

表 2-7-3　断路器操动机构合闸操作试验电压范围

电　压		液　压
直流	交流	
(85%～110%)U_N	(85%～110%)U_N	按产品规定的最高及最低值

注：对电磁机构，当断路器关合电流峰值小于 50 kA 时，直流操作电压范围为(80%～110%)U_N。U_N为额定电源电压。

2. 脱扣操作

(1)直流或交流的分闸电磁铁，在其线圈端钮处测得的电压大于额定值的65%时，应可靠地分闸，当此电压小于额定值的 30%时，不应分闸。

(2)附装失压脱扣器的，其动作特性应符合表 2-7-4 的规定。

表 2-7-4　附装失压脱扣器的脱扣试验

电源电压与额定电源电压的比值	小于 35%*	大于 65%	大于 85%
失压脱扣器的工作状态	铁芯应可靠地释放	铁芯不得释放	铁芯应可靠地吸合

注：* 当电压缓慢下降至规定比值时，铁芯应可靠地释放。

(3)附装过流脱扣器的，其额定电流规定不小于 2.5 A，脱扣电流的等级范围及其准确度，应符合表 2-7-5 的规定。

表 2-7-5　附装过流脱扣器的脱扣试验

过流脱扣器的种类	延时动作的	瞬时动作的
脱扣电流等级范围(A)	2.5～10	2.5～15
每级脱扣电流的准确度	±10%	
同一脱扣器各级脱扣电流准确度	±5%	

注：对于延时动作的过流脱扣器，应按制造厂提供的脱扣电流与动作时延的关系曲线进行核对。另外，还应检查在预定时延终了前主回路电流降至返回值时，脱扣器不应动作。

3. 模拟操动试验

(1)当具有可调电源时，可在不同电压条件下，对断路器进行就地或远控操作，每次操作断路器均应正确、可靠地动作，其联锁及闭锁装置回路的动作应符合产品及设计要求；当无可调电源时，只在额定电压下进行试验。

(2)直流电磁或弹簧机构的操动试验，应按表 2-7-6 的规定进行。

表 2-7-6　直流电磁或弹簧机构的操动试验

操作类别	操作线圈端钮电压与额定电源电压的比值(%)	操作次数
合、分	110	3
合闸	85(80)	3
分闸	65	3
合、分、重合	100	3

注:括号内数字适用于装有自动重合闸装置的断路器及表 2-4-3“注”的情况。

7.6.4　注意事项

1. 对于不可调节的操作电源,可以通过串联滑线电阻器来改变电压的高低。

2. 操作断路器时,须两名试验人员配合,一人操作,一人在断路器旁监视断路器的动作情况,如有异常现象,立即断开电源。

7.7　测量 SF_6 断路器内 SF_6 气体的含水量

7.7.1　试验目的

常态下,SF_6 气体无色无味,有良好的绝缘性能和灭弧性能,一旦大气中的水分浸入或固体介质表面受潮,则电气强度会显著下降。当气温骤降时,SF_6 气体中超标的水分可能会凝结在固体介质表面而发生闪络,造成断路器发生严重事故。

7.7.2　试验方法

1. 仪器选择

根据试验要求,选用露点仪。

2. 试验接线

将仪器的进气软管和断路器 SF_6 充气嘴紧密连接好后,接入断路器的充气口,并将仪器的排气软管放到下风口排气,如图 2-7-8 所示。

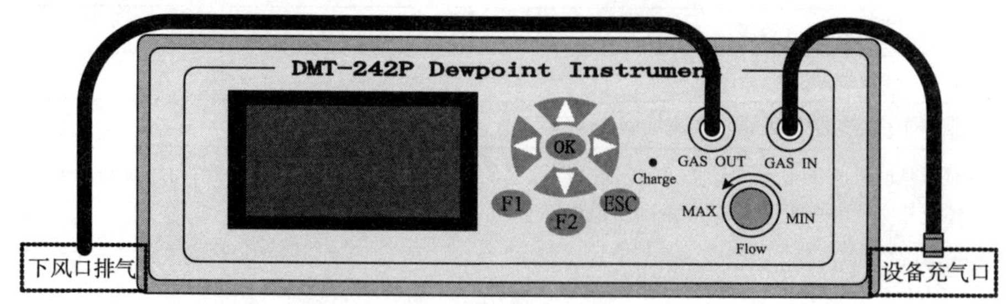

图 2-7-8　精密露点仪

3. 试验步骤

(1)充气之前瓶内的气体须经验收合格,充气时要求充气压力略高于当时温度下的额定压力。该项试验充气完毕静置 48 h 后测量。

(2)首先用软管及接头使断路器 SF_6 充气口与仪器进气口连接牢靠。

(3)打开设备电源,选择“测试数据”,设备会自行自检,自检成功后,调节断路器充气口阀门,逐渐放气。

(4)调节露点仪的流量阀门,应调节流量在 0.5～0.9 L/min。

(5)试验数据显示在液晶屏上,测试完毕后,拧紧断路器充气阀门,以防漏气。

7.7.3　试验标准

测量断路器内的 SF_6 气体含水量(20 ℃的体积分数)应符合下列规定:

1. 与灭弧室相通的气室,应小于 150 μL/L。

2. 不与灭弧室相通的气室,应小于 250 μL/L。

3. SF_6 气体含水量的测定应在断路器充气 48 h 后进行。

7.7.4　注意事项

1. 气路管道连接要可靠,严防泄漏。

2. 仪器的排气应用 10 m 以上的排气管引至下风口。

3. 取样接头、管道应做好防潮处理。

4. 通常不应在相对湿度大于 85%的环境中测试,阴雨天气不能在室外测试。

5. 在测量过程中,测量调节针形阀应慢慢打开,防止压力突变,以免压力和流量传感器损坏。

7.8　SF_6 断路器密封性试验

7.8.1　试验目的

检测 SF_6 断路器是否漏气,保证断路器安全运行。

7.8.2　试验方法

1. 仪器选择

选用检漏仪,如图 2-7-9 所示。

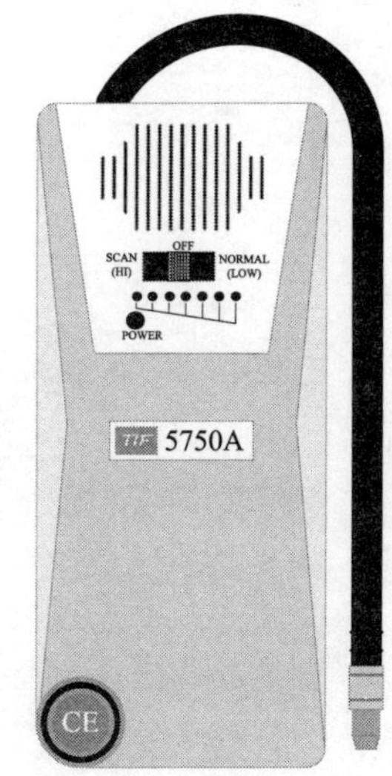

图 2-7-9　检漏仪

2. 试验步骤

(1)该项试验充气完毕静置 24 h 后测量。

(2)打开检测仪电源,电源指示灯亮,调节灵敏度;缓慢移动探头,对各密封部位管道接口进行检查,若有泄漏气体则面板指示灯闪光,且发出声音。

7.8.3　试验标准

1. 采用灵敏度不低于 1×10^{-6}(体积比)的检漏仪对断路器各密封部位,管道接头等处进行检测,检漏仪不应报警。

2. 必要时可采用局部包扎法进行气体泄漏测量，以24 h的漏气量换算，每个气室年漏气率不应大于 1%。

3. 泄漏值的测量应在断路器充气 24 h 后进行。

7.8.4 注意事项

1. 防止接口油脂、灰尘及大气环境的影响。

2. 探头移动速度以 10 mm/s 左右为宜。

第 8 章　SF_6 封闭式组合电器试验

8.1　测量主回路的导电电阻

8.1.1　试验目的

检查 SF_6 封闭式组合电器主回路的直流电阻，是判断回路中的各元件如母线、开关、电流互感器的连接是否可靠连接的重要措施。

8.1.2　试验方法

1. 仪器选择

根据试验要求，选择微欧计进行试验。

2. 试验接线

如图 2-8-1 所示。

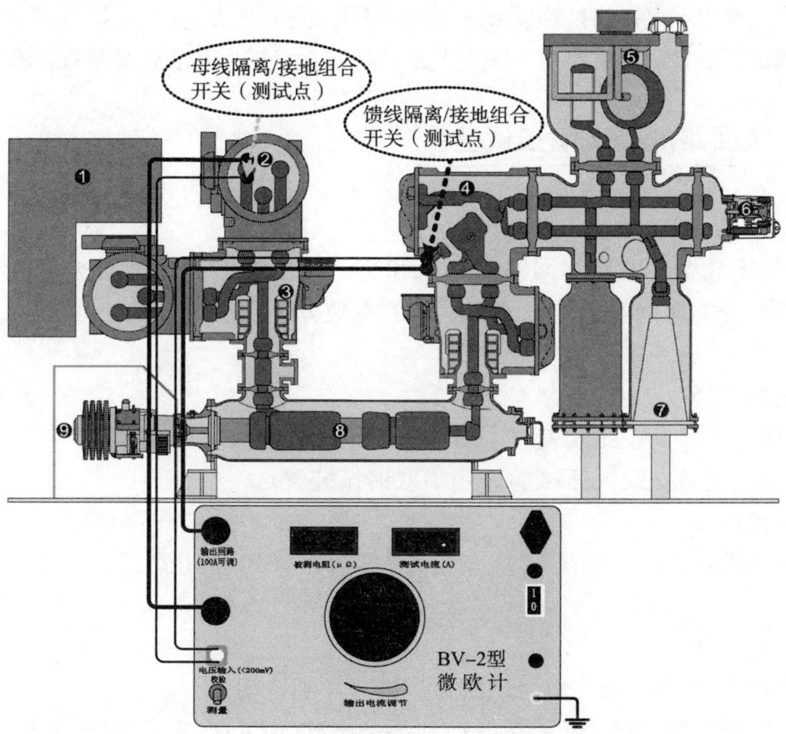

图 2-8-1　SF_6 封闭式组合电器主回路直流电阻测试接线示意图

1—就地控制柜；2—母线隔离/接地组合开关；3—电流互感器；4—馈线隔离/接地组合开关；5—电压互感器；6—快速接地开关；7—电缆终端筒；8—灭弧室；9—断路器操作机构

3. 试验步骤

(1)测试之前,将母线隔离/接地组合开关合于接地位,再将馈线隔离/接地组合开关合于接地位,将断路器合闸,打开两个接地开关的接地连接铜排,将测试线夹分别同时夹在不同接地开关的同一相上,测试该相回路的导电电阻。

(2)接通微欧计电源,启动"开始"按钮。

(3)待数值稳定后记录测试结果,电流输出为零后断开电源。

(4)重复上述步骤,测试其他各个气室的导电回路电阻。

8.1.3　试验标准

电流不小于100 A的直流压降法测试结果,不应超过产品技术条件规定值的1.2倍。

8.1.4　试验结果判断

所测电阻值应符合产品技术条件的规定。

8.1.5　注意事项

1. 接线时应用弹性较大的线夹,牢固夹在触头最近端,且用力拧线夹,以破坏线夹与接触面的氧化膜,减小接触电阻。

2. 采用微欧计测试时,在测试过程中,不可断开测试线,以防损坏仪器。

3. 测试过程中,断路器、三工位开关不能乱动,防止断路器跳闸损坏仪器。

8.2　主回路的交流耐压试验

8.2.1　试验目的

SF_6封闭式组合电器主回路的绝缘和交流耐压试验是考核组合电器母线、绝缘子、套管、开关连同互感器的绝缘状况的有效方法。

8.2.2　试验方法

1. 仪器选择

(1)选用2 500 V兆欧表对主回路进行绝缘电阻测量。

(2)电气设备交流耐压试验选用串联谐振装置。

2. 试验接线

GIS高压开关柜的耐压试验如图2-8-2所示,SF_6封闭式组合电器如图2-8-3所示。

3. 试验步骤

下面以GIS高压开关柜的耐压为例进行详细说明。

(1)该项试验时开关应具备电动和手动操作条件,检查GIS高压开关柜与外部联系的高压电缆已经全部断开并且与带电体有足够的安全距离,检查连接在母线上的避雷器已经全部拆除。电缆、避雷器或电压互感器的插座处应用专用绝缘塞子封堵。

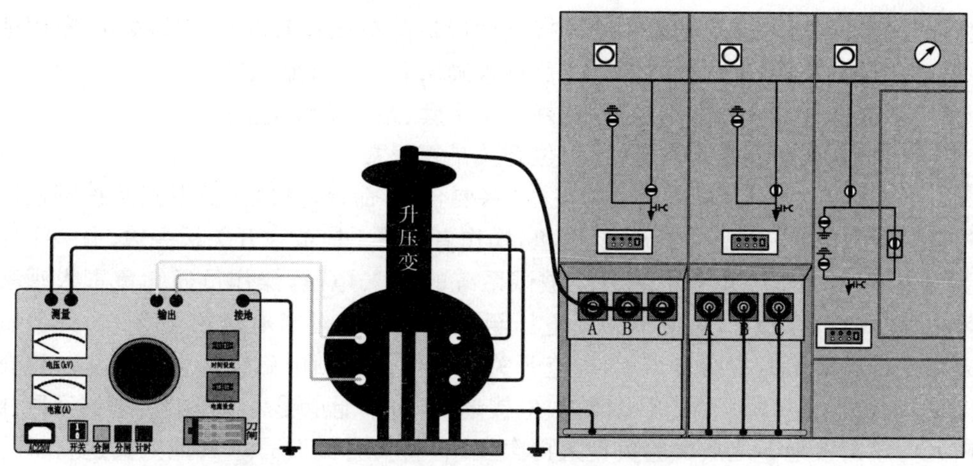

图 2-8-2　GIS 高压开关柜的耐压试验接线示意图

注意：高压引线要与柜体保持相应的安全距离。

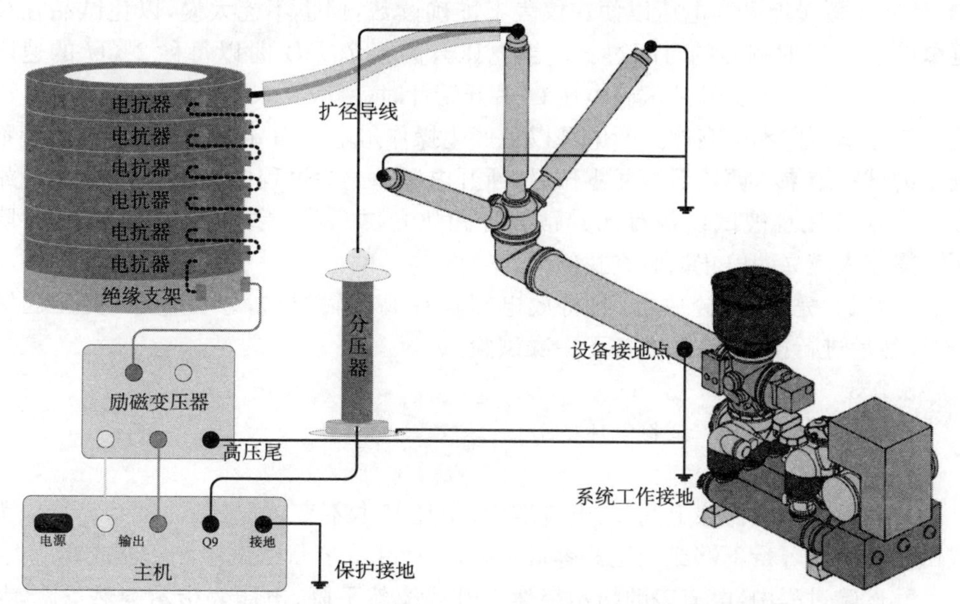

图 2-8-3　SF_6 封闭式组合电器的耐压试验接线示意图

说明：1. 在需要时可接入补偿电容；2. 保护地和工作地应接到地网的不同位置。

(2)将待试 GIS 高压开关柜的断路器及隔离开关合闸。试验某一相时，其他两相要接地。

(3)将升压变放置在开关柜的后部，然后将试验电缆(试验线)与高压开关柜的电缆插座连接固定好后接至升压变压器的高压抽头处。设置好防护围栏，并向外悬挂“止步,高压危险!”的警示牌。接线前应拆除被试设备的外部连线,用专用地线良好接地,并接好放电棒,经工作负责人确认后方可开始试验。

(4)操作人员应穿好绝缘靴、戴好绝缘手套、站在绝缘垫上操作。

(5)检查调压器是否在零位,零位开关是否正常。

(6)接通电源后，试验负责人发出“将要合闸”命令,其他人员退到防护围栏以外,指定操作人员合上闸刀开关,开机,操作者一只手应放在开关板旁边,另一手速度均匀地(2～3 kV/s)将电压升至被试系统的15%电压,操作员通知负责人观察带电显示应没有指示,再逐渐升高电压至被试系统的额定电压的45%,通知负责人观察带电显示应有明显指示,检查开关柜相应的闭锁电磁锁应可靠工作。检查完毕,负责人命令降压,断开电源,放电接地后,将不能承受高电压的传感器回路相应元件短封接地。之后试验负责人再次发出“将要合闸”命令,其他人员退行护围栏以外,指定操作人员合上闸刀开关,开机,操作者一只手应放在开关板旁边,另一手调整调压器旋钮升压,施加电压时应从零开始,以防止瞬变过程引起过电压的影响,然后应缓慢地升高电压以便在仪表上准确读数,但也不能太慢,以免试品在接近试验电压 U 时耐压的时间过长。当电压升高至 75%U 时以每秒 2%U 的速度上升即可满足要求。升到试验电压 U 后开始计时(一般要求 1 min),时间到后,迅速均匀地降压但不能突然分断电源以免产生操作过电压而导致设备损坏或得到不确定的试验结果。调压器旋回零位后,断开电源。试验过程中,其他试验人员应站在安全地带注意被试设备有无异常声音和弧光,如有异常现象,应高声呼喊“降压”,操作人应立即停止试验查找原因。

(7)试验完毕,充分放电,并将放电棒挂在高压输出端,才可宣布“高压已断开”。然后进行换线连接,准备下一次试验。

8.2.3 试验标准

试验电压值为出厂试验电压的80%。

8.2.4 试验结果判断

1.若随着调压器往上调节,电流增大,电压基本不变,可能是被试品容量较大或试验变压器容量不够或调压器容量不够,可改用大容量的试验变压器或调压器。

2.试验过程中,电流表的指示突然上升或突然下降、电压表指示突然下降,都是被试品击穿表现。

3.加压过程中,试品内部有炒豆般的响声,电流表指示却很稳定,这可能是悬浮的金属件对地的放电。

4.试验过程中,若由于空气湿度或被试品表面脏污等影响,引起表面滑闪放电,不应视为被试品不合格,应对被试品表面进行清擦、烘干处理后,再进行试验判断其合格与否。

8.2.5　注意事项

1. 进行交流耐压试验时，互感器二次绕组应短路接外壳及地；电压传感器回路中不能承受高压的元件也应短封接地。

2. 测试前拆除所有与外部连接的高压电缆，并将高压头放置足够的安全带电距离后短封接地，防止高压送到其他设备造成设备损害和危及人员安全。

3. 测试前确认安全范围，拉好安全警戒带，挂好警戒标牌"止步，高压危险"。并派专人防护好以防其他人员误入高压区。

4. 测试过程中测试人员应穿好绝缘靴，戴好绝缘手套，站在绝缘垫上进行，测试过程中精力集中，发现有异常情况赶紧切断电源，放电后再检查原因。

8.3　密封性实验

8.3.1　试验目的

检测 SF_6 封闭式组合电器是否漏气，保证开关柜安全运行。

8.3.2　试验方法

1. 仪器选择

根据试验要求，选用检漏仪，如图 2-7-9 所示。

2. 试验步骤

(1)该项试验充气完毕静置 24 h 后测量。

(2)打开检测仪电源，电源指示灯亮，调节灵敏度。

(3)缓慢移动探头，对各密封部位，管道接口进行检查，若有泄漏气体则面板指示灯闪光，且发出声音。

8.3.3　试验标准

1. 采用灵敏度不低于 1×10^{-6}(体积比)的检漏仪对断路器各密封部位，管道接头等处进行检测，检漏仪不应报警。

2. 必要时可采用局部包扎法进行气体泄漏测量，以 24 h 的漏气量换算，每个气室年漏气率不应大于 1%。

3. 泄漏值的测量应在断路器充气 24 h 后进行。

8.3.4　注意事项

1. 防止接口油脂、灰尘及大气环境的影响。

2. 探头移动速度以 10 mm/s 左右为宜。

8.4　测量 SF_6 气体的含水量

8.4.1　试验目的

常态下，SF_6 气体无色无味，有良好的绝缘性能和灭弧性能，当气温骤降时，SF_6 气体中超标的水分可能会凝结在固体介质表面而发生闪络，严重时造成组合电器发生爆炸事故。

8.4.2　试验方法

1. 仪器选择

根据试验要求，选用露点仪。

2. 试验接线

将仪器的进气软管和开关柜的 SF_6 充气嘴紧密连接好后，接入开关柜的充气口，并将仪器的排气软管放到下风口排气，如图 2-8-4 所示。

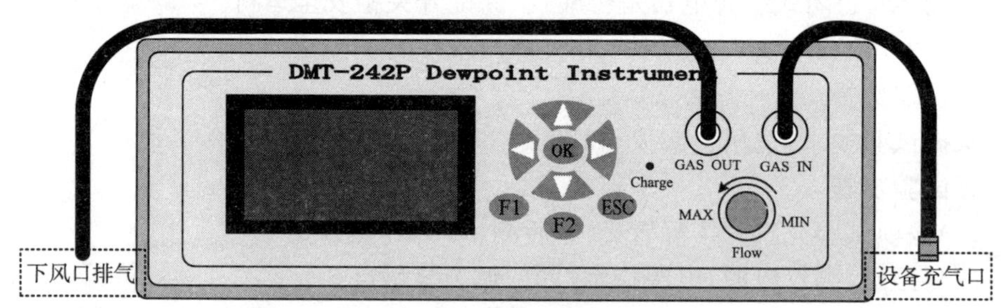

图 2-8-4　精密露点仪

3. 试验步骤

(1)充气之前气瓶内的气体须经验收合格。充气时要求充气压力略高于当时温度下的额定压力。该项试验充气完毕静置 48 h 后测量。

(2)首先用不锈钢管把封闭式组合电器 SF_6 充气口与设备进气口连接牢靠。

(3)打开设备电源，设选择“测试数据”，设备会自行自检，自检成功后，调节封闭式组合电器气室的充气口阀门，逐渐放气。

(4)再调节露点仪的流量阀门，应调节流量在 0.5～0.9 L/min。

(5)试验数据显示在液晶屏上，测试完毕后，拧紧封闭式组合电器充气阀门，以防漏气。

8.4.3　试验标准

测量断路器内的 SF_6 气体含水量(20 ℃的体积分数)应符合下列规定：

1. 有电弧分解的隔室，应小于 150 μL/L。

2. 无电弧分解的隔室，应小于 250 μL/L。

3. SF_6气体含水量的测定应在封闭式组合电器充气 48 h 后进行。

8.4.4　注意事项

1. 气路管道连接要可靠，严防泄漏。

2. 仪器的排气应用 10 m 以上的排气管引至下风口。

3. 取样接头、管道应做好防潮处理。

4. 通常不应在相对湿度大于 85%的环境中测试，阴雨天气不能在室外测试。

5. 在测量过程中，测量调节针形阀应慢慢打开，防止压力突变，以免压力和流量传感器损坏。

8.5　检验气体密度继电器、压力表、压力动作阀

8.5.1　试验目的

SF_6气体密度继电器、压力表、压力动作阀是用来检测运行中的 SF_6组合电器本体中 SF_6气体密度变化的重要元件，其性能的好坏直接影响到组合电器的安全运行。SF_6气体密度继电器因不常动作，经过一段时期后常出现动作不灵活、触电接触不良等现象，有的还会出现密度继电器温度补偿性能变差，当环境温度突变时，导致 SF_6气体密度继电器误动作。因此，对 SF_6气体密度继电器、压力表、压力动作阀的检验是非常必要的。

8.5.2　试验方法

1. 仪器选择

组合电器组装完毕后，进行充放气的过程中，检验 SF_6气体密度继电器、压力表、压力动作阀。所用仪器为组合电器生产厂家的 SF_6抽真空充气装置(气罐，专用输气管及标准压力表等)。对于可单独测量的 SF_6气体密度继电器、压力表、压力动作阀可采用便携式自动压力校准仪进行检验。

2. 试验步骤

(1)利用 SF_6设备充气过程对 SF_6密度继电器进行检验。

当 SF_6设备安装完成后，对本体进行充气时，利用充气过程对密度继电器进行校对，检验其报警启动压力值、闭锁启动压力值、SF_6密度继电器带有压力表时检验压力表示值。

(2)利用 SF_6设备放气过程对 SF_6密度继电器进行检验。

利用组合电器的放气过程对密度继电器进行校对，检验其报警返回压力值、闭锁返回压力值。

(3)对于可拆卸或单独分离主气室若直接检验的气体密度继电器、压力表、压力动作阀，测试直接用便携式压力校准仪连接被试物进行检验，其测试过程简便且结果精确度高。

8.5.3　试验标准

1. 气体密度继电器动作值，应符合产品技术条件的规定或按制造厂规定。

2. 压力表指示值的误差及其变差，均应在产品相应等级的允许误差范围内。

8.5.4　注意事项

1. 检验前必须切断与密度继电器连接的控制电源，并将报警和闭锁接点的对应连线从端子排上断开，防止其与二次回路和采样信号线构成回路影响检验，并确保不影响其他设备的正常运行。

2. 注意保护好管道接头的密封面，密封垫圈校验后应更换，并进行漏气检测。

3. 重视检验前、后管道接头的清洁工作，避免杂质和不合格气体进入本体。必要时用少量合格的 SF_6 气体进行冲洗。

4. 注意设备本体与密度继电器气路之间的隔离阀门，检验后必须恢复，并经复查确认。

5. 全过程尤其是放气过程做好 SF_6 气体的防泄漏和回收工作，严禁将 SF_6 气体排到空气中。

第9章　隔离开关、负荷开关试验

9.1　测量绝缘电阻

9.1.1　试验目的

隔离开关、负荷开关要求测量其整体对地的绝缘电阻及各相之间的绝缘电阻，其绝缘状况如何，直接影响系统的安全可靠运行。

9.1.2　试验方法

1.选择仪器

选用绝缘电阻表。

2.试验接线

隔离开关对地绝缘电阻测试接线如图2-9-1所示。

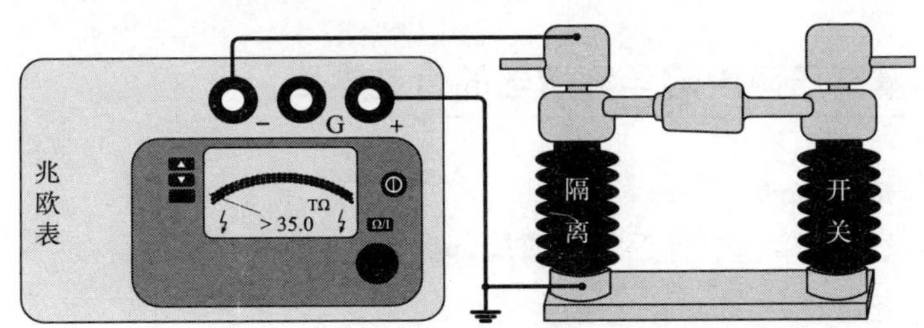

图2-9-1　隔离开关对地绝缘电阻测试接线示意图

3.试验步骤

(1)检查被试品设备，断开一切对外连线，并用干燥清洁的棉纱擦拭瓷套管表面。

(2)安装熔断器管，将所有负荷开关(隔离开关)合闸。

(3)将被试品接地线接兆欧表"＋"端(或"L"端)，被试品引出线接于"－"端(或"E"端)屏蔽线接兆欧表的"G端"。

(4)按"测试"键，至60 s时，记录绝缘电阻的数值，同时记录试验时环境温度、湿度。

(5)读取数值后，停止测试充分放电。

9.1.3　试验标准

整体绝缘电阻值测量，应参照制造厂的规定。

9.1.4　试验结果判断

1.将测试结果与标准，规程比较，符合者填写试验报告；不符合者填写通知单。

2. 空气相对湿度较大时，绝缘体由于毛细管的作用，吸收较多水分，使得导电率和表面泄漏电流增加，绝缘电阻下降，因此试验时应引起足够的重视并采取相应措施：如增加屏蔽环。

3. 绝缘电阻值受温度的影响变化较大，为了正确比较，应将不同温度下的绝缘电阻值换算到同一温度下进行比较。

4. 兆欧表的引线要绝缘良好，还应与地绝缘，测量时“+”端与“-”端（手摇兆欧表是“L”端与“E”端）的引线不能碰在一起。如引线要经其他支持物连接时，支持物必须绝缘良好，否则影响测量准确性。

9.1.5　注意事项

1. 绝缘电阻试验应在良好的天气，且试品温度及周围环境温度一般不低于+5℃条件下进行。

2. 被试品在测试过程中，不能随意断开测试导线。

3. 雷电天气和邻近有高压导体的设备时，禁止用仪表进行测量，只有设备不带电，而又不可能因其他感应而带电时，方可进行。

9.2　测量高压限流熔丝管熔丝的直流电阻

9.2.1　试验目的

检查熔丝在运输途中有无断裂或局部振断。

9.2.2　试验方法

1. 选择仪器

选择用 QJ23 电桥或 QJ44 电桥、直流电阻测试仪。

2. 试验接线

其试验接线可参照 2-9-2 所示。

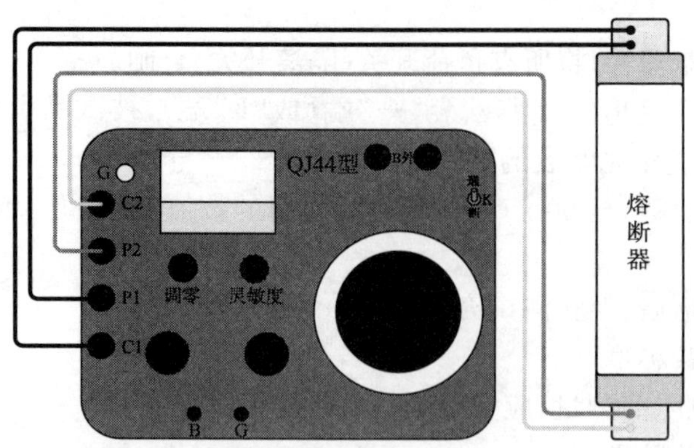

图 2-9-2　熔断器的直流电阻测试接线示意图

3. 试验步骤

(1)取下熔断器管,在两端金属部位分别接好测试线。

(2)测试直流电阻数值。

9.2.3　试验标准

高压限流熔丝管熔丝的直流电阻同型号相比较不应有明显差别。

9.2.4　试验结果判断

1. 接线时应用弹性较大的线夹,牢固夹在触头最近端,且用力拧线夹,以破坏线夹接触面的氧化膜,并将电压测量线夹在被试品内侧,电流测量线夹在被试品外侧,以减小接触电阻的影响。

2. 比较各熔断器的电阻数值,有无明显变化,符合者填写试验报告;不符合者填写通知单。

9.2.5　注意事项

1. 测试时选择好测试电流以防止熔丝热熔断。

2. 安装时注意信号撞针的指示方向,防止安装错误。

9.3　测量导电回路的电阻

9.3.1　试验目的

隔离开关、负荷开关导电回路的接触电阻,是隔离开关、负荷开关特性参数之一,它反映隔离开关、负荷开关触头接触是否良好,如果接触不良,电阻值较大,带电运行后容易烧毁触头接触面。

9.3.2　试验方法

1. 选择仪器

选择用微欧计。

2. 试验接线

将微欧计的测试线按组分别接到隔离开关的接线板上,如图 2-9-3 所示。

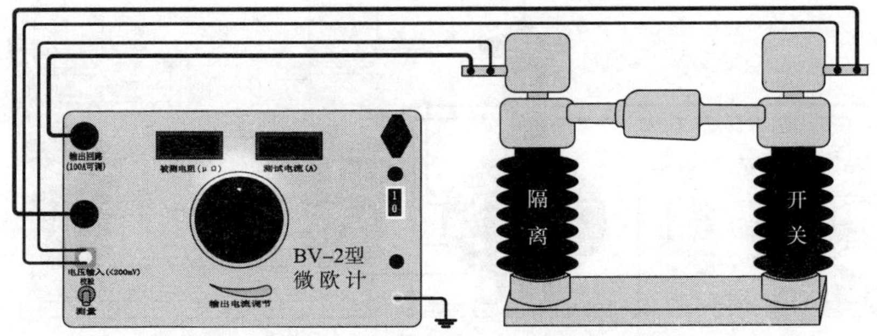

图 2-9-3　测量隔离开关导电回路的电阻接线示意图

3. 试验步骤

(1)测量前应先分合几次,以破坏触头上的金属氧化膜,减少电阻值误差。

(2)接通测试仪电源,启动"开始"按钮。

(3)待数值稳定后记录测试结果,电流输出为零后断开电源。

9.3.3　试验标准

要求用电流不小于 100 A 的直流压降法测量,电阻值应符合产品技术条件的规定。

9.3.4　试验结果判断

1. 接线时应用弹性较大的线夹,牢固夹在触头最近端,且用力拧线夹,以破坏线夹接触面的氧化膜,并将电压测量线夹在被试品内侧,电流测量线夹在被试品外侧,以减小接触电阻的影响。

2. 与出厂说明书中要求比较、同一组三相之间比较、与同型号产品比较。

9.3.5　注意事项

采用微欧计测试时,在测试过程中,不可断开测试线,以防损坏仪器。

9.4　交流耐压试验

9.4.1　试验目的

隔离开关、负荷开关的交流耐压试验应分别在合闸和分闸状态下进行。合闸状态下是为了考验绝缘支柱瓷套管绝缘;分闸状态下的试验是为了考验开关断口、灭弧室的绝缘。

9.4.2　试验方法

1. 选择仪器

交流高压试验变压器及操作箱(可根据试验电压选择多级试验变压器组合)。

2. 试验接线

将隔离开关合上后,引线至升压变压器高压头,隔离开关底座及高压尾良好接地,再将操作箱的电压输出端接线到升压变压器的原边,实际接线图可参照图 2-9-4 所示。

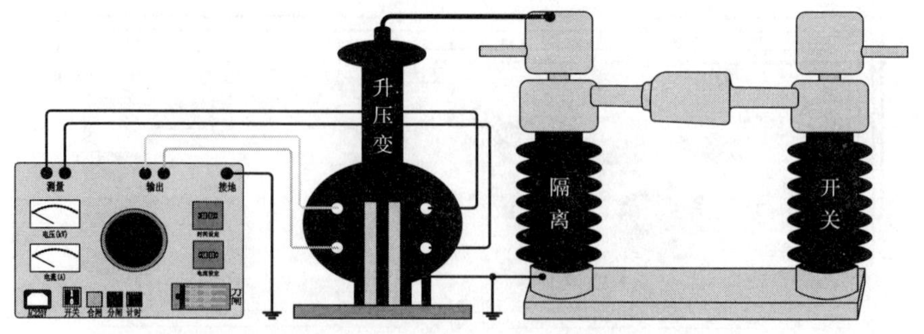

图 2-9-4　隔离开关合闸对地交流耐压试验接线示意图

3. 试验步骤

(1)操作人员应穿好绝缘靴、戴好绝缘手套操作、站在绝缘垫上操作。

(2)连接试品,检查调压器是否在零位,零位开关是否正常。

(3)接通电源后,试验负责人发出“将要合闸”命令,其他人员退到防护围栏以外,指定操作人员合上闸刀开关,开机,操作者一只手应放在开关板旁边,另一手调整调压器旋钮升压,施加电压时应从足够低的数值开始,以防止瞬变过程引起过电压的影响,然后应缓慢地升高电压以便能在仪表上准确读数,但也不能太慢,以免试品在接近试验电压 U 时耐压的时间过长。当电压升高至 75%U 时以每秒 2%U 的速度上升即可满足要求。升到试验电压 U 后开始计时(一般要求 1 min),时间到后,迅速均匀地降压但不能突然分断电源,以免产生操作过电压而导致设备损坏或得到不确定的试验结果。调压器旋回零位后,断开电源。

(4)试验完毕,充分放电,并将放电棒挂在高压输出端,才可宣布“高压已断开”。然后进行换线连接,准备下一次试验。

9.4.3 试验标准

1. 交流耐压试验,应符合下述规定:三相同一箱体的负荷开关,应按相间及相对地进行耐压试验,其余均按相对地或外壳进行。试验电压应符合表 2-9-1 断路器的交流耐压试验标准,对负荷开关还应按产品技术条件规定进行每个断口的交流耐压试验。

表 2-9-1 断路器的交流耐压试验标准

额定电压(kV)	3	6	10	35	66
1 min 工频耐受电压峰值(相间)(kV)	25	32	42	95	155
1 min 工频耐受电压峰值(断口)(kV)	25	32	42	95	155

2. 六氟化硫负荷开关试验标准

应在 SF_6 气压为额定值时进行,试验电压为出厂试验电压的 80%。

9.4.4 试验结果判断

1. 测试过程中精力集中,发现电流指示显示异常情况赶紧切断电源。待放电后再检查原因。

2. 试验升压过程中,如果被试设备有异常声音和弧光,应立即停电,根据声音和弧光来源判断原因。

9.4.5 注意事项

1. 交流耐压应在干燥和晴朗的天气时进行。遇有大风、雨雪冰雹、大雾以及空气湿度较大时,不要进行耐压试验。

2. 被试品测试前,断开一切对外连线,防止高压送到其他设备造成设备损害和危及人员安全,并短封与隔离开关、负荷开关相连的流互二次侧。

3.测试前确认安全范围，拉好安全警戒带，挂好警戒标牌“止步，高压危险！”。并派专人防护好以防其他人员误入高压区。

9.5 检查操动机构线圈的最低动作电压

9.5.1 试验目的

检验负荷开关、隔离开关的动作电压是否处于合格范围，防止电动操作时的拒动或误动。

9.5.2 试验方法

1.选择仪器

选择可调节交直流电源，标准电压表。

2.试验步骤

(1)选择调节交直流电源直流输出挡。

(2)缓慢均匀地升电压，同时观察电压数值，线圈动作时，记录该电压值。

9.5.3 试验标准

检查操动机构线圈的最低动作电压，应符合制造厂的规定。

9.5.4 试验结果判断

试验数据应与出厂实测量数据比较无大差异。

9.5.5 注意事项

1.仔细确认线圈工作电压类型。

2.如果线圈工作电压为直流，应注意线圈及附加二极管极性不可接反。

9.6 操动机构的试验

9.6.1 试验目的

操作机构试验是检查在不同的电压或气压下能否保证负荷开关、隔离开关可靠分合闸。

9.6.2 试验方法

1.选择仪器

选择可调节交直流电源，标准电压表。

2.试验步骤

(1)首先在“就地”状况下对断路器进行试验，在额定操作电压U_N下进行分、合闸试验，隔离开关、负荷开关动作正常。

(2)将操作电压调节至110%U_N，合分隔离开关、负荷开关应可靠动作。

(3)将操作电压调节至80%U_N，合分隔离开关、负荷开关应可靠动作。

(4)将电压调至额定电压，根据设备技术要求，在最高、最低范围内调节液压，进行分、合闸试验，隔离开关、负荷开关应可靠动作。

(5)检查机械闭锁装置应能可靠闭锁。

9.6.3　试验标准

1.动力式操动机构的分、合闸操作，当其电压或气压在下列范围时，应保证隔离开关的主闸刀或接地闸刀可靠地分闸和合闸。

(1)电动机操动机构：当电动机接线端子的电压在其额定电压的 80％～110％范围内时。

(2)压缩空气操动机构：当气压在其额定气压的 85％～110％ 范围内时。

(3)二次控制线圈和电磁闭锁装置：当其线圈接线端子的电压在其额定电压的 80％～110％范围内时。

2.隔离开关、负荷开关的机械或电气闭锁装置应准确可靠。

9.6.4　试验结果判断

测试完毕后，应立即同试验标准比较，不合格应查找原因或重测，确认设备有问题后填写通知单通知厂方处理。

9.6.5　注意事项

远控操作隔离开关、负荷开关时，须两名试验人员配合，一人操作，一人在隔离开关、负荷开关旁监视动作情况。

第 10 章　绝缘子试验

10.1　测量绝缘电阻

10.1.1　试验目的

剔除不合格产品，避免有绝缘缺陷的绝缘子在运行中被击穿，造成故障。

10.1.2　试验方法

1. 选择仪器

选择绝缘电阻表。

2. 试验接线

试验接线图可参照图 2-10-1 所示。

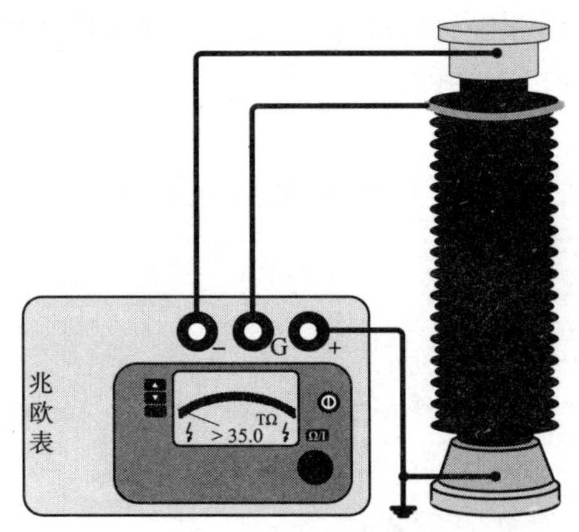

图 2-10-1　绝缘电阻测试接线示意图

3. 试验步骤

(1)检查被试品设备，断开一切对外连线，并用干燥清洁的棉纱擦拭瓷套管表面。

(2)将被试品接地线接兆欧表"+"端(或"L"端)，被试品引出线接于"−"端(或"E"端)屏蔽线接兆欧表的"G 端"。

(3)按"测试"键，至 60 s 时，记录绝缘电阻的数值，同时记录试验时环境温度、湿度。

(4)读取数值后，停止测试充分放电。

10.1.3　试验标准

1. 悬式绝缘子的绝缘电阻值，不应低于 300 MΩ。

2. 35 kV 及以下电压等级的支柱绝缘子的绝缘电阻值，不应低于 500 MΩ。

10.1.4　试验结果判断

1. 将测试结果与标准,规程比较,符合者填写试验报告;不符合者填写通知单。

2. 空气相对湿度较大时,绝缘体由于毛细管的作用,吸收较多水分,使得导电率和表面泄漏电流增加,绝缘电阻下降,因此试验时应引起足够的重视并采取相应措施:如增加屏蔽环。

3. 绝缘电阻值受温度的影响而变化,为了正确比较,应将不同温度下的绝缘电阻值换算到同一温度下进行比较。

4. 兆欧表的引线要绝缘良好,还应与地绝缘,测量时"+"端与"−"端(手摇兆欧表是"L"端与"E"端)的引线不能碰在一起。如引线要经其他支持物连接时,支持物必须绝缘良好,否则影响测量准确性。

10.1.5　注意事项

1. 绝缘电阻试验应在良好的天气,且试品温度及周围环境温度一般不低于+5 ℃条件下进行。

2. 被试品在测试过程中,不能随意断开测试导线。

3. 雷电天气和邻近有高压导体的设备时,禁止用仪表进行测量,只有设备不带电,而又不可能因其他感应而带电时,方可进行。

10.2　交流耐压试验

10.2.1　试验目的

绝缘子的交流耐压试验是检验绝缘子的正常耐压是否符合要求。

10.2.2　试验方法

1. 选择仪器

高压试验变压器及操作箱。

2. 试验接线

试验接线图可参照图 2-10-2 所示。

3. 试验步骤

(1)操作人员应穿好绝缘靴、戴好绝缘手套操作、站在绝缘垫上操作。

(2)连接试品,检查调压器是否在零位,零位开关是否正常。

(3)接通电源后,试验负责人发出"将要合闸"命令,其他人员退行至防护围栏以外,指定操作人员合上闸刀开关,开机,操作者一只手应放在开关板旁边,另一手调整调压器旋钮升压,施加电压时应从足够低的数值开始,以防止瞬变过程引起过电压的影响,然后应缓慢地升高电压以便能在仪表上准确读数,但也不能太慢,以免试品在接近试验电压 U 时耐压的时间过长。当电压升高至 $75\%U$ 时以每秒 $2\%U$ 的速度上升即可满足要求。升到试验电压 U 后开始计时(一般要求 1 min),时间到后,迅速均匀地降压但不能突然分断电源以免产生操作过电压而导致设备损坏或得到不确定的试验结果。调压器旋回零位后，断开电源。

(4)试验完毕，充分放电，并将放电棒挂在高压输出端，才可宣布“高压已断开”。然后进行换线连接，准备下一次试验。

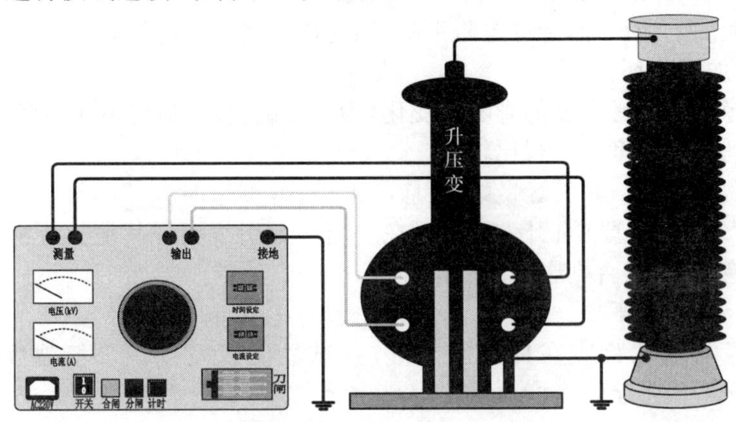

图 2-10-2 绝缘子交流耐压测试接线示意图

10.2.3 试验标准

1. 35 kV 及以下电压等级的支柱绝缘子，可在母线安装完毕后一起进行，试验电压应符合 GB 50150—2006 标准附录 A 的规定。

2. 35 kV 多元件支柱绝缘子的交流耐压试验值，应符合下列规定：两个胶合元件者，每元件 50 kV；三个胶合元件者，每元件 34 kV。

3. 悬式绝缘子的交流耐压试验电压均取 60 kV。

10.2.4 试验结果判断

1. 测试过程中精力集中，发现电流指示显示异常情况赶紧切断电源。放电后再检查原因。

2. 对于有机绝缘产品，试验后立即触摸被试品表面，不应有普遍或局部发热现象。若耐压后测量的绝缘电阻值比耐压前下降 30%以上，则判定为不合格。

3. 在试验过程中，若由于环境因素、脏污等原因造成绝缘表面有滑闪放电或空气放电，则不应判定为不合格，经清洁、干燥处理后再次试验。如果放电原因是由于瓷件破损或老化引起，则判定为不合格。

10.2.5 注意事项

1. 交流耐压应在干燥和晴朗的天气时进行。遇有大风、雨雪冰雹、大雾以及空气湿度较大时，不要进行耐压试验。

2. 被试品测试前，断开一切对外连线，防止高压送到其他设备造成设备损害和危及人员安全。

3. 测试前确认安全范围，拉好安全警戒带，挂好警戒标牌“止步，高压危险！”。并派专人防护好以防其他人员误入高压区。

第 11 章　电力电缆试验

11.1　测量绝缘电阻

11.1.1　试验目的

绝缘电阻的测量是检查电缆绝缘最简单的方法，通过测量可以检查出电缆绝缘受潮老化缺陷，还可以判别出电缆在耐压试验时所暴露出的绝缘缺陷。

11.1.2　试验方法

1. 仪器选择

绝缘电阻测试选择兆欧表。

2. 试验接线

主绝缘测试接线如图 2-11-1 所示，内衬层绝缘电阻测试接线如图 2-11-2 所示。

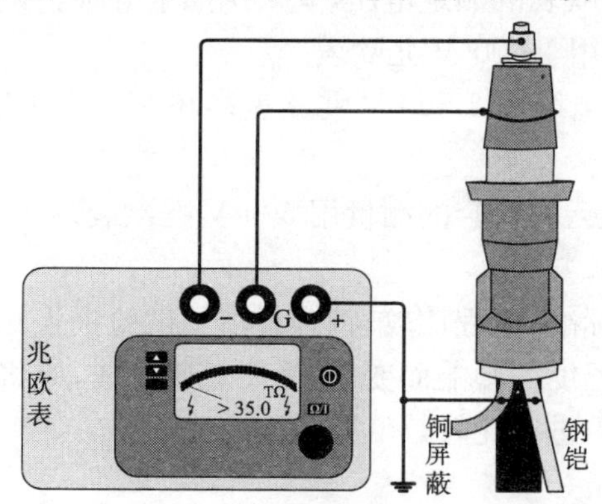

图 2-11-1　电力电缆绝缘电阻测试接线示意图

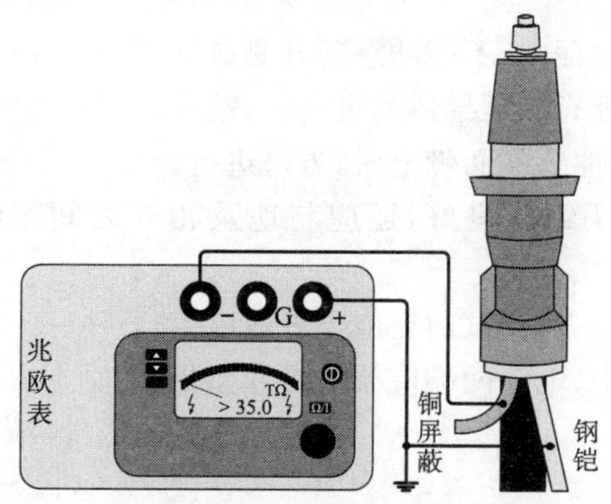

图 2-11-2　电力电缆内衬层绝缘电阻测试接线示意图

3.试验步骤

(1)进行测试前应将电缆所有对外的连线拆除,用干燥清洁的棉纱擦拭高压电缆头。

(2)将电缆的钢铠和屏蔽层接兆欧表"+"端(或"L"端),电缆线芯接于"-"端(或"E"端),电缆的应力锥接兆欧表的"G端"。

(3)打开仪器电源,按"测试"键,至 60 s 时,记录绝缘电阻的数值,按"停止"键,同时记录试验时环境温度、湿度。

(4)停止测试,待仪器自动放电完毕后进行下一项试验或关闭电源。

11.1.3 试验标准

测量各电缆线芯对金属屏蔽层及地、外护套与内衬层间、各线芯间绝缘电阻,应符合下列规定:

(1)耐压试验前后,绝缘电阻测量应无明显变化。

(2)橡塑电缆外护套、内衬套的绝缘电阻不低于 0.5 MΩ/km。

(3)测量绝缘用兆欧表的额定电压,宜采用如下等级:

①0.6/1 kV 电缆用 1 000 V 兆欧表。

②0.6/1 kV 以上电缆用 2 500 V 兆欧表;6/6 kV 及以上电缆也可用 5 000 V 兆欧表。

③橡塑电缆外护套、内衬套的测量用 500 V 兆欧表。

11.1.4 试验结果判断

1.将测试结果与标准、规程比较,符合者填写试验报告;不符合者填写通知单。

2.绝缘电阻值受温度的影响而变化,为了正确比较,应将不同温度下的绝缘电阻值换算到同一温度下进行比较。

11.1.5 注意事项

1.绝缘电阻试验应在良好的天气,且试品温度及周围环境温度一般不低于+5 ℃条件下进行。

2.被试品在测试过程中,不能随意断开测试导线。

3.雷电天气和邻近有高压导体的设备时,禁止用仪表进行测量,只有设备不带电,而又不可能由于其他感应而带电时,方可进行。

4.兆欧表的引线要绝缘良好,还应与地及相互之间绝缘,否则影响测量准确性。

5.由于电缆容量较大,测试前后应充分放电。

6.现场试验进行中,电缆两端应派人看守监护。

11.2　直流耐压试验及泄漏电流测量

11.2.1　试验目的

对电力电缆进行直流耐压及泄漏电流试验，是检测电缆绝缘状况的一个主要试验项目，直流耐压对检查绝缘中的气泡、机械损伤等局部缺陷比较有效，泄漏电流对反映绝缘老化、受潮比较有效。直流耐压及泄漏电流试验是同时进行的。

11.2.2　试验方法

1. 仪器选择

直流耐压和泄漏电流试验选择直流高压发生器。

2. 试验接线

测试前，电缆插拔头处用专用的耐压测试防护罩套住并紧固牢靠，防护罩外面金属层与钢铠及铜屏蔽连接好之后接地，具体接线可参照图 2-11-3 所示。

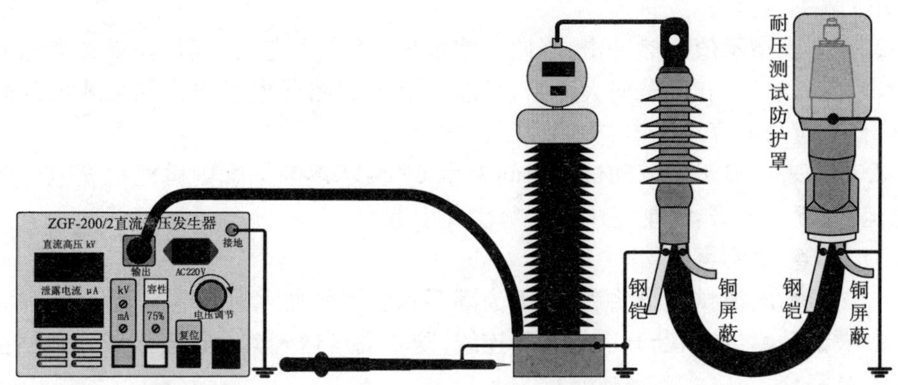

图 2-11-3　电力电缆的直流耐压及泄漏电流测试接线示意图

3. 试验步骤

(1)试验人员应穿好绝缘靴、戴好绝缘手套操作、站在绝缘垫上操作。

(2)将调压器置零位，微安表置于最大量程。

(3)接通电源后，试验负责人发出“将要合闸”命令，指定操作人员合上闸刀开关。开机，徐徐升高电压，升压速度为 2 kV/s，升压过程中，应随时呼喊电压数值。三相电力电缆试验时，应每相分别试验，一相加压，另两相应短连接地。试验时，试验电压可分 4～6 阶段均匀升压，每阶段停留 1 min，并读取泄漏电流值，试验电压升至规定值后维持 15 min，其间读取 1 min 和 15 min 时泄漏电流。测试完毕迅速将调压器恢复零位，切断电源，用放电棒将被试品充分放电，并将放电棒挂在高压输出端，才可宣布“高压已断开”。才能允许其他工作人员进入围栏工作。

11.2.3　试验标准

1.18/30 kV 及以下电压等级的橡塑绝缘电缆直流耐压试验电压，应按下式计算：

$$U_t = 4U_0 \tag{2-27}$$

2.试验时，试验电压可分 4～6 阶段均匀升压，每阶段停留 1 min，并读取泄漏电流值。测量时应消除杂散电流的影响。

3.电缆的泄漏电流具有下列情况之一者，电缆绝缘可能有缺陷，应找出缺陷部位，并予以处理：

(1)泄漏电流很不稳定。

(2)泄漏电流随试验电压升高急剧上升。

(3)泄漏电流随试验时间延长有上升现象。

11.2.4　试验结果判断

1.微安表周期性变化，可能是回路存在反充电或试品绝缘不良引起，应查明原因，加以解决。

2.微安表指示值突然冲击：当向电缆加压，微安表有指示后，如果其突然向小冲击，可能是电源引起；若向大冲击，可能是试验回路或电缆出现闪络或内部断续充电引起，应马上降压断电，查明原因。

3.微安表所显示数值随试验时间发生变化：若逐渐下降则可能是充电电流尚未稳定；若逐渐上升，可能是电缆绝缘劣化引起。

11.2.5　注意事项

1.试验前应擦拭电缆头表面，因为潮湿和脏污将加大泄漏电流值。

2.被试品测试前，断开一切对外连线，防止高压送到其他设备造成设备损害和危及人员安全。

3.试验前应进行过压保护整定，以免电压过高损坏设备绝缘。

4.应注意电缆两端头距离是否满足试验电压要求。

5.电缆两端拉好安全警戒带，挂好警戒标牌“止步，高压危险！”，并派专人看守，以防其他人员误入高压区。

11.3　交流耐压试验

11.3.1　试验目的

橡塑电力电缆采用直流耐压试验存在明显缺点，直流电压下电场分布与交流电压的电场分布不同，不能反映实际运行状况。国家标准要求橡塑电缆优先采用 20～300 Hz 交流耐压试验。

交流耐压试验是鉴定电缆绝缘好坏最有效和最直接的方法，是保证电缆安全运行的一个重要手段。但由于试验电压较高，过高的试验电压会使绝缘介质发热、放电，会加速绝缘缺陷的发展，因此是一种破坏性试验。

11.3.2　试验方法

1. 仪器选择

变频串联高压试验装置。

2. 试验接线

与变压器串联谐振耐压试验类似，具体接线可参照图 2-11-4 所示。

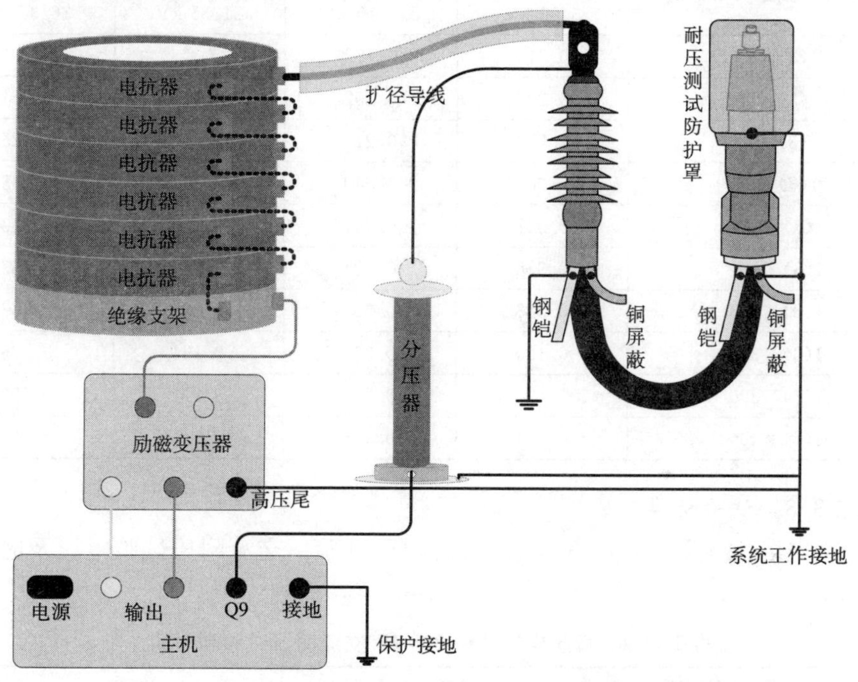

图 2-11-4　电力电缆的交流耐压接线示意图

说明：保护地和工作地应接到地网的不同位置。

3. 试验步骤

(1)试验人员应穿好绝缘靴、戴好绝缘手套操作、站在绝缘垫上操作。

(2)根据被试电缆的规格和长度计算出它的电容量。

根据计算出的电容量应用下面公式在 30～300 Hz 的谐振频率间选配电感组合。

$$f=\frac{1}{2\pi\sqrt{LC}} \tag{2-28}$$

根据被试品电容量及谐振频率和所需耐压值，可计算出谐振电流 I_c。验证装置额定容量满足试验要求。

$$I_c = 2\pi f C U_c \tag{2-29}$$

(3)在电缆两端的各种安全措施做好后接通试验装置的电源，设置装置参数，通过手动或自动找到谐振点后升至电缆的试验电压。

(4)加压期间注意安全防护，待到规定的时间到了以后，将电压均匀降回零后切断装置电源，并对被试品进行放电。计算电容量时可参考表 2-11-1 内数据。

表 2-11-1 交联聚乙烯电力电缆单位长的电容量(μF/km)

电缆导体截面积(mm^2)	YJV、YJLV	YJV、YJLV	YJV、YJLV	YJV、YJLV
	6/10 kV	8.7/10 kV	21/35 kV	26/35 kV
1(3)×35	0.212	0.173		
1(3)×50	0.237	0.192	0.118	0.114
1(3)×70	0.270	0.217	0.131	0.125
1(3)×95	0.301	0.240	0.143	0.135
1(3)×120	0.327	0.261	0.153	0.143
1(3)×150	0.358	0.284	0.164	0.153
1(3)×185	0.388	0.307	0.180	0.163
1(3)×240	0.430	0.339	0.194	0.176
1(3)×300	0.472	0.370	0.211	0.190
1(3)×400	0.531	0.418	0.231	0.209

11.3.3 试验标准

橡塑电缆优先采用 20～300 Hz 交流耐压试验。交流耐压试验电压及时间见表 2-11-2。

表 2-11-2 橡塑电缆 20～300 Hz 交流耐压试验和时间

额定电压 U_0/U(kV)	试验电压	时间(min)
18/30 及以下	$2.5U_0$(或 $2U_0$)	5(或 60)
21/35～64/110	$2U_0$	60

11.3.4 试验结果判断

1. 根据被试品电容量，选择适当参数(电感量、额定电流、额定电压)的谐振电抗器及数量。

2. 串联谐振试验系统是利用谐振电抗器与被试品谐振产生高电压的，也就是说，能不能产生高电压主要看试品与谐振电抗器是否谐振。所以试验人员在分析现场不能产生所需高电压时，应该分析什么破坏了谐振条件，回路是否连通等。

3. 串联谐振试验系统的励磁变压器有特定的电压和电流要求，在选用代替品时，一定要考虑电压和电流，不能采用只是容量相同的普通的试验变压器。

11.3.5　注意事项

1. 试验前应擦拭电缆头表面，因为潮湿和脏污将加大泄漏电流值。

2. 被试品测试前，断开一切对外连线，防止高压送到其他设备造成设备损害和危及人员安全。

3. 试验前应进行过压保护整定，以免电压过高损坏设备绝缘。

4. 应注意电缆两端头距离是否满足试验电压要求。

5. 电缆两端拉好安全警戒带，挂好警戒标牌"止步，高压危险!"，并派专人看守，以防其他人员误入高压区。

11.4　测量金属屏蔽层电阻和导体电阻比及相位检查

11.4.1　试验目的

对电力电缆金属屏蔽层电阻和导体电阻及其他们的阻值比可判断屏蔽层是否出现腐蚀，或为以后的预防性试验提供参考值。

电缆投运前必须进行相位检查，以保证电能的正确传输。

11.4.2　试验方法

1. 仪器选择

用双臂电桥测量。

电缆相位检查一般用万用表、绝缘电阻表等检查。

2. 试验接线

电缆导体直流电阻的测试可参照图 2-11-5 所示，金属屏蔽层直流电阻测试类似。

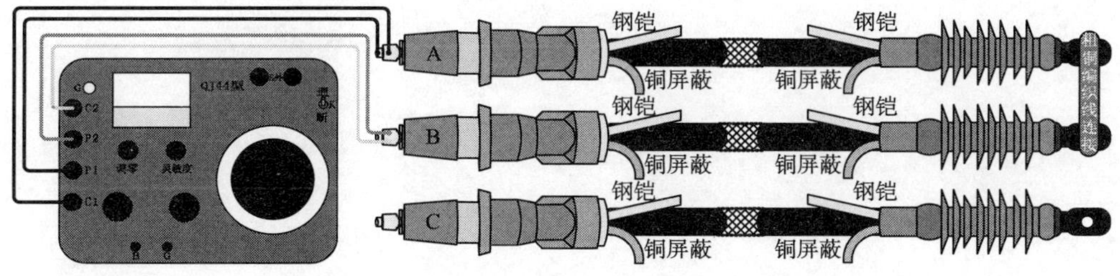

图 2-11-5　电力电缆导体直流电阻测量接线示意图

3. 试验步骤

(1)电缆线路的始端开路，末端三相短路，短路要可靠到可以忽略短路处的接触电阻。如果短连接线及其接触电阻较大，不能忽略，则可用双臂电桥测出其阻值，计算时把该阻值考虑进去。

(2)用 QJ44 电桥测量出 R_{AB}、R_{BC}、R_{CA}，然后用公式：

$$R_A=(R_{AB}+R_{AC}-R_{BC})/2$$
$$R_B=(R_{AB}+R_{BC}-R_{AC})/2 \quad (2\text{-}30)$$
$$R_C=(R_{BC}+R_{AC}-R_{AB})/2$$

计算出 R_A、R_B、R_C。然后测量出屏蔽层与一相导体的直流电阻之和计算出屏蔽层的直流电阻 R_P。

(3)测试时检查电缆两端的相位标识是否一致。

11.4.3　试验标准

电力电缆金属屏蔽层电阻和导体电阻不应大于出厂的规定值。

11.4.4　试验结果判断

1.接线时应用弹性较大的线夹，牢固夹在触头最近端，且用力拧线夹，以破坏线夹接触面的氧化膜，并将电压测量线夹在被试品内侧，电流测量线夹在被试品外侧，以减小接触电阻。

2.三相电缆非测量端用线连接时，须用较粗纯铜编织线或铜排连接，且铜线与电缆头连接处应用力拧紧，以减小测量过程中的接触电阻。

11.4.5　注意事项

1.使用 QJ44 双臂电桥测试前一定要调零。

2.用 QJ44 双臂电桥测量电阻值时，G 按钮应间歇使用。

3.测量连接导线的电阻应不大于 0.01 Ω。测量其他直流电阻时，导线电阻不大于 0.05 Ω。

4.测量时，四端连接法的电位端 P_1、P_2 靠近被测电阻，电流端 C_1、C_2 分别接在 P_1、P_2 的外侧，次序不可颠倒。

第 12 章　电容器试验

12.1　测量绝缘电阻

12.1.1　试验目的

测量电容绝缘电阻，能够有效地检查出电容的绝缘整体受潮，部件表面受潮或脏污，以及贯穿性的集中性缺陷，如瓷件破裂、引线接壳、器身内有金属接地等缺陷。

12.1.2　试验方法

1. 仪器选择及原理介绍

选用兆欧表。

2. 试验接线

电容器两极短连之后引入到绝缘电阻表负极，电容器外壳与绝缘电阻表正极相连之后接地，具体接线可参照图 2-12-1 所示。

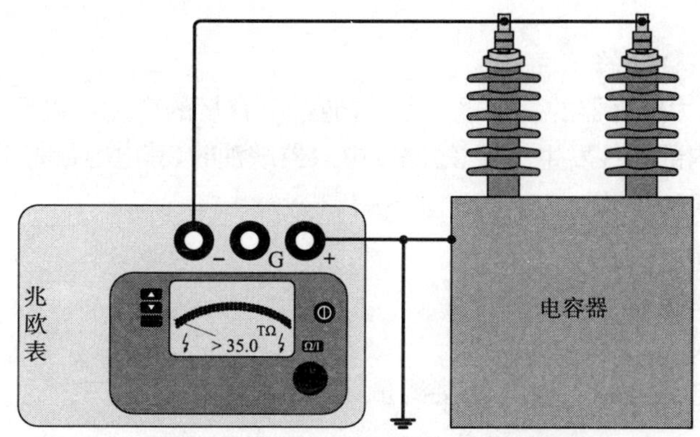

图 2-12-1　电容器绝缘电阻测试接线示意图

3. 试验步骤

(1)进行测试前将电极对地及极间充分放电。拆除电容器所有对外连线，用干燥清洁棉纱擦拭瓷套管表面。

(2)检查确认兆欧表状态良好。

(3)短接并联电容器两极，测试两极对外壳的绝缘电阻。

(4)对于耦合电容器，还应测量其极间绝缘电阻值。

(5)测量完毕后对电容器进行充分放电。

12.1.3　试验标准

高压并联电容器的绝缘电阻值不应低于 2 000 MΩ；耦合电容器的绝缘电阻不应低于 5 000 MΩ。

12.1.4　试验结果判断

如果试验环境湿度较大，瓷套管表面泄漏较大时，可加等电位屏蔽，屏蔽线接于兆欧表“G”端。

12.1.5　注意事项

1. 在测量电容器绝缘电阻前后都应对电容器进行充分的放电。

2. 使用手摇兆欧表读取数值后应在手柄转动的情况下断开“L”端连线，然后停止转动，以防止积聚电荷反馈放电而损坏仪表。

3. 操作时兆欧表应水平放置，接地线接地良好，用绝缘良好的导线作测试连线，“L”线与“E”线不能相碰，必要时把兆欧表放在绝缘垫上。

4. 对于运行中烧断熔丝的电容器，放电时应使用带大容量电阻的放电杆进行放电。严禁手拿地线直接放电，以防电击伤人。

12.2　测量电容值

12.2.1　试验目的

电容量是电力电容器的一个重要参数，通过电容量的变化可以反映出电容器内部状况，当电容器内部元件发生击穿、短路或电容器缺油时，其电容量将发生变化。

12.2.2　试验方法

1. 仪器选择

选用电容电感表测量。

2. 试验接线

试验时用电容电感表表笔直接测量，如图 2-12-2 所示。

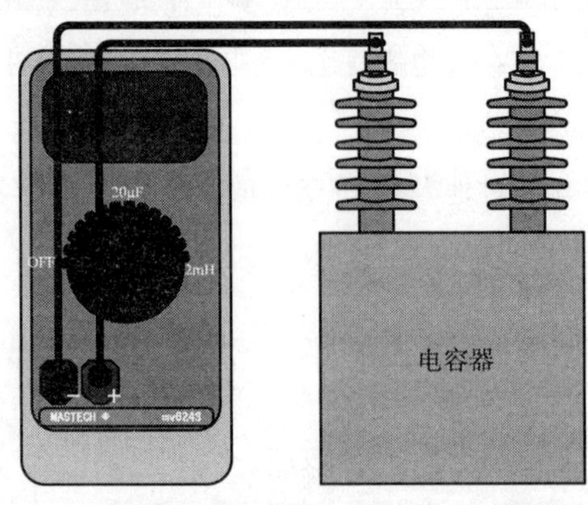

图 2-12-2　用电容电感表测量电容器电容量接线示意图

3. 试验步骤

(1)将被试电容器外接连线拆除干净。

(2)根据电容器铭牌标称电容量选择电容表的量程,选择量程应比标称电容量稍大一些。

(3)将电容表表笔接在电容器两极,然后进行测量。

(4)待电容表显示屏数值稳定后,再读取显示数值。

(5)测试完毕后,关闭电容表电源。

12.2.3　试验标准

电容值的偏差应在额定电容值的－5％～－10％范围内。

12.2.4　试验结果判断

测量值与标称值比较,电容值偏大,可能是电容器内部某些元件击穿;电容偏小,可能是内部元件松动,也可能是严重缺油等引起。

12.2.5　注意事项

注意测量接线方法不当将造成测量结果超差。

12.3　电容器交流耐压试验

12.3.1　试验目的

对电容器进行两级对外壳的交流耐压试验,能比较有效地发现油面下降、内部进入潮气、瓷套管损坏以及机械损伤等缺陷。

12.3.2　试验方法

1. 仪器选择

选用操作箱、升压变压器。

2. 试验接线

试验接线可参照图 2-12-3 所示。

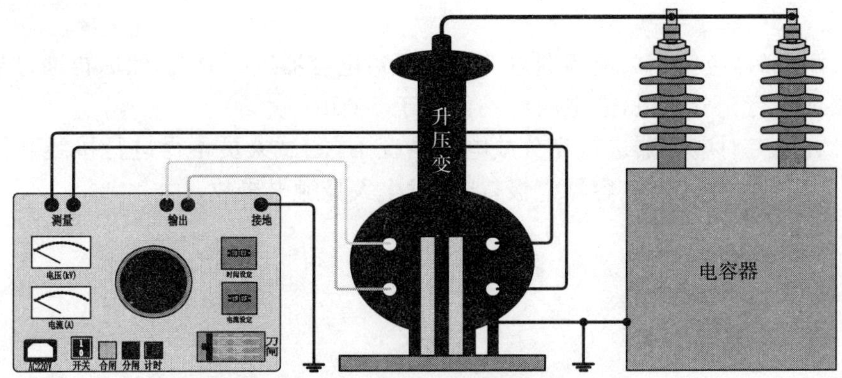

图 2-12-3　电容器耐压试验接线示意图

3. 试验步骤

(1)试验人员应穿好绝缘靴、戴好绝缘手套操作、站在绝缘垫上操作。

(2)连接试品,检查调压器是否在零位,零位开关是否正常。

(3)接线前应拆除被试设备的外部连线,用专用地线作良好接地,经工作负责人确认方可开始试验。

(4)接通电源后,试验负责人发出“将要合闸”命令,其他人员退行至防护围栏以外,指定操作人员合上闸刀开关,开机,操作者一只手应放在开关板旁边,另一手速度均匀地(2～3 kV/s)将电压升至试验标准电压,为了避免“容升现象”,以阻容分压器指示为准。开始计时(一般要求 1 min),时间到后,迅速均匀地将试验电压降至零,断开电源。试验过程中,其他试验人员应站在安全地带注意被试设备有无异常声音和弧光,如有异常现象,应高声呼喊“降压”,操作人应立即停止试验查找原因。

12.3.3　试验标准

(1)并联电容器电极对外壳交流耐压试验电压值,应符合表 2-9-1 的规定。

(2)当产品出厂试验电压值不符合表 2-12-1 的规定时,交接试验电压应按产品出厂试验电压值的 75%进行。

表　2-12-1

额定电压(kV)	<1	1	3	6	10	15	20	35
出厂试验电压(kV)	3	6	18/25	23/30	30/42	40/55	50/65	80/95
交接试验电压(kV)	2.25	4.5	18.76	22.5	31.5	41.5	48.75	71.25

注:斜线下的数据为外绝缘的干耐受电压。

12.3.4　试验结果判断

试验需求的试验变压器容量比较大,对于电容器组,可以分成几个小组进行,在规定的电压下 1 min 无异常现象出现即判定耐压通过。

12.3.5　注意事项

1. 耐压后,应使用放电棒通过放电电阻对电容器进行放电,然后再通过放电棒直接接地进行充分放电,放电时间不得小于 5 min。

2. 在没有对电容器进行充分放电的情况下,测试人员不得进行接线和拆除引线,严禁用手直接接触电容器电极,严防发生人身触电事故。

第 13 章　避雷器试验

13.1　测量金属氧化物避雷器及基座绝缘电阻

13.1.1　试验目的

金属氧化物避雷器由金属氧化物阀片串联组成，没有火花间隙和并联电阻。通过测量其绝缘电阻，可以发现内部受潮及瓷质裂纹等缺陷。

13.1.2　试验方法

1. 仪器选择

选择兆欧表。

2. 试验接线

以双节避雷器举例，其具体的测试接线可参照图 2-13-1 所示。

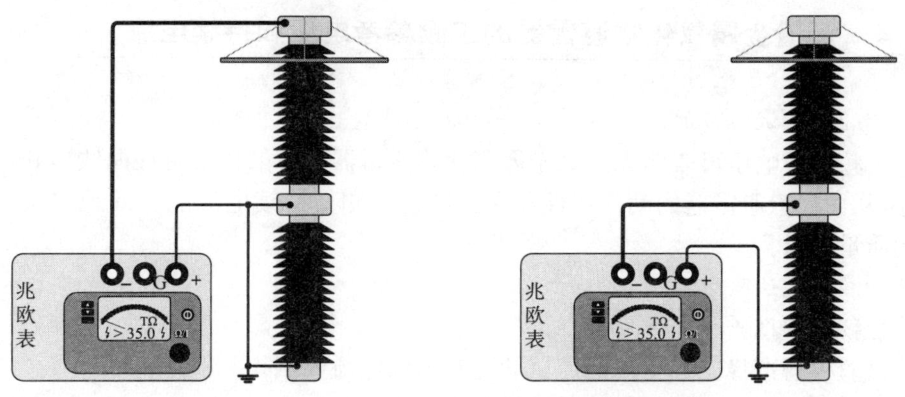

图 2-13-1　避雷器的绝缘电阻测试接线示意图

3. 试验步骤

(1)进行测试前应将避雷器所有对外的连线拆除，用干燥清洁的棉纱擦拭表面。

(2)为了安全，应将兆欧表放在绝缘垫上，操作人应站在绝缘垫上，工作负责人负责安全防护。

(3)如果试验环境湿度较大，瓷套管表面泄漏较大时，可加等电位屏蔽线接于兆欧表“G”端，屏蔽环可用软裸线在瓷套管靠近接线端子部位缠绕几圈(但不能碰上)。

(4)按“测试”键，至 60 s 时，记录绝缘电阻的数值(同时记录环境温度、湿度)。

(5)读取数值后，按“停止”键停止测试，仪表自动放电完毕后关闭电源。

13.1.3　试验标准

1. 35 kV 以上电压:用 5 000 V 兆欧表,绝缘电阻不小于 2 500 MΩ;

2. 35 kV 及以下电压;用 2 500 V 兆欧表,绝缘电阻不小于 1 000 MΩ;

3. 低压(1 kV 以下):用 500 V 兆欧表,绝缘电阻不小于 2 MΩ;

4. 基座绝缘电阻不低于 5 MΩ。

13.1.4　测量结果判断

将测量结果与标准要求进行比较,若测量数据偏差较大,分析环境影响因素。若空气相对湿度较大时,绝缘体由于毛细管的作用,吸收较多水分,使得导电率增加,绝缘电阻下降,湿度对于表面泄漏电流的影响更为明显,所以湿度也是影响绝缘电阻的因素之一,因此试验时应引起足够的重视并采取相应措施:如增加屏蔽环。

13.1.5　注意事项

兆欧表的引线要绝缘良好,还应与地绝缘,测量时"L"端与"E"端的引线不能碰在一起。如引线要经其他支持物连接时,支持物必须绝缘良好,否则影响测量准确性。

13.2　测量金属氧化物避雷器的工频参考电压和持续电流

13.2.1　试验目的

工频参考电压可表明无间隙金属氧化物避雷器阀片的伏安特性曲线饱和点的位置,从而检验避雷器的动作特性和保护特性。测量持续电流能有效地检验避雷器的质量状况。

13.2.2　试验方法

1. 仪器选择

试验仪器选择工频交流耐压试验器和泄漏电流测试仪。

2. 试验接线

参照图 2-13-2 进行接线测试(此处为上节试验)。

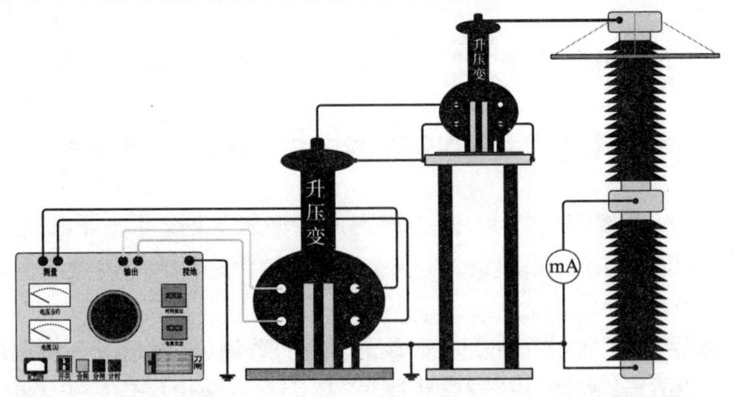

图 2-13-2　测量金属氧化物避雷器的工频参考电压和持续电流接线示意图

3. 试验步骤

(1)将避雷器上端连接线拆除。

(2)用柔软棉纱把避雷器瓷套擦拭干净。

(3)正确连接工频交流耐压试验器,用测试线连接高压输出端与避雷器上端。

(4)把泄漏电流测试仪串联在避雷器下端接地线中。

(5)合电源开关,匀速平稳地升电压到运行电压值。

(6)读取交流泄漏电流值与阻性电流。

(7)试验完成后,匀速下降电压至零,切断电源。

13.2.3　试验标准

1. 金属氧化物避雷器对应于工频参考电流下的工频参考电压,整支或分节进行的测试值,应符合国家标准《交流无间隙金属氧化物避雷器》(GB 11032)或产品技术条件的规定。

2. 测量金属氧化物避雷器在避雷器持续运行电压下的持续电流,其阻性电流或总电流值应符合产品技术条件的规定。

13.2.4　测量结果判断

对于良好的金属氧化物避雷器,在正常运行电压下交流泄漏电流很小,且主要为容性电流,当阻性电流增大很多说明绝缘已经劣化。

13.2.5　注意事项

试验前应进行过压保护整定,以免电压过高损坏设备绝缘。

13.3　测量金属氧化物避雷器直流参考电压和 75% 直流参考电压下泄漏电流

13.3.1　试验目的

测量其直流参考电压 U_{1mA} 及 75%U_{1mA} 电压下的泄漏电流是为了检查其非线性特性及绝缘性能,检验避雷器的动作特性和保护特性。

13.3.2　试验方法

1. 仪器选择

直流耐压和泄漏电流试验选择直流高压发生器。

2. 试验接线

一般情况下,双节避雷器分两次进行试验,上节避雷器试验接线如图 2-13-3 所示,下节避雷器试验接线如图 2-13-4 所示。

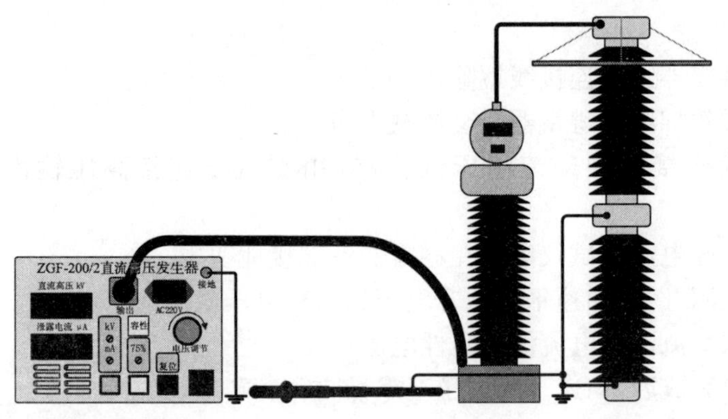

图 2-13-3　避雷器参考电压及泄漏电流测试接线示意图 1(上节)

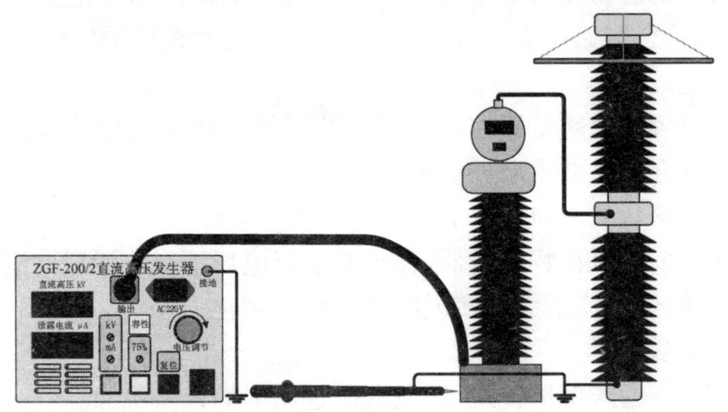

图 2-13-4　避雷器参考电压及泄漏电流测试接线示意图 2(下节)

3. 试验步骤

(1)试验人员应穿好绝缘靴、戴好绝缘手套操作、站在绝缘垫上操作。

(2)将调压器置零位，微安表置于最大量程(2 mA 挡)。

(3)接通电源后，试验负责人发出“将要合闸”命令，指定操作人员合上闸刀开关。开机，操作者一只手放在开关板旁边随时准备拉闸，另一手徐徐升高电压，升压速度为 2 kV/s，升压过程中，应随时呼喊电压数值。当泄漏电流达到 1 000 μA 时读取直流参考电压值 U_{1mA}，然后降低电压到 75%U_{1mA} 时读取此时的泄漏电流。测试完毕迅速将调压器恢复零位，切断电源，用放电棒将被试品充分放电，并将放电棒挂在高压输出端，才可宣布“高压已断开”。才能允许其他工作人员进入围栏工作。

13.3.3　试验标准

1. 金属氧化物避雷器对应的 1 mA 泄漏电流下的直流参考电压和 75%U_{1mA} 电压下的泄漏电流应符合产品技术条件的规定。实测值与制造厂规定值比较，变化不应大于 5%。

2. 0.75 倍直流参考电压下的泄漏电流值不应大于 50 μA，或符合产品技术条件的规定。试验时若整流回路中的波纹系数大于 1.5%时，应加装滤波电容器，可为 0.01～0.1 μF，试验电压和泄漏电流应在高压侧测量。

13.3.4　测量结果判断

将测量的 U_{1mA} 电压值与初始值比较，变化不应大于 5%，0.75U_{1mA} 电压下的泄漏电流不应大于 50 μA，也就是说在电压降低 25%时，合格的金属氧化物避雷器的泄漏大幅降低，从 1 000 μA 到 50 μA 以下。若 U_{1mA} 电压下降或 0.75U_{1mA} 下泄漏电流明显增大，就可能是避雷器阀片受潮老化和瓷质有裂纹。

13.3.5　注意事项

1. 试验中直流电压的脉动系数要小，否则会导致测量结果不准确。

2. 高压连接导线对测量结果影响较大，测量时增加导线对地距离、采用带屏蔽的导线等都是减小导线影响的措施。

3. 当空气湿度大时，表面泄漏电流增加，影响测量结果。解决方法为，测试前对被试设备进行擦拭和电吹风吹干。

4. 温度对试验结果影响较大，温度每升高 10 ℃，U_{1mA} 降低 1%，必要时进行换算。

5. 在观察微安表时，人员必须与高压设备、高压引线保持足够的安全距离。

6. 在试验结束后或试验中更换接线，必须将调压旋钮回零，断开试验电源，充分放电后再进行。

13.4　检查放电计数器动作情况及监视电流表指示

13.4.1　试验目的

检查放电计数器动作是否正常，放电计数器在运行中可以记录避雷器是否动作及动作的次数，以便积累资料，分析电力系统过电压情况，它是避雷器的重要配套设备。

13.4.2　试验方法

1. 仪器选择

记数器动作试验器或用一个 1 000 V 或 2 500 V 绝缘电阻表给一个电容量约为 5～10 μF 的电容器充电，然后用电容器通过放电计数器放电，记数器应当动作。

用电压源或者将标准毫安表、电阻器和调压器串联进放电计数器回路，检查电流表指示应正常。

2. 试验接线

普通放电计数器可采用如图 2-13-5 所示方式测试放电计数器的动作情况，对于带泄漏电流指示的放电计数器可采用在回路中串联标准电流表的方式进行比对放电计数器上的电流显示情况，如图 2-13-6 所示。

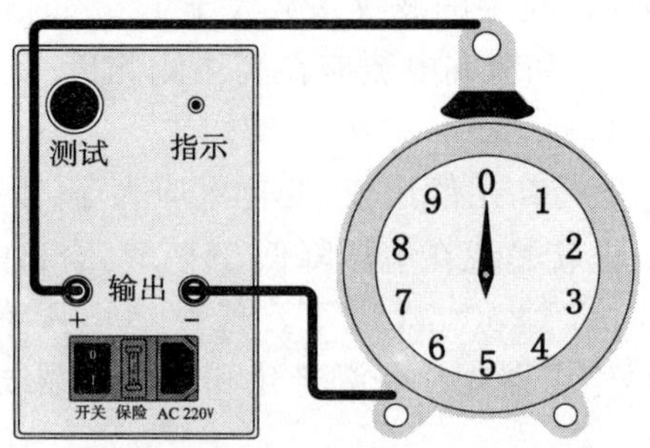

图 2-13-5　避雷器计数器测试接线示意图

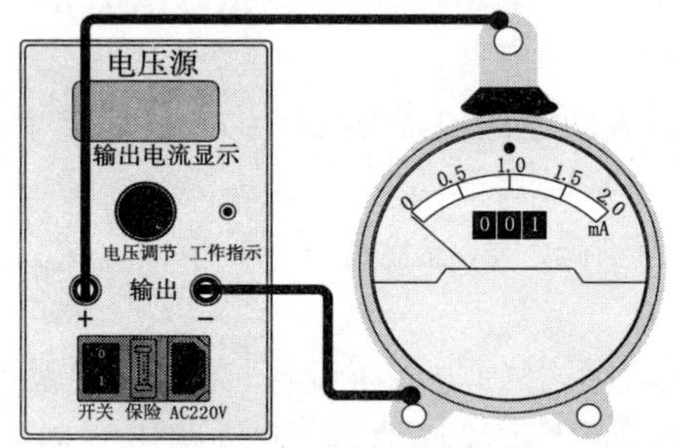

图 2-13-6　避雷器泄漏电流表测试接线示意图

3. 试验步骤

(1)将电源线接好后，检查仪器及接线是否正确，确认无误后才可进行试验。

(2)连续测试 3～5 次，每次应正常动作，每次时间间隔不小于 30 s，测试后计数器应调到 0 或统一数值。

(3)调节回路电流，检查被测量仪表指示应正常。

13.4.3　试验标准

检查放电计数器的动作可靠性，避雷器监视电流表指示应良好。

13.4.4　注意事项

检验完毕后，立即关掉电源，才能拆除接线。测试中或电源关闭前，操作人员不能触碰测试线非绝缘部分，以免造成人身事故。

第14章　接地装置试验

14.1　接地阻抗的测试

14.1.1　试验目的

电力设备的接地是保证人身安全及电力设备正常工作的重要部分，近年来由于电力设备的接地问题引起的设备事故时有发生，应特别引起注意，故必须测量接地阻抗。

检查接地装置的接地阻抗是否满足设计要求。检查各电气设备接地的完整性是否满足安全运行要求。

14.1.2　试验方法

1. 仪器选择

ZC-8 接地电阻测试仪、交流接地阻抗测试仪。

2. 试验接线

夹角法测试接地阻抗测试接线如图 2-14-1 所示，直线二分之一法测试接线如图 2-14-2 所示。

3. 试验步骤

(1)直线法

电流桩、电压桩与待测接地装置呈直线。通常电流桩 C 与被试接地装置边缘的距离 d_{CG}应为地网对角线长度的 4～5 倍；电压桩 P 与被试接地装置边缘的距离 d_{PG}通常为(0.5～0.6)d_{CG}。在放线时，应使电流线和电压线保持尽量远的距离，以减小电磁耦合对测试结果的影响。应尽量减小电流桩电阻，如果必要可浇水降低电阻。用仪器“电流桩”或“电压桩”方式测量，电流桩电阻应小于 80 Ω，电压桩应小于 200 Ω。

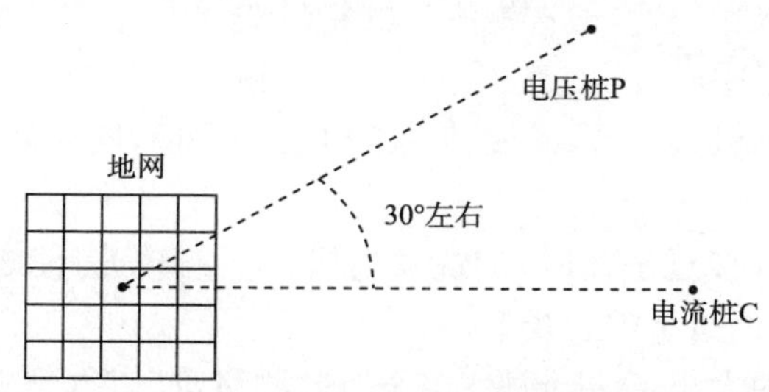

图 2-14-1　30°法测接地阻抗接线示意图

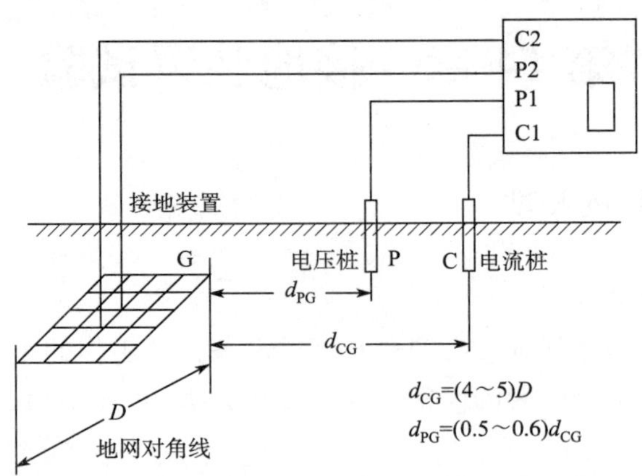

图 2-14-2　二分之一法测接地阻抗接线示意图

(2)夹角法

一般情况下,大型接地装置接地阻抗的测试都采用电流电压线夹角布置的方式。通常电流桩 C 与被试接地装置边缘的距离 d_{CG} 应为地网对角线长度的 4～5 倍;d_{PG} 的长度和 d_{CG} 相近。接地阻抗公式可用下式修正:

$$Z=\frac{Z'}{1-\frac{D}{2}\left[\frac{1}{d_{PG}}+\frac{1}{d_{CG}}-\frac{1}{\sqrt{d^2_{PG}+d^2_{CG}-2d_{PG}d_{CG}\cos\theta}}\right]} \tag{2-31}$$

式中,θ——电流线和电压线的夹角;

Z'——接地阻抗的测试值。

如果土壤电阻率均匀,可采用 d_{PG} 和 d_{CG} 相等的等腰三角形布线,此时 θ 约为 30°,$d_{PG}=d_{CG}=2D$ 接地阻抗的修正计算公式仍为上式。

(3)用 ZC-8 接地电阻表测量的方法

①按照所采用的试验方法准确将连线接于探测针上。

②将导线根据仪器的要求接于仪表相应的端钮上。

③将仪表放置水平位置,检查检流计的指针是否指于中心线上(即"0"线),否则调整零位指针指于中心线。

④将"倍率"置于最大倍数,慢慢转动发电机的手柄,同时旋动"测量盘"使检流计指针指于中心线。

⑤当检流计指针接近平衡时,加快发电机手柄的转速,使之达到 120r/min 以上,调整测量盘使指针指于中心线上。

⑥观察测量值的大小,逐步调整"倍率"和"测量盘"以得到准确读数,"测量盘"读数乘以"倍率"即为所测的接地电阻值。

⑦测量复杂接地体地阻,应多选几点(5 点以上)。记录该值及天气、环境条件等。

14.1.3　试验标准

测试结果应符合设计要求。

14.1.4　注意事项

1. 雷雨天气不得进行测量工作。

2. 当用 0/10/100 Ω 四端钮仪表测量小于 1 Ω 的接地电阻时，应将 C_2、P_2 间的连片打开，分别将导线连接到被测接地体上，以消除连接导线造成的测量误差。

测量时若检流计的灵敏度过高，可将电位探测针插入浅一些，当检流计的灵敏度不够时，可沿电位探测针和电流探测针注水使其所接触的土壤湿润。

3. 在选择地形时需考虑土质不均匀的影响，例如地上水和地下水的影响。注意周围环境的影响，主要是电磁场的干扰，应尽量避免架空线路及漏磁较大的电气设备的影响。注意地下环境的影响，如尽量避开地下金属管道、地下电缆、其他接地等。避免其他的影响，如放置的导线不能绞在一起，电流极和电压极要分开，导线接头要牢固，探测极周围要填实等。

4. 被测量点应清除干净，必要时用锯条或砂布打磨光洁，将导线牢固地接好。

5. 测量时，被测接地装置应与避雷线断开。

14.2　接地网的完整性测试

14.2.1　试验目的

接地装置的电气完整性是指接地装置中应该接地的各种电气设备之间、接地装置的各部分及与各设备之间的电气连接性，即直流电阻值，也被称为电气导通性。电力设备的接地引下线与地网的可靠、有效连接是设备安全运行的根本保障。接地引下线是电力设备与地网的连接部分，在电力设备的长时间运行过程中，连接处有可能因受潮等因素影响，出现节点锈蚀、甚至断裂等现象，导致接地引下线与主接地网连接点电阻增大，从而不能满足电力规程的要求，使设备在运行中存在安全隐患，严重时会造成设备失地运行。

14.2.2　试验方法

1. 仪器选择

接地电阻测试仪或钳形接地电阻测试仪。

2. 试验接线

将输出端 C_1、P_1 引至一设备接地点，输出端 C_2、P_2 引至另一设备接地点，具体测试接线如图 2-14-3 所示。

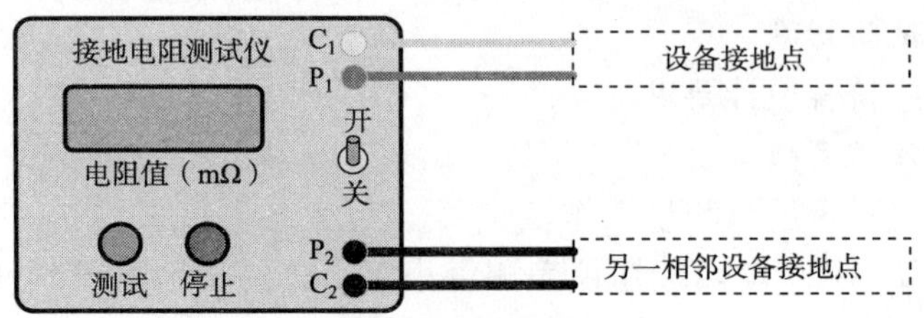

图 2-14-3　接地网的完整性测试接线示意图

3.试验步骤

(1)将“电源选择”开关置于相应位置。

(2)按“测试”键进行接地电阻的测试。

(3)当数达到稳定时,按“停止”键停止测试。

(4)从仪器显示屏上读出测试数据并记录后,关断仪器电源。

14.2.3　试验标准

同一接地网中各相临设备接地线间的直流电阻不应大于 0.2 Ω。

14.2.4　注意事项

1.为满足测量精度要求,测试线的直流电阻不应大于 0.05 Ω。

2.被测量点应清除干净,必要时用锯条或砂布打磨光洁,将导线牢固地接好。

3.测量时,测试地点不应有电气焊人员作业。

4.雷雨天气,严禁做测试。

第 15 章　保护装置单体试验

15.1　装置的外观检查

15.1.1　试验目的

进行新安装装置的检验，首先外观状态良好是判断装置能否运行的第一步。

15.1.2　试验方法

保护装置外观如图 2-15-1 所示。

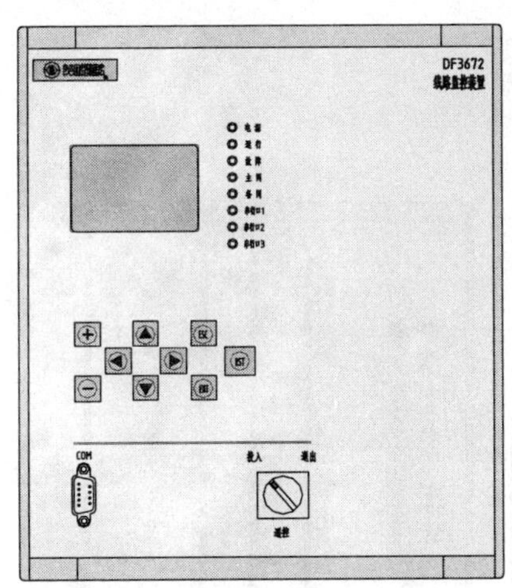

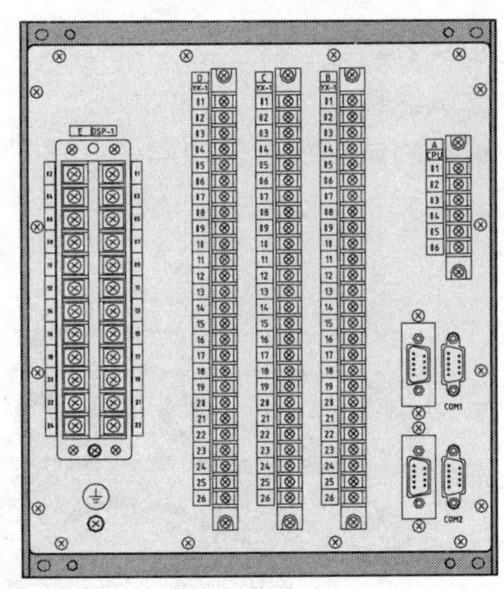

图 2-15-1　保护装置外观图

1. 检查保护装置的各部件固定是否良好，无松动现象，装置外形应端正，无明显损坏及变形现象，切换开关、按钮应操作灵活、手感良好。

2. 检查保护装置连接导线的颜色、线径或连接方式等是否符合产品标准及有关的要求。

3. 检查保护装置的铭牌、标志和端子号是否符合标准规定的要求，是否正确、清晰、齐全。

15.1.3　试验标准

装置的配置、型号、额定参数(直流电源额定电压、交流额定电流、电压等)是否与设计相符合。

主要设备、辅助设备的工艺质量，以及导线与端子采用材料的质量是否符合设计。

15.1.4 注意事项

试验过程中,应避免损坏装置内部元器件。

15.2 保护装置绝缘测试

15.2.1 试验目的

检验保护装置各回路的绝缘状况,保证其绝缘裕度能够承受一定的过电压能力从而确保装置安全可靠运行。

15.2.2 试验方法

1.仪器选择

兆欧表。

2.试验接线

绝缘测试接线可参照图 2-15-2 所示。

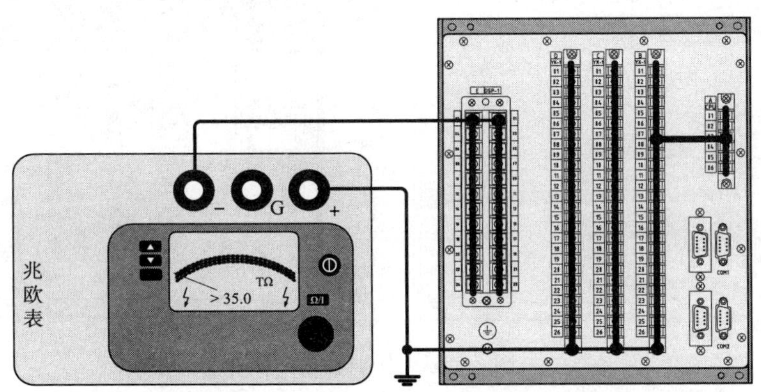

图 2-15-2 保护装置绝缘测试接线示意图

3.试验步骤

(1)按照保护装置的技术说明书拔出不能承受高压的插件。

(2)在保护屏端子处分别短接交流电压回路端子、交流电流回路端子、直流电源回路端子、跳闸和合闸回路端子、开关量回路输出端子、自动化系统接口回路端子及信号回路端子。

(3)断开与其他保护的弱电联系回路。

(4)装置内所有互感器的屏蔽层应可靠接地。在测量某一组回路对地绝缘电阻时,应将其他各组回路都接地。

(5)用 500 V 兆欧表测绝缘电阻,测试后,应将各回路对地放电。

15.2.3 试验标准

用 500 V 兆欧表测量绝缘电阻阻值均大于 20 MΩ。

15.2.4　注意事项

1.断开直流电源后才允许插、拔插件，插、拔交流插件时应防止交流电流回路开路。

2.因检验需要临时短接或断开的端子，应逐个记录，并在试验结束后及时恢复。

3.在进行接线或换线时，必须首先断开电源后才能进行作业。

15.3　保护装置上电检查

15.3.1　试验目的

检验保护装置内部参数设置的正确性。

15.3.2　试验方法

1.仪器选择

数字万用表、稳定的电源。

2.接线

将可调的直流电源的输出端接入保护装置的电源端子处。

3.试验步骤

(1)打开装置电源，装置自检后，应能正常工作。

(2)按照装置技术说明书描述的方法，检查并记录装置的硬件和软件版本号、检验码等信息，校对时钟。

15.3.3　试验标准

装置的硬件和软件版本号、检验码等信息符合设计要求。

15.3.4　注意事项

1.操作时精力集中，一旦发现异常情况，立即断开电源，查明原因排除故障后继续试验。

2.试验人员接触、更换芯片时，应采用人体防静电接地措施，以确保不会因人体静电而损坏芯片。

15.4　保护装置的逆变电源检查

15.4.1　试验目的

检验保护装置在电源电压波动的情况下的适应能力。

15.4.2　试验方法

1.仪器选择

标准电压表，可调直流电源。

2. 仪器接线

将可调直流电源输出端接到保护装置的电源端。

3. 试验步骤

(1)用可调直流电源接到装置的电源端子上，合上装置逆变电源插件上的开关将直流电源电压由 0 缓慢上升到 80％额定电压下，此时逆变电源插件面板上的电源指示灯应亮。

(2)固定试验直流电源为 80％额定电压值，拉合直流开关，逆变电源应可靠启动。

(3)装置处于正常工作状态，拉合直流电源，装置应无异常信息。

15.4.3 试验标准

试验过程中，逆变电源要可靠启动。

15.4.4 注意事项

1. 试验时，要求插入全部插件。

2. 操作时精力集中，一旦发现异常情况，立即断开电源，查明原因，排除故障后继续试验。

15.5 保护装置的开入、开出量检查

15.5.1 试验目的

检验保护装置开入、开出接线功能的正确性。

15.5.2 试验方法

1. 仪器选择

数字万用表。

2. 试验接线

将万用表打到通断挡接入保护装置的开出接点进行监视。

3. 试验步骤

(1)在保护屏柜端子排处，按照装置说明书，对所有引出端子排的开关量输入回路依次加入激励量(用短连线短接)，同时打开保护的开关量状态，监视液晶屏幕上显示的开关量变位情况。

(2)在保护屏端子排处，按照施工图纸和装置说明书，用万用表通断档测试保护装置的开出回路，在保护装置的传动控制界面依次操作每个开出传动接点，然后依次观察装置已经投入使用的输出触点及输出信号的通断状态。

15.5.3 试验标准

试验过程中，开入、开出量动作正常。

15.5.4 注意事项

模拟开关量变位时要确认好所在端子的位置，不能够短连出错。以防把高电

压短入低电压回路而损坏被测试设备。

15.6　保护装置的模数变换功能检查

15.6.1　试验目的

检验保护装置的采样值是否满足装置的技术条件的规定。

15.6.2　试验方法

1. 仪器选择

装置调试选择三相继电保护测试仪，有稳定的电源。

2. 试验接线

分别将三相继电保护测试仪三相电压、三相电流输出线接入保护控制盘内部，并断开外部接线，具体接线可参照图 2-15-3 所示。

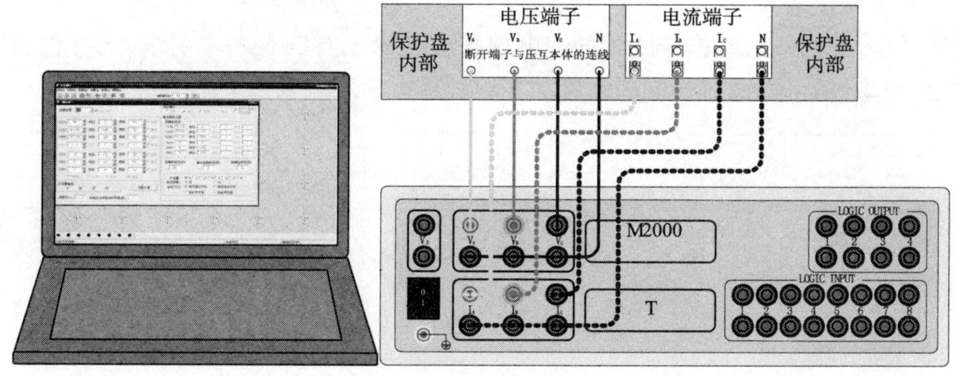

图 2-15-3　保护装置单体调试接线示意图

3. 试验步骤

(1)检验零点漂移，要求装置不输入交流电压、电流量，观察装置在一段时间内的零漂值是否满足装置技术条件的规定。

(2)模拟量输入幅值特性检验：在保护装置上加三相电流、电压检验采样数据(与外回路断开)，调整输入交流电压分别为 20%、40%、60%、80%、100%U，电流分别为 0.1I_n、0.5I_n、I_n、4I_n，要求保护装置采样显示正常且基本误差应不大于 1%。

(3)模拟量输入相位特性检验，将交流电压和交流电流均加至额定值，进入保护查看相角采样，调节电流、电压相位，当同相别电压和电流相位分别 0°、45°、90°时装置显示值正常且应不大于 3°。

15.6.3　试验标准

检验装置的零点漂移，输入电压电流的精度符合装置的技术条件规定。

15.6.4 注意事项

1. 二次加压时一定要断开压互二次侧与电压互感器的连接线，防止电压反送到电压互感器一次侧。

2. 二次加流电流时断开与电流互感器的连接线，并确保三相继电保护测试仪与保护装置的回路畅通，不允许有断开点，以防损坏测试设备。

15.7 保护装置整定值的整定与测试

15.7.1 试验目的

检验保护装置定值整定功能和测定动作特性。

15.7.2 试验方法

1. 仪器选择

装置调试选择三相继电保护测试仪，以及有稳定的电源。

一般情况下，对动作于跳闸的继电保护在技术上有四个基本要求：选择性、速动性、灵敏性、可靠性。其保护装置动作原理可概括地画成以下结构：

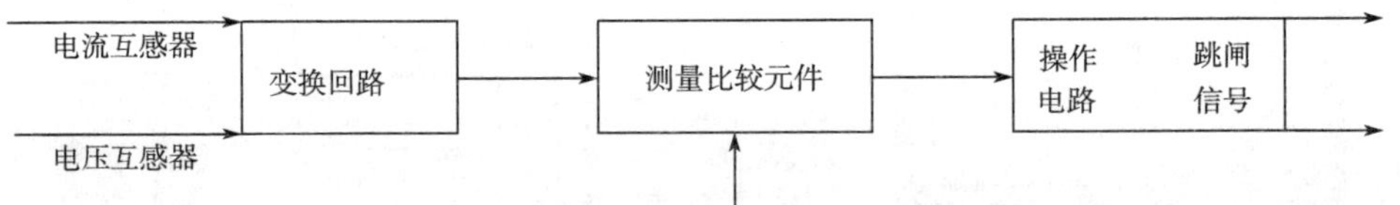

变换元件——将电流互感器、电压互感器二次侧的电流、电压变换为测量比较元件所需的输入量。

测量比较元件——电流继电器、阻抗继电器等，当被测量符合整定值条件时，测量比较元件动作。

操作电路——实现一定控制要求的直流电路，经过它去接通所需要的跳闸电路和信号电路。

2. 试验接线

将测试仪的电流输出端“I_a”、“I_b”、“I_c”分别与保护装置的电流端子“I_1”、“I_2”、“I_3”(极性端)相连，再将保护的“I_1'”、“I_2'”、“I_3'”(非极性端)短接后接回测试仪的电流输出端“I_n”。将测试仪的电压输出端“U_a”、“U_b”、“U_c”分别与保护装置的交流电压“U_1”、“U_2”、“U_3”(极性端)相连，再将保护的“U_1'”、“U_2'”、“U_3'”(非极性端)短接后接回测试仪的电压输出端“U_n”。将保护的跳闸出口触点(非保持)与测试仪的开入触点“1”相连。如图 2-15-4 所示。

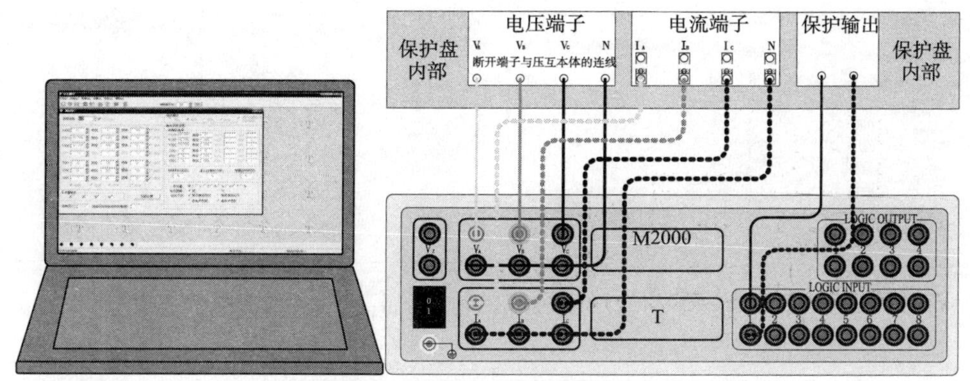

图 2-15-4　保护装置整定值的整定与测试接线示意图

3. 试验步骤

(1)线路保护装置试验

用光纤将两台保护装置互联，将装置内的本侧编号和对侧编号设定为相对应的号，如果只有单台保护装置，需自环，将本侧编号和对侧编号设为一致即可。

①差动保护试验

投入“分相差动”、“差动总投入”压板，使用测试仪按照上图接线方式接线，接入仪器“任意测试界面”加入分相差动电流定值的一半(仅适用于自环方式)的1.05 倍，故障时间设置为 100 ms，保护即可动作(注意加入的电流量，必须大于启动定值)。查看装置面板的报文，与实际相符。单击“显示矢量图及测试结果”动作时间不应大于 40 ms，重复试验三次，计算平均值，做好记录。同理测出 I_2、I_3 动作值。

用测试仪只需加入分相差动电流定值的一半的 0.95 倍，故障时间设置为 100 ms，保护可靠不动作。其保护测试界面如图 2-15-5～图 2-15-7 所示。

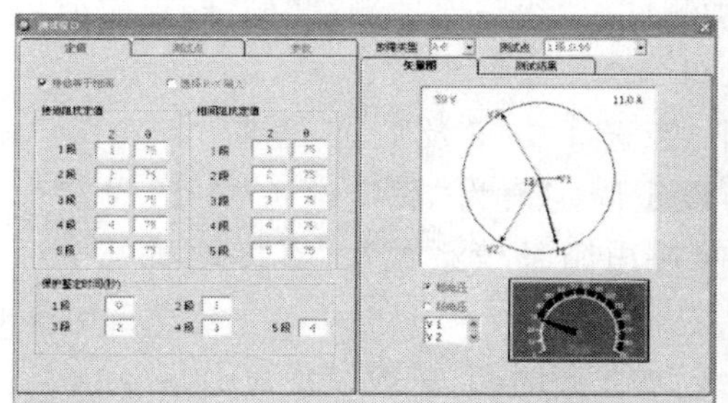

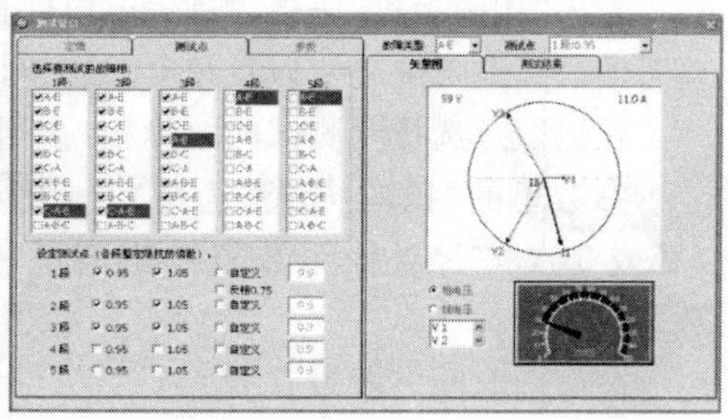

图 2-15-5　线路保护测试界面(一)

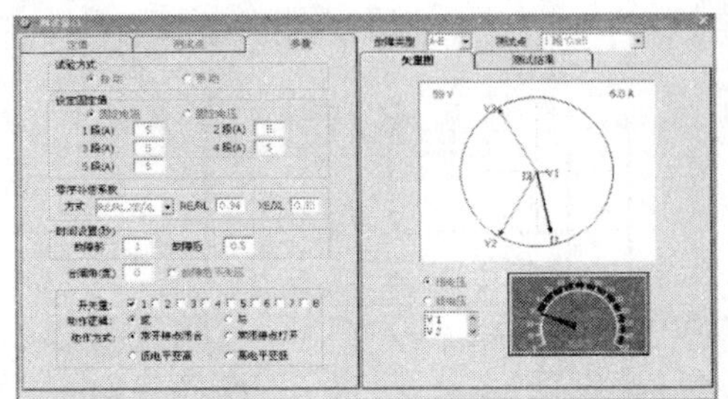

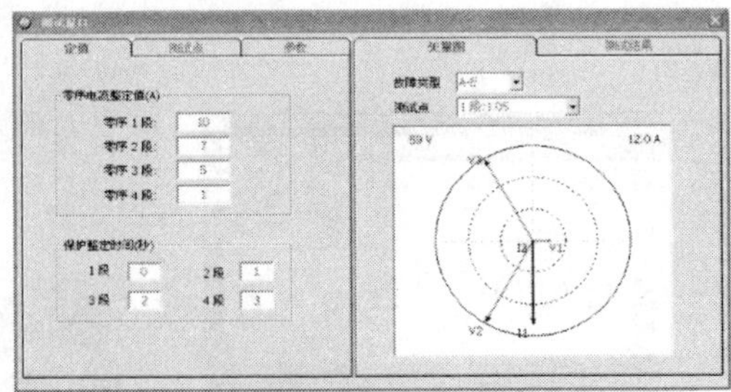

图 2-15-6　线路保护测试界面(二)

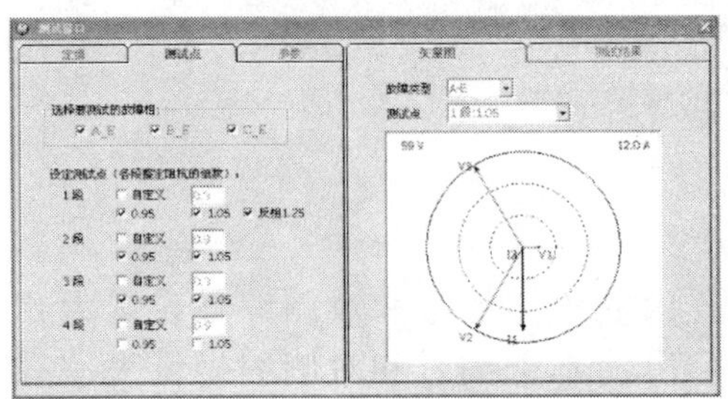

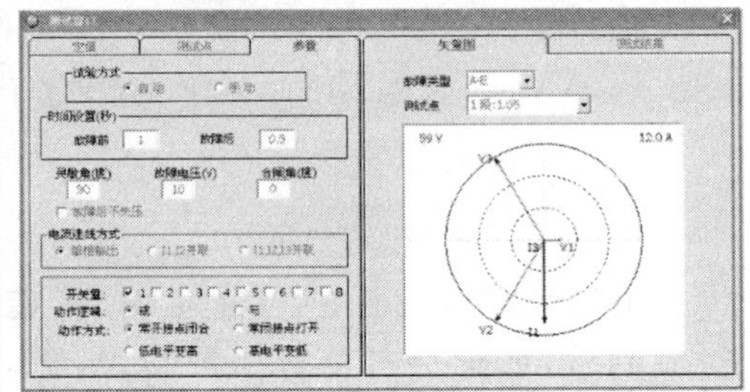

图 2-15-7　线路保护测试界面(三)

零差试验同相差试验,只是需注意零差Ⅰ段有 100 ms 延时(防止开关合闸时三相不一致,引起保护误动),单相故障,可以单跳出口。零差Ⅱ段延时 250 ms,保护三跳。

退出“分相差动”压板,投入“零序差动”压板。(零差Ⅰ段定值等于分差定值,零差Ⅱ 段定值等于零差定值,零差定值应小于或等于分差定值)

保护试验应模拟实际运行状态,必须在合位进行故障试验模拟,不考虑分位时候的故障模拟,因为实际运行时不存在分位有故障。

②距离保护试验

投入“相间距离”压板。进入继电保护测试仪“线路保护测试”的“距离定值校验”,输入接地阻抗定值以及角度,输入时间。

在测试点选择要测试的故障相,在测试点选择 0.95 及 1.05 倍率。

参数里的“试验方式”选择“自动”,设定固定值为“固定电流”一般设定为 1 A或 5 A,零序补偿系数根据定值里“零序电阻补偿系数”、“零序电抗补偿系数”输入。

故障前时间一般设置为大于“TV 断线”的复归时间,一般设置为 18 s。

用测试仪加入相间本段距离阻抗定值(Z_{zd})的 0.95 倍故障量,且电压超前电流的角度为线路正序阻抗角(ϕ_{zd}),本段保护可靠动作,查看装置面板的报文,与实际相符。

用测试仪加入相间本段距离阻抗定值(Z_{zd})的 1.05 倍故障量，且电压超前电流的角度为线路正序阻抗角(ϕ_{zd})。本段保护可靠不动作。

相间距离反向可靠不动作。

③零序保护试验

投入“零序Ⅰ段”、“零序Ⅱ段”、“零序总投”压板(投入零序保护，必须投零序总投压板，投入零序总投压板，零序Ⅲ段，零序Ⅳ段自动投入，如需退出Ⅲ段，Ⅳ段可将时间设为最大)。

进入继电保护测试仪“线路保护测试”的“零序定值校验”，输入零序定值。

整定时间大于设定定值时间即可。

灵敏角度为故障角度，根据定值设置。

用测试仪加入零序电流定值(I_{01})1.05 倍的故障量，本段保护可靠动作。查看装置面板的报文，与实际相符。

用测试仪加入零序电流定值(I_{01})0.95 倍的故障量，本段保护可靠不动作。

零序各段保护都可投入方向，且其灵敏角固定为－110°，其动作区域为 150°(其角度为 $3U_0$与 $3I_0$的夹角)。

(2)主变差动保护试验

①差动启动值/差速断测试

依照试验接线，将测试仪的输出端子 I_A，I_B，I_C与保护装置连好，打开继电保护测试仪电源，进入“任意测试”，故障类型选择“任意”，测试模式选择“触发”，“故障前时间”和“故障后时间”均为 0，“最长故障时间”整定大于定值即可，I_A输入 0.95 倍差动电流定值，单击“开始测试”，保护不动作，I_1输入 1.05 倍差动电流定值，单击“开始测试”差动保护跳闸指示灯亮，断路器跳闸成功，单击“显示矢量图及测试结果”动作时间不应大于定值 30 ms，重复试验三次，计算平均值，做好记录。

②比率制动系数及制动曲线

以单相 V/V 变压器差动为例

继电保护测试仪的 I_A相接入保护装置的 Ih_A端，继电保护测试仪 I_B相接入保护装置的 I_a端，开关量 1 口与保护装置的出口常开接点连接 C_{01}、C_{02}，打开继电保护测试仪，进入“特殊测试”的“电铁差动比例制动(三相)”

“变压器接线方式”选择“单向 V/V 接线变压器”，计入“参数”设置，高低压侧绕组匝数比：$K=\dfrac{W_1}{W_2}$，输入实际的“高压侧 CT 变比”和“低压侧 CT 变比”，单击“测试”，就会在“显示制动曲线”里显示差动的曲线图，如图 2-15-8 所示。

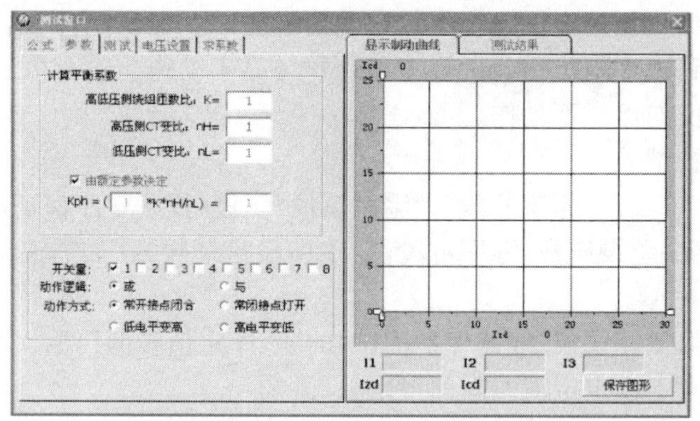

图 2-15-8　比率差动保护测试界面

③手动搜索法

首先根据定值，每段曲线至少选择两个点，计算出施加的高低压电流值，计算方法如下：单相 V/V 变压器

A 相差动电流 $I_{cd}=\left|\dot{I}_A+\frac{nT_2}{KnT_1}\dot{I}_a\right|$，A 相制动电流 $I_{zd}=\frac{1}{2}\left|\dot{I}_A-\frac{nT_2}{KnT_1}\dot{I}_a\right|$

比率制动曲线如图 2-15-9 所示，其中 I_{cd}、I_{zd}为 A 相差动电流、A 相制动电流。

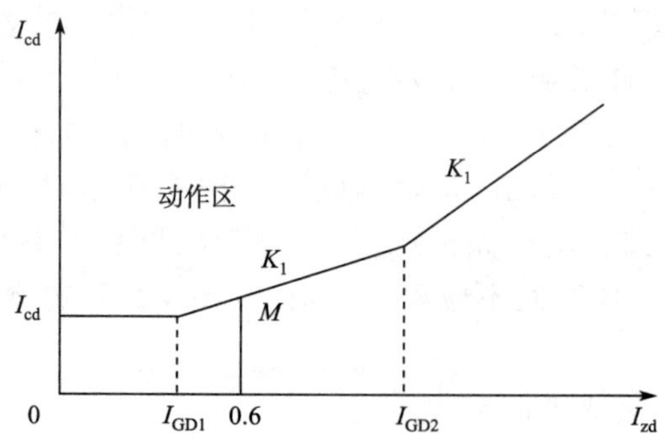

图 2-15-9　比率制动曲线图

I_{CD}为比率差动电流，I_{GD1}为拐点 1 电流，I_{GD2}为拐点 2 电流，K_1为比率制动系数 1，K_2为比率制动系数 2，这样就能算出任意一点的 I_{cd}、I_{zd}，假定 I_{CD}：0.11，I_{GD1}：0.45，I_{GD2}：0.91。

M 点的值 $I_{zd}=0.6$

$$I_{cd}=I_{CD}+K_1(I_{zd}-I_{GD})=0.11+0.4(0.6-0.45)=0.17$$

则：$0.17=I_A+kI_a$

$0.6=1/2(I_A-kI_a)$

$k=0.5$（I_A与 I_a电流方向相反）

I_A=0.685

I_a=1.03

④部分试验失败原因分析

a.边界点搜索失败

原因一:测试仪输出端接线错误——在差动边界搜索试验中,测试仪默认的输出端为 I_a、I_b、I_c在本例试验中不参与。

原因二:装置电流端子接线极性错误,或保护对象中“CT 极性定义”选择错误——导致差动电流的计算值与差动公式不符。

b.部分搜索边界点落到误差曲线之外

原因一:测试项目中分辨率设置过大——建议 I_n=1 A 时,分辨率设 0.002;I_n=5 A时,分辨率设 0.01。

原因二:特性定义中误差范围设置过小——建议≥3%。

原因三:谐波引起的差动动作——配置字投入谐波闭锁功能。

原因四:装置本身测量精度不准。

原因五:配置字中未投入正确的变压器类型,或同时投入了其他变压器接线类型。

c.个别边界点搜索失败

此类现象多发生于拐点处,建议引入试验参数时避开拐点;或增大试验参数中的“输出间断时间”后重新搜索。

(3)主变后备保护试验

①低压启动三相过流保护

进入“任意测试”,故障类型选择“任意”,测试模式选择“手动”,给装置施加额定电流与额定电压,观察装置一次、二次显示值是否正确,是否超差。

进入“任意测试”,故障类型选择“任意”,测试模式选择“触发”,“故障前时间”和“故障后时间”均为 0,“最长故障时间”整定大于定值即可,V_A输入正常电压 100 V,V_B输入正常电压 100 V,I_1输入 1.05 倍电流值时保护装置不动作。

V_A输入电压值低于低压定值,V_B输入正常电压值,I_1输入 0.95 倍过电流定值,单击“开始测试”,保护不动作,I_1输入 1.05 倍电流定值,单击“开始测试”过流保护跳闸指示灯亮,断路器跳闸成功,单击“显示矢量图及测试结果”动作时间不应大于定值 40 ms,重复试验三次,计算平均值,做好记录。

②过负荷保护

退出其他保护只投入过负荷保护,进入“任意测试”,故障类型选择“任意”,测试模式选择“触发”,“故障前时间”和“故障后时间”均为 0,“最长故障时间”整定大于定值即可,I_1输入 0.95 倍电流定值,单击“开始测试”,保护不动作,I_1输入 1.05 倍电流定值,单击“开始测试”过负荷保护跳闸指示灯亮,保护动作,单击“显示矢量图及测试结果”动作时间不应大于定值 40 ms,重复试验三次,计算平均值,做好记录。

③三相失压保护试验

三相失压保护采用复合判据,装置判断出高压侧三相电压低于失压定值、低压侧两相电压也低于失压定值、此时高压侧三相电流无电流、高压侧断路器在合位且高压侧没有 PT 断线,则延时跳闸。

依照试验接线,将测试仪的输出端子与保护装置连好,进入“任意测试”,故障类型选择“任意”,测试模式选择“自动”,“变化相”选择“V_1、V_2、V_3”,“参数设置”里“电压终值”为 0,“电压步长”为 0.5 V,“变化时间”设置大于设计定值,U_1、U_2、U_3输入 57.7 V 电压,单击“开始测试”,三相电压值逐渐降低,电压值降低直到动作值,保护跳闸指示灯亮,重复试验三次,计算平均值,做好记录。

④PT 断线

PT 断线有三种情况。

当高压侧任一线电压小于 74 V,任一相电流大于 $0.04I_n$,且高压侧开关处于合位时,延时 3 s 报高压侧 PT 断线。

当 α 相电压小于 74 V,α 相电流大于 $0.04I_n$,且 α 相开关处于合位时,延时 3 s 报 α 相 PT 断线。

当 β 相电压小于 74 V,β 相电流大于 $0.04I_n$,且 β 相开关处于合位时,延时 3 s 报 β 相 PT 断线。

(4)馈线保护试验

①距离保护

自动搜索:继电保护测试仪的 I_A、I_B相接入保护装置的交流采样电流端子,继电保护测试仪的 U_A、U_B相接入保护装置的交流采样电压端子,开关量 1 口与保护装置的出口常开接点连接,打开继电保护测试仪,进入“任意测试”界面,故障类型选择“任意”,电流 I_A,I_B值为 0.5,相位分别为 0°、180°,电压 U_A,U_B值为计算阻抗值的一半,相位 U_A为计算阻抗角度,U_B相位为 U_A相应−180°。

自动搜索:打开继电保护测试仪,进入“线路保护测试”的“阻抗特性搜索”。

铁路系统为单相电,故障类型选择“A—E”,故障前时间设置为“0.5 s”,最长故障时间设置至少大于定值设置 0.1 s,间隔时间设置为“0.5 s”,测试模型设置一般为“固定电流值”,固定电流值设置为 5 A 或者 1 A。

搜索参数设置,馈线保护测试界面如图 2-15-10 所示,正确设定扫描半径、扫描原点,长度要大于定值在保护范围内的最大阻抗值,设置搜索精度,其决定所找到边界点的精确程度,扫描半径要大于最大阻抗值,建议设置为 2 倍的最大阻抗值,步长设置越小扫描的图形越逼真、越详细,但是搜索时间比较长,建议设置为 10 度,扫描参数范围大于扫描半径即可。开关量选择 1,动作方式选择常开接点闭合。

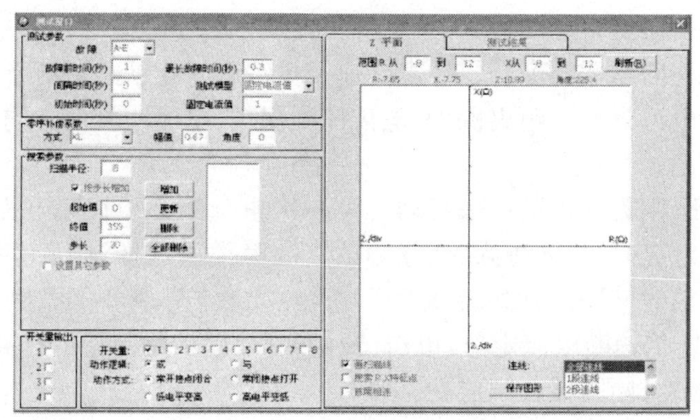

图 2-15-10　馈线保护测试界面

单击“开始测试”，按照扫描线逐条扫描保护的阻抗边界，扫描线的首端在动作区内动作，末端在动作区外保护不动作，测试仪根据二分法变步长逼近阻抗动作边界直至满足所设置的扫描精度，完成所有扫描线测试后自动结束试验并记录阻抗动作边界值、保护动作时间以及对应的故障电压、电流值的大小。

等待测试完毕后，距离保护图形即可显现。铁路上距离保护图形以平行四边形居多，如图 2-15-11 所示。

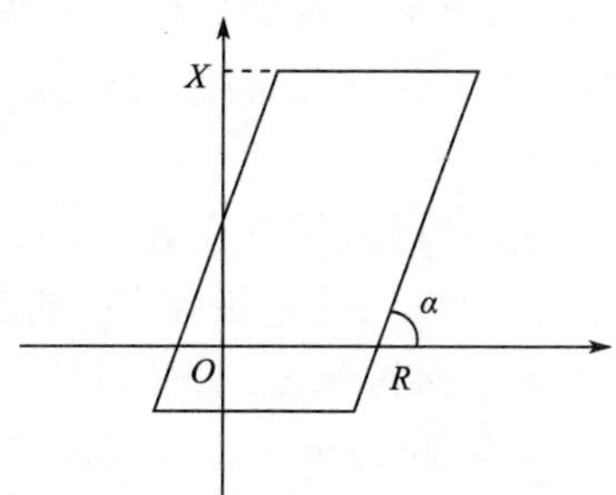

图 2-15-11　馈线距离保护动作边界

②电流速断、电流增量保护试验

输入保护定值，投入保护压板。进入“任意测试”界面，故障类型选择任意，I_1 输入 0.95 倍的电流定值，其他输出为 0，测试模式选择触发，故障前时间设置大于保护装置的整组复归时间，最长故障时间大于整定时间即可，故障后时间设置为 0，开关量选择 1，动作方式选择常开接点闭合，然后单击“开始测试”，保护不动作，同上 I_1 输入 1.05 倍的电流定值，保护应可靠动作，电流保护跳闸指示灯亮，断路器跳闸成功。点击“显示矢量图及测试结果”动作时间不应大于 40 ms，重复试验三次，计算平均值，做好记录。

③重合闸功能试验

建议加入与断路器的配合。针对高速及重载电气化铁路负荷特点设置两次重合闸以保证供电可靠性。距离保护、电流速断保护、电流增量保护均可通过控制字独立投退重合闸。

第一次重合闸靠保护动作来启动。第一次重合闸必须在充电完成后(面板上重合允许指示灯亮)。投入进入“任意测试”,故障类型选择“任意”,测试模式选择“触发”,“故障前时间”和“故障后时间”均为 0,“最长故障时间”整定大于定值即可,I_1输入 1.05 倍速断电流定值,单击“开始测试”保护跳闸指示灯亮,断路器跳闸成功,重合闸启动,断路器合闸成功。

(5)电容保护试验

①谐波过流保护试验

输入谐波电流保护定值,投入谐波过流保护压板,进入保护测试仪“谐波叠加”界面,设置测试参数,故障前时间设置大于保护装置的整组复归时间,最长故障时间大于整定时间即可,故障后时间设置为 0,然后选择“谐波叠加”,通道选择“I_1”,根据定值选择谐波类型三次、五次或七次,百分数输入 100%,故障信号里 I_1输入 0.95 倍的谐波电流定值,其他输出为 0,开关量选择 1,动作方式选择常开接点闭合,然后单击“开始测试”,保护不动作,同上 I_1输入 1.05 倍的谐波电流定值,保护应可靠动作,保护跳闸指示灯亮,保护装置动作成功。查看“测试结果”动作时间不应大于 40 ms,重复试验三次,计算平均值,做好记录。

②速断、过流保护试验

输入电流保护定值,投入速断、过流保护压板,进入保护测试仪“任意测试”界面,故障类型选择任意,I_1输入 0.95 倍的电流定值(基波),其他输出为 0,测试模式选择触发,故障前时间设置大于保护装置的整组复归时间,最长故障时间大于整定时间即可,故障后时间设置为 0,开关量选择 1,动作方式选择常开接点闭合,然后单击“开始测试”,保护不动作,同上 I_1输入 1.05 倍的电流定值(基波),保护应可靠动作,电流保护跳闸指示灯亮,断路器跳闸成功。单击“显示矢量图及测试结果”动作时间不应大于 40 ms,重复试验三次,计算平均值,做好记录。

③差流保护试验

输入差流保护定值,投入保护压板,将电流输出改接到装置的差流输入端子上,按照②中过电流保护的试验方法进行试验,测试出差流保护动作值及动作时间,并做好记录。

④差压保护试验

输入差压保护定值,投入保护压板,将电压输出改接到装置的差压输入端子上,进入“任意测试”界面,故障类型选择任意,U_1输入 0.95 倍的电压定值,其他输出为 0,测试模式选择触发,故障前时间设置大于保护装置的整组复归时间,最长故障时间大于整定时间即可，故障后时间设置为 0，开关量选择 1，动作方式选择常开接点闭合，然后单击“开始测试”，保护不动作，同上 U_1 输入 1.05 倍的电压定值，保护应可靠动作，差压保护跳闸指示灯亮，断路器跳闸成功。单击“显示矢量图及测试结果”动作时间不应大于 40 ms，重复试验三次，计算平均值，做好记录。

⑤低压、过压保护试验

输入过压保护定值，投入保护压板，进入“任意测试”界面，故障类型选择任意，U_1 输入电压 100 V，其他输出设为 0，测试模式选择自动，变化相选择 U_1，变化参数选择幅值变，参数设置中终值 U 应大于保护定值，步长设为 1 V，其设置越小越精确，初始时间设为 0 s，变化时间大于保护动作时间即可，开关量选择 1，动作方式选择常开接点闭合，单击“开始测试”，U_1 逐渐增加直至保护动作，保护指示灯显示正确，断路器跳闸成功，单击“显示矢量图及测试结果”动作时间不应大于40 ms，改为符合技术条件的规定，重复试验三次，计算平均值，做好记录。

输入低压保护定值，投入保护压板，同上，终值 U 设为小于保护定值即可。

15.7.3　试验标准

保护装置各种保护的动作值及动作时间误差应满足产品及设计的要求。该保护动作时必须动作，不该动作时应可靠不动作。

15.7.4　注意事项

1. 因检验需要临时短接或断开的端子，应逐个记录，并在试验结束后及时恢复。

2. 操作时精力集中，一旦发现异常情况，立即断开电源，查明原因排除故障后继续试验。

3. 在进行接线或换线时，必须首先断开电源后才能进行作业。

4. 二次加压时一定要断开压互二次侧与电压互感器的连接线，防止电压反送到电压互感器一次侧。

5. 二次加电流时断开与电流互感器的连接线，确保三相继电保护测试仪与保护装置的回路畅通，不允许有断开点，以防损坏测试设备。

第 16 章　400 V 低压电器试验

16.1　低压电器连同所连接电缆及二次回路的绝缘电阻测量

16.1.1　试验目的

开关柜主回路、辅助回路绝缘电阻测量主要是对开关柜回路绝缘的检查，考察绝缘是否受潮或有故障，例如各种短路、接地、绝缘子破裂等都能有效地反应出来。

16.1.2　试验方法

1. 仪器选择

绝缘电阻测试仪。

2. 试验接线

接线前应拆除低压电器的外部连线及外接电缆，合上低压电器，断开与二次回路连接的保护装置、PLC、数字仪表，有关联的插件拔出或两端短路，低压电器及二次回路的绝缘电阻测试按图 2-16-1 接线。

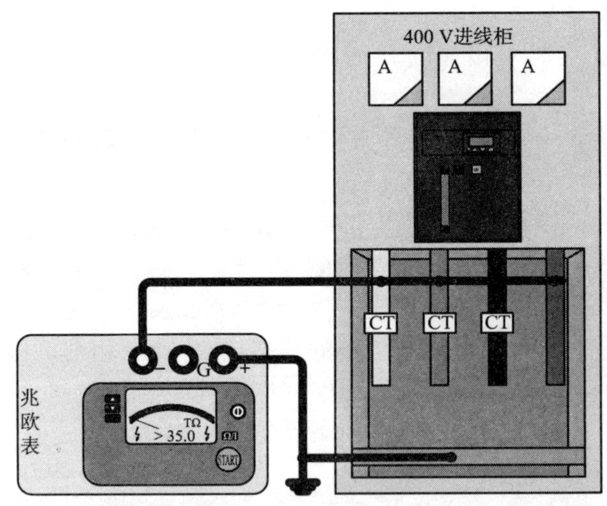

图 2-16-1　开关柜主回路、低压电器及二次绝缘电阻测试接线示意图

3. 试验步骤

①进行正式测试前应检查兆欧表的好坏。打开绝缘电阻测试仪电源，选择电压等级为 500 V，开始测量，此时兆欧表应指示为“∞”；然后用导线短接“L”端和“E”端，此时应指示为“0”；试验负责人负责安全防护，检查低压电器及二次回路是

否有异常现象。

②试验负责人检查无误后并做好安全防护，按图 2-16-1 接线后测试人员按“测试”键，至 60 s 时，记录绝缘电阻的数值(记录试验时环境温度、湿度)。

③读取数值后，按“停止”键停止测试，断开测试线，对被试品进行放电。

16.1.3　试验标准

主回路、辅助回路绝缘电阻的测试持续时间为 1 min，应无闪络及击穿现象。绝缘电阻均不小于 1 MΩ。在比较潮湿的地方，可不小于 0.5 MΩ。

16.1.4　试验结果判断

试验测量数据为零：说明主测回路有接地现象，应认真查看母排与外壳接地间有无杂物或者短接处。测量绝缘值来回变化：可能由于电源电压波动，直流电压脉动系数过大或试验主回路和被测试品有充放电过程。测量过程中有放电现象：说明测试主回路与接地间的安全距离不够而引起的电容放电现象，此时应查看母排绝缘子是否破裂或母排与接地外壳间的距离是否足够。

16.1.5　注意事项

(1)测试前，确认低压母排进线端与动力变压器是否有明显的断点；母排是否有电和馈出电缆；母排与外壳之间、母排之间是否有金属杂物，确保母排之间和对地没有明显的短路和绝缘子破损现象。

(2)断开或短接与二次回路连接的保护装置、PLC、数字仪表，试验时应将插件拔出或两端短路，防止高压损毁设备。

(3)兆欧表的引线要绝缘良好，还应与地绝缘，测量时“L”端与“E”端的引线不能碰在一起。如引线要经其他支持物连接时，支持物必须绝缘良好，否则影响测量准确性。

(4)测量过程中应派专人防护，划分带电区域，严禁触摸母排和误入带电区域。

16.2　电压线圈动作值检查

16.2.1　试验目的

电压线圈动作值检查可以有效检查电压线圈的动作情况，检查其是否满足规程要求，保证保护可靠动作。

16.2.2　试验方法

1. 仪器选择

选用可调电压源、数字万用表、电压表。

2. 试验接线

可参照图 2-16-2 所示进行接线测试。

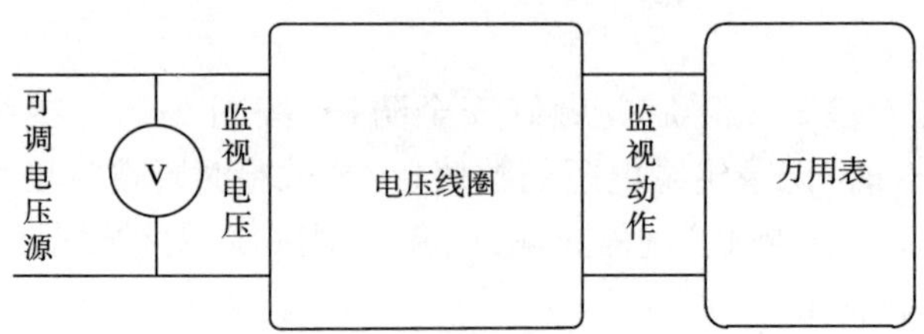

图 2-16-2 电压线圈动作值校验接线示意图

3. 试验步骤

(1)试验前拆除电压线圈外部连线，并做好标记(电压线圈与低压电器不能分离时可在一次回路上加电压)

(2)用三相调压器连接在电压线圈端子上输出电压，缓慢升压至线圈吸合，记录吸合电压值，与继电器85%额定电压值比较。缓慢降压至线圈释放，记录释放电压值，与继电器5%额定电压值比较。

(3)恢复电压线圈外部连线。

16.2.3 试验标准

电压线圈的动作值应符合以下规定：

线圈的吸合电压不应大于额定电压的85%，释放电压不应小于额定电压的5%。短时工作的合闸线圈应在额定电压的85%～110%范围内，分励线圈应在额定电压的75%～110%的范围内均能可靠工作。

16.2.4 注意事项

1. 试验前认真检查电压线圈上应清洁无异物，电压线圈的连接线应正确牢固，三相调压器指针是否归零。

2. 试验过程中应缓慢均匀加压，试验电压严禁超过电压线圈规定的范围，试验过程中操作人员应有绝缘措施，试验负责人应做好防护，挂好警戒线。

3. 试验完毕后电压线圈二次回路应恢复正确，紧固接线端子，经试验负责人确认后方可进行下项试验。

16.3 低压电器动作情况检查

16.3.1 试验目的

低压电器动作情况检查主要检查低压电器运行状况，避免出现因低压电器不动作或者故障影响低压电器的正常供电及损坏设备。

16.3.2 试验方法

1. 仪器选择

低压电器动作情况检查可使用可调直流电源(控制电源为直流)或调压器(控

制电源为交流)进行,并且用万用表随时监视电压。

2. 试验接线

拆开低压电器外部电源线,用可调电源接入低压电器的输入端。

3. 试验步骤

(1)拆除低压电器二次电源线并做好标记,解除机械闭锁。

(2)用可调直流电源(或调压器)接入低压电器的电源侧,分别调出 85%、110%的额定电压,在此种电压下开关应可靠合闸。

(3)恢复低压电器的二次线和机械闭锁。

16.3.3　试验标准

低压电器的动作情况检查应符合以下规定:

对采用电动机传动方式操作的电器,除产品另有规定外,当电压在额定值的 85%～110%范围内电器应可靠工作。

16.3.4　试验结果判断

1. 在测量过程中加上控制电源时,若低压电器无法正常工作:应查看低压电器是否满足允许合闸条件,闭锁是否已经解除。

2. 当低压电器工作电机储能缓慢或显示屏不亮时:说明工作电源没有满足低压电器的最低工作电压要求。低压电器工作电机储能迅速或显示屏明亮:说明工作电源超出低压电器的额定工作电压。

16.3.5　注意事项

1. 测试前认真查阅低压电器说明书及注意事项,查看是否安装正确、机械闭锁是否完好无损。确认低压电器的电源接线方式和电源的正负。

2. 测试过程中注意安全防护,防止发生触电。电源电压不能超过低压电器规定的范围。

3. 测试完毕后恢复所有低压电器的接线至原状。

16.4　脱扣器整定情况检查

16.4.1　试验目的

脱扣器整定情况检查可以有效地检查各个开关保护定值整定情况是否满足设计要求,验证开关动作是否正常、正确并有效地切断电源故障。

16.4.2　试验方法

1. 仪器选择

脱扣器整定值检查可使用脱扣测试仪进行。

2. 试验接线

检查脱扣器的整定情况是否符合设计要求,由于电流互感器全部安装在断路器内，外加电流无法达到其设定动作值，可以用脱扣测试仪，模拟加入电压电流。

3. 试验步骤

(1)解除开关机械闭锁，加上控制电源。

(2)用脱扣测试仪，模拟加入电压电流。

(3)观察断路器液晶屏发出的报警或跳闸信号。

(4)查看断路器故障报告，比较故障电压电流和实际电压电流。

16.4.3 试验标准

低压电器采用的脱扣整定，各类过电流脱扣器、失压和分励脱扣器、延时装置等，应按使用要求进行整定。

16.4.4 注意事项

1. 测试前确定开关在合闸位置，闭锁已经解除状态。

2. 设置好断路器的试验定值，确保定值和时间正确。

3. 认真研究断路器的原理图，测试过程中一人注意断路器液晶屏发出的报警和跳闸信号，另一人负责模拟电压电流的输出。

4. 模拟电压电流不宜过大，且操作时应缓慢输出电压电流，找出临界值。

5. 当模拟电流电压加到最大值时，脱扣器没有启动，应认真检查断路器是否在合闸状态、模拟值是否在设定的时间内。

16.5 交流耐压试验

16.5.1 试验目的

开关柜交流耐压试验主要是对开关柜主回路回路绝缘的检查，绝缘受潮或有故障，例如各种短路、接地、绝缘子破裂等都能有效地反应出来。

16.5.2 试验方法

1. 仪器选择

耐压测试仪。

2. 试验接线

可参照图 2-16-3 进行接线测试。

3. 试验步骤

(1)进行测试前应将与回路所有对外的连线及电缆拆除。

(2)将测试仪放于绝缘垫上，经负责人检查无误并做好防护措施后，连接试品，检查调压旋钮是否在零位。

(3)接通电源后，试验负责人发出“将要合闸”命令，其他人员退出防护围栏以外，指定操作人员合上电源开关，开机，一手连接好探头和测试部位并按住外控按键，然后另一手速度均匀地将电压升至试验标准电压。开始计时(一般要求 1 min)，时间到后，迅速均匀地将试验电压降至零，断开电源。

(4)试验完毕，充分放电后宣布"高压已断开"。

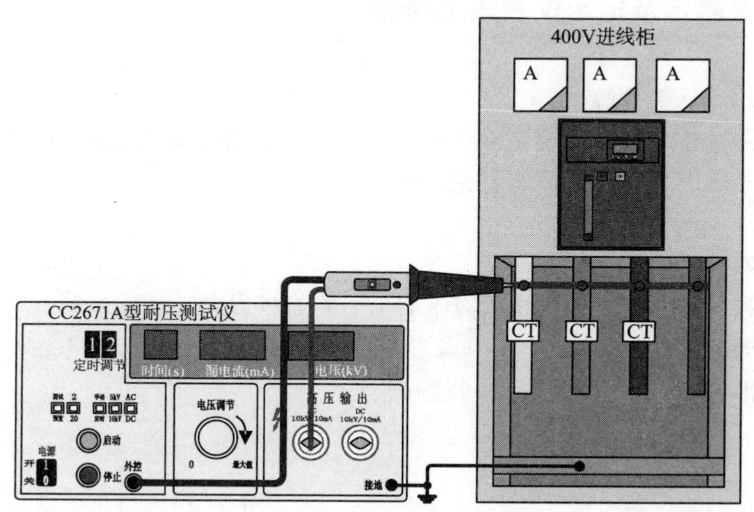

图 2-16-3　开关柜交流耐压试验接线示意图

注意：测试时，必须断开 PLC、断开数字仪表、拔出电压电气保护插件

16.5.3　试验标准

试验电压为 1 000 V。当回路绝缘电阻值在 10 MΩ 以上时，可采用 2 500 V 兆欧表代替，试验持续时间为 1 min。

16.5.4　试验结果判断

1. 测试过程中有异常声音：此时应认真检查主回路绝缘子是否有破损现象或者与接地外壳间是否有杂物。

2. 测试过程中泄漏电流很大且没有输出电压值：此时应认真检查主回路是否接地、N 排是否与外壳断开。

16.5.5　注意事项

1. 测试前确认主回路与接地外壳间没有短接处，主回路与动力变压器或馈出电缆有明显的断开点。

2. 由于各抽屉控制电源有的取自母排上的交流电，所以交流耐压试验前应将抽屉内的熔断器拔出，或者将抽屉拉出工作位。各主开关有内部处理器模块，开关也应拉出工作位，并拔出柜内熔断器，断开 N 排与外壳的连接，保证主回路没有短接或接地的地方。

3. 断开或短接与二次回路连接的保护装置、PLC、数字仪表，试验时应将插件拔出或两端短路，防止高压损毁设备。

4.测试过程中测试人员应站在绝缘垫上，戴好绝缘手套，挂好警戒线。测试进行中严禁人员触摸带电部位。

16.6 互感器及指示仪表通电检查

16.6.1 试验目的

互感器及指示仪表的通电检查对于指示仪表的显示情况、电流互感器的变比设定情况和电压显示情况都能直接反应出来。

16.6.2 试验方法

1.仪器选择

互感器及指示仪表的通电检查选择CT测试仪以及三相配电箱。

2.试验接线

可参照图2-16-4所示进行接线测试。

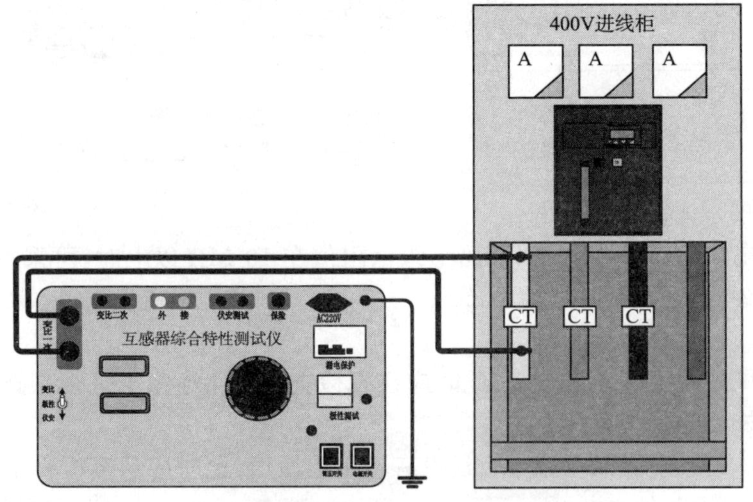

图2-16-4 电流互感器及指示仪表通电检测接线示意图

3.试验步骤

(1)检查仪表二次回路电流回路连片是否连接，给仪表加上电源且显示正常(有些电子仪表需要进行变比设定)。

(2)在一次侧加电流，检查各支路电流互感器的变比应与设计图纸一致，并检查数字式仪表电流互感器变比是否正确，仪表显示是否正确。

(3)检查合闸、分闸和故障指示灯显示是否正确。由于各抽屉控制电源有的取自母排交流电，所以检查抽屉时需要将抽屉拉出柜外，在抽屉内的熔断器下口和端子排的零线上加上220 V交流电，然后在抽屉的触头两侧加电流，观察电流表读数是否正确，同时应检查抽屉的分合闸灯指示是否正确，合闸位置时按下开关的试验按钮观察故障灯显示是否正确。电压显示可等到加上临时电源时检查。

16.6.3　试验结果判断

1. 一次加电流时仪表没有电流显示：流互的二次回路处于断开状态或是仪表卡针。

2. 仪表电流指示与输出电流不一致，此时通常有以下几种情况：仪表变比与流互变比不一致；流互二次回路存在电流分流的现象；流互二次接线端子或者连片松动。

3. 电流输出值与仪表电流显示值不能有明显的误差，且误差范围应符合相关产品技术条件的规定。

16.6.4　注意事项

1. 测试前认真检查流互二次回路，防止二次开路引起过电压烧坏设备和发生人员触电情况。

2. 加电过程中设备要保证有良好的接地，操作人员应戴好绝缘手套，挂好警戒线。

3. 测量过程中缓慢均匀升电流，禁止长时间保持在大电流下。

4. 禁止在一次主回路加电压的同时给仪表一次加电流。

16.7　低压电容柜检查

16.7.1　试验目的

低压电容柜的检查能有效检查电容器、电抗器在安装运输中是否有完好，也能检查低压电容柜功能是否正确。

16.7.2　试验方法(试验可参照第 12 章电容器试验)

1. 仪器选择

使用电容电感表，直流电阻测试仪以及绝缘电阻测试仪进行低压电容柜检查。

2. 试验接线

参照第 12 章电容器试验接线示意图。

3. 试验步骤

(1)电容检查：用电容电感表测量电容值是否与铭牌一致，因为直接测量值不是单相电容值，必须经过计算得出单相值，明确换算关系以免计算错误。

用 500 V 兆欧表测量电容器的绝缘电阻，应在电极和外壳之间进行。

低压并联电容器交流耐压试验电压为 2.25 kV/1 min，也可采用 2 500 V 兆欧表代替，电容器冲击合闸试验应在电网额定电压下，对电力电容器组冲击合闸试验，应进行 3 次，熔断器不应熔断；电容器组中各相电容的最大值和最小值之比，不应超过 1.08。

测试绝缘电阻时可根据电容器绝缘电阻测试方法测试。

(2)电抗检查:用电容电感表测量电抗器的电抗值,所测数值应与铭牌一致;测量电抗器各相绕组的直流电阻值。测量绕组及与铁芯绝缘的各紧固件的绝缘电阻,试验仪器为 500 V 兆欧表。

电抗器交流耐压试验电压为 2.5 kV/1 min,也可采用 2 500 V 兆欧表代替。

绝缘电阻时可根据电抗器绝缘电阻测试方法测试。

(3)电容器柜辅助回路检查:应动作正常,功能正确。

16.7.3 试验标准

测试方法及结果应符合产品技术条件的规定。

电容器组中各相电容的最大值和最小值之比,不应超过 1.08。

16.7.4 注意事项

1. 使用电容电感表测试电容电感前一定要断开电容、电感的外部连接线。测试后查看测量值与铭牌是否一致。

2. 测试过程中操作人员要站在绝缘垫上,戴好绝缘手套,耐压测试过程中要注意安全,并有监护人监护。

3. 交流耐压测试时短封电容的两端。测试完一定要对被测设备进行放电,放电完毕后方可恢复接线。

4. 测量电容电感时,由于充放电现象使测试值一直在变化,当测量值最后趋近于稳定时才是最终的测量数据。且测量数据应与相关数据一致,当有偏差时误差不能超过相关技术规定值。

16.8 避雷器检查

16.8.1 试验目的

对避雷器进行检查能够有效地预防因避雷器不合格造成的过电压损坏。

16.8.2 试验方法(可参照第 13 章金属氧化物避雷器试验)

1. 仪器选择

避雷器测试使用绝缘电阻表,可调直流电压源进行。

2. 试验接线

试验接线可参照金属氧化物避雷器试验接线。

3. 试验步骤

(1)进行测试前应将与回路所有对外的连线及电缆拆除。

(2)进行正式测试前应检查兆欧表的好坏。打开电源选择电压等级,然后开始测量,此时兆欧表应指示为“∞”;然后用导线短接“L”端和“E”端,此时应指示为“0”。

(3)选择电压量程为 500 V,按“测试”键,至 60 s 时,记录绝缘电阻的数值。

(4)读取数值后,停止测试,断开测试线进行放电。

16.8.3　试验标准

用 500 V 摇表测量避雷器绝缘电阻值应大于 2 MΩ。

16.8.4　试验结果判断

测试的绝缘电阻如果为零说明阀片已经坏掉,如果绝缘很大说明熔丝已经熔断,应判为不合格。

16.8.5　注意事项

1. 连接被试品的导线,必须尽可能短并且绝缘良好,对地要保持足够距离以减少杂散电流的干扰。

2. 试验前应进行过压保护整定,以免电压过高损坏设备绝缘。

3. 测试过程中操作员应站在绝缘垫上,戴好绝缘手套,耐压测试过程中注意安全,并有监护人监护。

4. 测试后对被测试品进行放电处理。

第 17 章　通用继电器试验

17.1　电磁式电压继电器

17.1.1　试验目的

检验新安装的继电器质量，保证继电保护装置工作的可靠性。

17.1.2　试验方法

1. 仪器选择

继电保护测试仪。

2. 试验接线

将三相继电保护测试仪的电压输出端接入继电器的电源端，如图 2-17-1 所示。

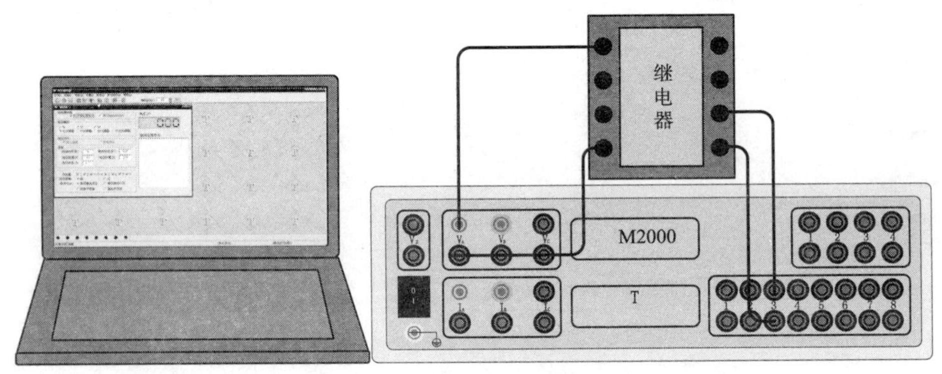

图 2-17-1　电磁式电压继电器特性测试接线

3. 试验步骤

测试界面如图 2-17-2 所示。

(1)动作标度在最大、最小、中间三个位置时的动作值与返回值测量

首先将笔记本电脑与 M2000 继电保护测试仪连接上，选择常用继电器测试电压继电器测试模块。在“继电器类型”中选择继电器类型(交流或直流)，在“电压输出”中选择电压输出的方式，并按此方式接线至继电器线圈的电压输入端。

将电压继电器线圈接成串联形式。

设置测试参数：根据整定的最大位置，设置输出电压的初始值和终止值；设置上升电压、返回电压调整的步长；设置电压初始值持续输出时间、每步电压调整的间隔时间。在“测试方式”中选择“动作返回”。

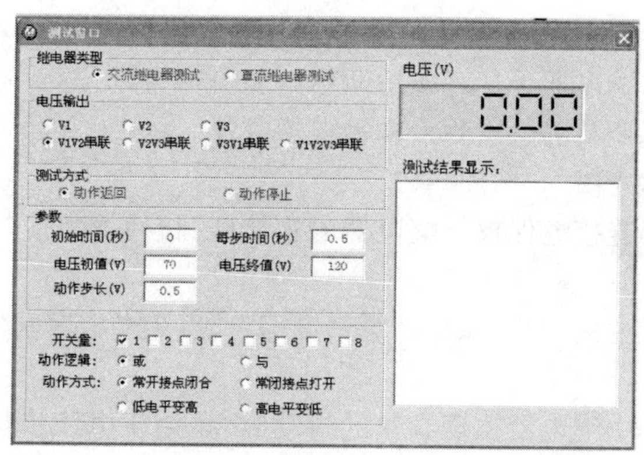

图 2-17-2　电磁式电压继电器特性测试界面

设置开关量的动作端口:选择接入的开关量通道"1",选择动作方式"常开接点闭合"。

单击"开始测试",测试自动进行,测试完毕单击"停止测试",关断输出。

单击"报告"菜单下的"测试报告"选项,选择测试报告单击"显示"可查看测试报告。单击"保存",将测试报告保存到测试方案文件中。

重复测试 3 次,计算测试值与整定值的误差不应大于 3%。

将电压继电器整定到中间位置,重复上面测量步骤,记录测试结果。

将继电器线圈改接成并联形式,整定到最小位置,重复上面测量步骤,记录测试结果。

(2)整定点的动作值与测量值的测量

将继电器整定到定值单要求的位置,重复上面测量步骤,记录测试结果。

17.1.3　试验标准

1.计算过电压继电器返回系数

$$K=\frac{U_{fh}}{U_{dz}}\geqslant 0.85 \qquad (2\text{-}32)$$

2.计算低电压继电器的返回系数

$$K=\frac{U_{fh}}{U_{dz}}\leqslant 1.2 \qquad (2\text{-}33)$$

整定点动作值与整定值误差不应超过±3%,返回系数应满足:过电压继电器不小于 0.85;低电压继电器不大于 1.2;用于强行励磁的低压继电器不大于 1.06。

17.1.4　试验结果判断

1.当返回系数不能满足要求时应予调整。影响返回系数的因素较多,如轴尖的光洁度、轴承清洁情况、静触点位置等,但影响较显著的是舌片端部与磁极间的间隙和位置。

2. 电压继电器有震动情况：电压继电器一般定值都较低，但长时间进入额定电压，由于转矩较大，继电器舌片可能按两倍电源频率震动，导致轴尖和轴承或触点的磨损。因此需要调节静触点弹片和触点的位置。

17.1.5　注意事项

1. 测试前正确连接继保仪与继电器的连接线，接线方式应与所选择的输出方式一致。

2. 步长不应设置的太小，满足计算精度即可，以免继电器剧烈抖动影响报告的读取。

3. 在试验过程中继电器出现频繁的抖动时，是由于电压步长设置太短使某段时间内电压值一直处在临界值，此时应调节电压步长。若试验完后仍没出现继电器动作，首先查看电压最大值是否在继电器调节动作范围内，然后检查线路接线是否正确。当出现测量结果不同时应增加测量次数求平均值。

4. 及时保存报告或及时将存储的报告记录在记录本里，以免测试数据丢失。

17.2　电磁式电流继电器

17.2.1　试验目的

检验新安装的继电器质量，保证继电保护装置工作的可靠性。

17.2.2　试验方法

1. 仪器选择

继电保护测试仪。

2. 试验接线

将三相继电保护测试仪的电流输出端接入继电器的电流端，如图 2-17-3 所示。

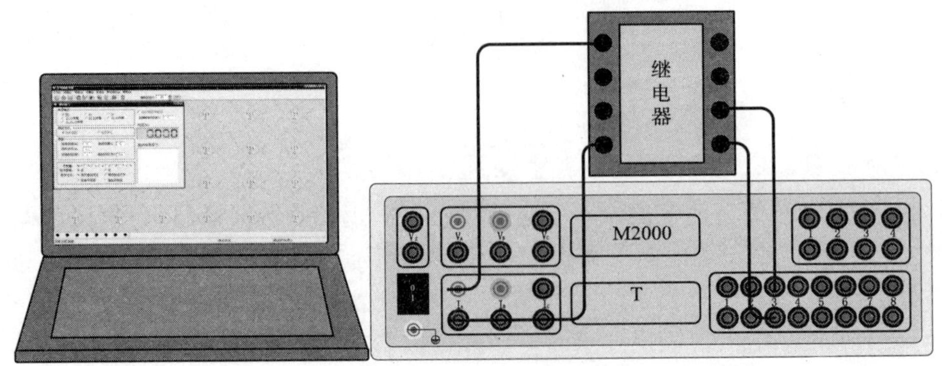

图 2-17-3　电磁式电流继电器特性测试接线

3. 试验步骤

(1)动作标度在最大、最小、中间三个位置时的动作值与返回值的测量

将电流继电器线圈接成并联形式。

首先将笔记本电脑与 M2000 继保仪连接上,选择常用继电器测试电流继电器测试模块。选择电流输出方式,选择测试方式,设置测试参数:根据整定的最大,设置输出电流的初始值和终止值;设置上升电流、返回电流调整的步长;设置电流初始值持续输出时间、每步电流调整的间隔时间。

设置开关量的动作端口:选择接入的开关量通道"3",选择动作方式"常开接点闭合"。

单击"开始测试",测试自动进行,测试完毕按"停止测试"停止输出。

单击"报告"菜单下的"测试报告"选项,选择测试报告,单击"显示"可查看测试报告。单击"保存",将测试报告保存到测试方案文件中,测试界面如图 2-17-4 所示。

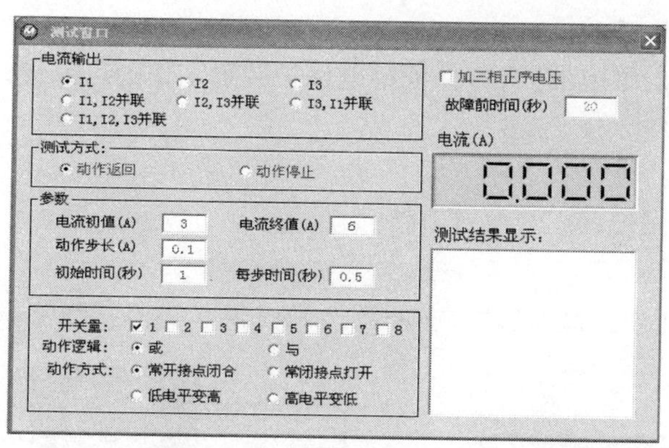

图 2-17-4　电磁式电流继电器特性测试界面

重复测试 3 次,计算测试值与整定值的误差不应大于 3%。

将电流继电器整定到中间位置,重复上面测量步骤,记录测试结果。

将继电器线圈改接成串联形式,整定到最小位置,重复上面测量步骤,记录测试结果。

(2)整定点的动作值与测量值的测量

将继电器整定到定值单要求的位置,重复上面测量步骤,记录测试结果。

17.2.3　试验标准

计算电流过量继电器返回系数:

$$K=\frac{U_{fh}}{U_{dz}}\geqslant 0.85 \tag{2-34}$$

整定点动作值与整定值误差不应超过±3%,返回系数应满足:过电流继电器

的返回系数不小于 0.85，当大于 0.9 时，应注意触点压力。

17.2.4　注意事项

1. 测试前正确连接继保仪与继电器的连接线，接线方式应与所选择的输出方式一致。

2. 步长不应设置得太小，满足计算精度即可，以免继电器剧烈抖动影响报告的读取。

3. 对于速断保护，试验电流一般较大，不能把输出时间设置太长。应采用短时间施加 0.95I、1.0I、1.05I 冲击动作电流的方式进行测试，每次测试间隔要大于 5 s。

4. 及时保存报告或及时将存储的报告记录在记录本里，以免测试数据丢失。

17.3　电磁式时间继电器

17.3.1　试验目的

检验新安装的继电器质量，保证继电保护装置工作的可靠性。

17.3.2　试验方法

1. 仪器选择

继电保护测试仪、QJ23 单臂电桥。

2. 试验接线

时间继电器时间特性测试可参照图 2-17-5 所示进行接线测试。

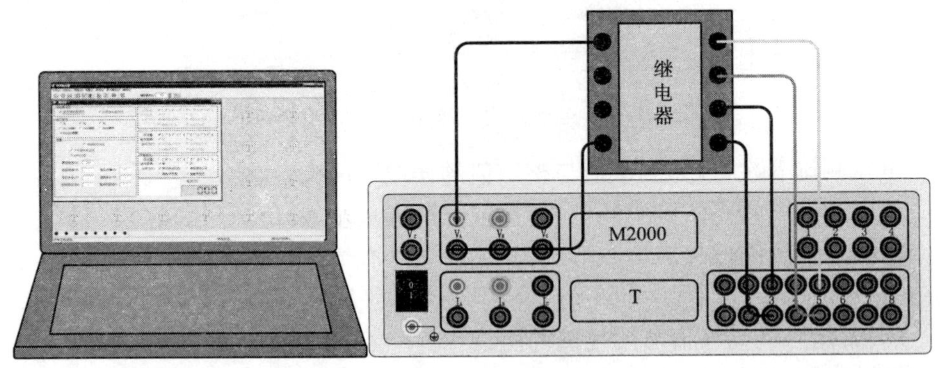

图 2-17-5　时间继电器时间特性测试接线

3. 试验步骤

(1)测量线圈的直流电阻

使用 QJ23 电桥从继电器接线端子处测量线圈的直流电阻。

(2)动作电压与返回电压试验

测试界面如图 2-17-6 所示。

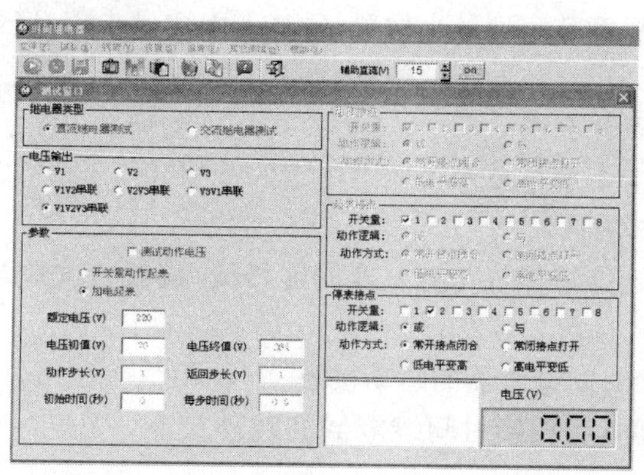

图 2-17-6 时间继电器时间特性测试界面

首先将笔记本电脑与 M2000 继保仪连接上,选择常用继电器测试时间继电器测试界面。选择继电器类型(直流或交流),选择电压输出方式;设置测试参数:选择“测试动作电压”。选择“开关量动作起表”,设置额定电压、输出电压的初始值和终止值;设置动作步长、返回步长;设置初始时间、每步调整的间隔时间。

设置开关量的动作端口:选择接入的开关量通道“3”,选择动作方式“常开接点闭合”。

单击“开始测试”,测试自动进行,测试完毕单击“停止测试”关断输出。

单击“报告”菜单下的“测试报告”选项,选择测试报告,单击“显示”可查看测试报告。单击“保存”,将测试报告保存到测试方案文件中。

重复测试 3 次,查看动作值、返回值是否符合产品的技术要求。

(3)动作标度在最大、最小、中间三个位置时的动作时间校核

将继电器的时间标度整定为最大。

重新设置报告。选择继电器类型(直流或交流),选择电压输出方式;设置测试参数:选择“测试动作电压”;选择“开关量动作起表”,设置额定电压、输出电压的初始值和终止值;设置动作步长、返回步长;设置初始时间、每步调整的间隔时间。

设置开关量的动作端口:选择接入的开关量通道“1”,选择动作方式“常开接点闭合”。

设置起表接点,选择接入的开关量通道“1”,选择动作方式“常开接点闭合”。

设置停表接点,选择接入的开关量通道“2”,选择动作方式“常开接点闭合”。

单击“开始测试”,测试自动进行,测试完毕单击“停止测试”关断输出。

单击“报告”菜单下的“测试报告”选项,选择测试报告,单击“显示”可查看测试报告。单击“保存”,将测试报告保存到测试方案文件中。

重复测试3次，计算测试值与整定值的误差不应大于3%。

将继电器时间标度整定到中间位置，重复上面测量步骤，记录测试结果。

将继电器时间标度整定到最小位置，重复上面测量步骤，记录测试结果。

将继电器整定到定值单要求的位置，重复上面测量步骤，记录测试结果。

17.3.3 试验数据分析

时间标度误差应不超过技术说明书规定的范围。

17.3.4 注意事项

1.测试前正确连接继保仪与继电器的连接线，接线方式应与所选择的输出方式一致。

2.动作接点，接时间继电器的瞬动接点。

3.测试动作时间，起表接时间继电器的瞬动接点，停表接时间继电器的延时接点。

4.及时保存报告或及时将存储的报告记录在记录本里，以免测试数据丢失。

第 18 章　测量仪表试验

18.1　试验目的

检验新安装的指示仪表的准确度是否满足设计要求，保证仪表工作正常和显示数值的准确性。包括功率因数表、功率表、交流电压表、交流电流表、直流毫伏表、直流电压表、直流电流表等。

18.2　试验方法

1. 仪器选择

继电保护测试仪。

2. 试验接线

分别将三相继电保护测试仪三相电压、三相电流输出线接入保护控制盘内部仪表回路，并断开外部接线，具体接线可参照图 2-18-1 所示。

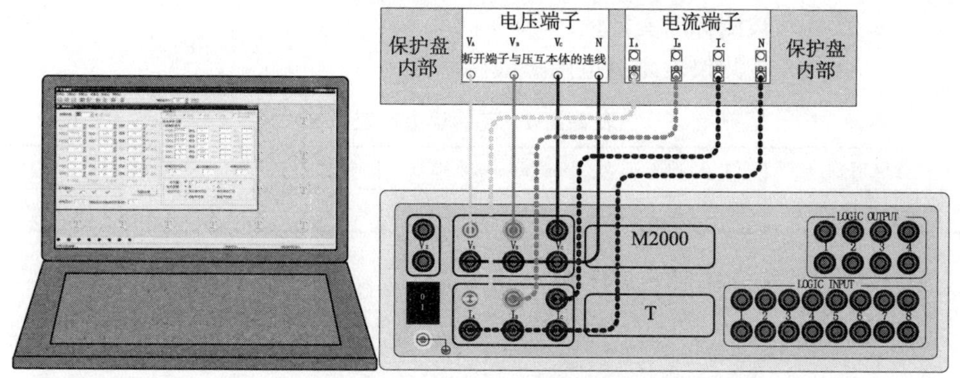

图 2-18-1　仪表检查试验接线

3. 试验步骤

(1)一般性检查

检查仪表的外观质量。

(2)基本误差测定

调整仪表零位。将仪表接入测量回路，缓慢地增加电压(或电流)，使指示器顺序地指示在每个数字分度线上，并记录这些点的实际值。

(3)升降变差测定

增加电量至仪表量限以上,立刻缓慢地减少,使指示器顺序地指示在每个数字分度线上,并记录这些点的实际值。

(4)偏离零位检查

调节电量至测量上限,停 30 s 后,立刻减小施加量至零并切断电源,15 s 内读取指示器对零位的偏离值。

(5)测试完毕,恢复现场

18.3 试验标准

1. 仪表外观应完整、清洁、防尘密封良好,与底座连接紧密牢固,端子接线可靠且相互间有一定间隙,铭牌标示清晰且与设计要求相符合。内部清洁,可动部分灵活,各部位安装完好无松动。

2. 仪表基本误差按照下式计算,根据等级要求须符合表 2-18-1 中的规定:

$$\Upsilon=\frac{X-X_0}{X_N}\times 100\% \tag{2-35}$$

式中,X——被测仪表标度值;

X_0——被测标度实际值;

X_N——被测仪表测量范围上限。

表 2-18-1 基本误差限表

等级指数	1.0	1.5	2.0	2.5	3.0	5.0	10	20
基本误差限(%)	±1.0	±1.5	±2.0	±2.5	±3.0	±5.0	±10	±20

3. 仪表升降变差按照下式计算

$$\Upsilon=\frac{X_{01}-X_{02}}{X_N}\times 100\% \tag{2-36}$$

式中,X_{01}、X_{02}——被测标度上升和下降的实际值;

X_N——被测仪表测量范围上限。

18.4 试验结果判断

在测试前发现仪器有读数,那是由于仪表指示没有归零,应当调零。在测量过程中如果发现输出值与显示值不一致时,检查仪表的变比是否正确,然后检查二次回路是否存在分流分压的现象。若测量时仪表指针不动,应查看指针是否出现卡针的现象。测量过程中重复测量比较,然后与前几次测量结果求平均值,且偏差在规定要求内。

18.5　注意事项

1. 继电保护测试仪一定要有可靠的接地，防止设备上存有残留电压。

2. 被试仪表应从设备测量回路断开后再进行测试线的连接，防止测试电源串入其他回路危及其他设备和人员。

3. 测试前正确连接继保仪与仪表的连接线，接线方式应与所选择的输出方式一致。

4. 操作时精力集中，一旦发现异常情况，立即断开电源，查明原因并排除故障后继续进行试验。

第 19 章　分段绝缘器及分相绝缘器试验

19.1　测量绝缘电阻

19.1.1　试验目的

分段绝缘器和分相绝缘器是电气化铁道接触网的重要设备，分段绝缘器是衔接相邻两个馈电区段的架空接触式绝缘组件，在结构上既要保证机车受电弓平滑通过，又要满足两端接触网电气隔离要求。分相绝缘器是用来解决接触网不同供电臂之间的电分相问题。故分段绝缘器和分相绝缘器绝缘状况如何，直接影响铁路供电系统的安全可靠运行。

19.1.2　试验方法

1. 仪器选择

绝缘电阻值测试需使用兆欧表。

2. 试验接线

将兆欧表正负极分别引至分段绝缘器两极，必要时接入“G”段，在分段绝缘器中间瓷杆处加一屏蔽环，如图 2-19-1 所示。

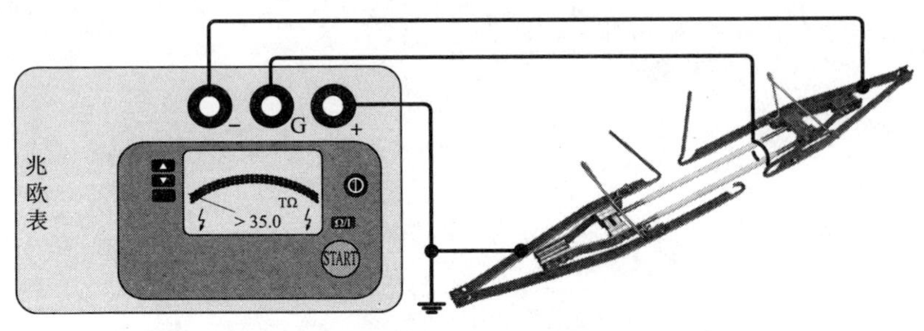

图 2-19-1　分段绝缘器绝缘电阻测试接线示意图

3. 试验步骤

(1)进行测试前应将绝缘器用干燥清洁的棉纱擦拭表面。

(2)应将兆欧表放在绝缘垫上，操作人应站在绝缘垫上，工作负责人负责安全防护。

(3)按“测试”键，至 60 s 时，记录绝缘电阻的数值(记录试验时环境温度、湿度)。

(4)读取数值后，按“停止”键停止测试，测试仪自动放电。

19.1.3　试验结果判断

绝缘子的绝缘电阻值受温度、湿度、绝缘子表面的清洁程度等影响很大，如果排除上述影响,绝缘子的绝缘电阻是很高的。一般绝缘子损坏、有裂纹时,其绝缘电阻也不会降低多少,只有当潮气、灰尘进入裂纹中时,绝缘电阻才会明显降低,由此可知,绝缘电阻的测试,并不能真正保证绝缘子的绝缘程度,但其数值对于实际绝缘的好坏程度,仍有一定的参考作用。

19.1.4　注意事项

1. 绝缘电阻试验应在良好的天气,且试品温度及周围环境温度一般不低于+5 ℃条件下进行。

2. 空气相对湿度较大时,绝缘体由于毛细管的作用,吸收较多水分,使得导电率增加,绝缘电阻下降,湿度对于表面的泄漏电流的影响更为明显,所以湿度也是影响绝缘电阻的因素之一,因此试验时应引起足够的重视并采取相应措施:如增加屏蔽环。

3. 兆欧表的引线要绝缘良好,还应与地绝缘,测量时“L”端与“E”端的引线不能碰在一起。如引线要经其他支持物连接时,支持物必须绝缘良好,否则影响测量结果的准确性。

19.2　交流耐压试验

19.2.1　试验目的

交流耐压试验是电气试验中做常见的试验,也是发现电气设备绝缘缺陷的最有效的试验手段,故绝缘器也要进行此项试验。

19.2.2　试验方法

1. 仪器选择

现场采用高压试验变压器及控制箱。

2. 试验接线

可参照图 2-19-2 所示接线测试。

3. 试验步骤

(1)试验人员应穿好绝缘靴、戴好绝缘手套操作、站在绝缘垫上操作。

(2)连接试品,检查调压器是否在零位,零位开关是否正常。

(3)接线前应用专用地线作良好接地,经工作负责人确认方可开始试验。

(4)接通电源后,试验负责人发出“将要合闸”命令,其他人员退行至防护围栏以外,指定操作人员合上闸刀开关,开机,操作者一只手应放在开关板旁边,另一手速度均匀(2～3 kV/s)地将电压升至试验标准电压,为了避免“容升现象”,以阻容分压器指示为准。开始计时(一般要求 1 min),时间到后,迅速均匀地将试验电压降至零,断开电源。试验过程中,其他试验人员应站在安全地带注意被试设备有无异常声音和弧光,如有异常现象,应高声呼喊“降压”,操作人应立即停止试验查找原因。

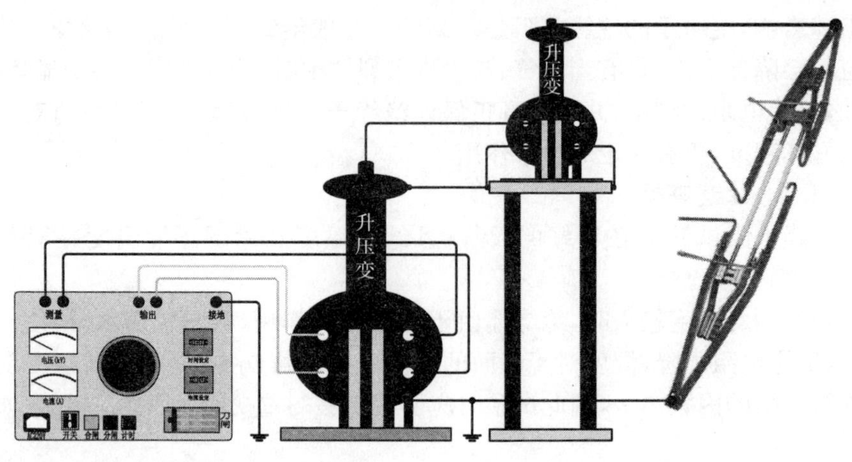

图 2-19-2　绝缘器交流耐压试验接线示意图

19.2.3　试验标准

试验电压按照出厂试验电压的 80%。

19.2.4　注意事项

1. 测试前确认安全范围，拉好安全警戒带，挂好警戒标牌"高压危险"，并派专人防护好以防其他人员误入高压区。

2. 测试过程中测试人员应穿好绝缘靴，戴好绝缘手套，站在绝缘垫上进行。测试过程中精力集中，发现有异常情况赶紧切断电源。放电后再检查原因。

3. 试验过程中，电流表的指示突然上升或突然下降，电压表指示突然下降，都是被试品击穿的象征。

4. 试验过程中，若由于空气湿度或被试品表面脏污等影响，引起表面滑闪放电，不应视为被试品不合格，应对被试品表面进行清擦、烘干处理后，再进行试验判断其合格与否。

第 20 章　安全工器具试验

20.1　绝缘手套

20.1.1　试验目的

判断绝缘手套是否符合使用条件，防止使用中的绝缘手套性能改变或存在隐患而导致在使用中发生事故，保证工作人员的人身安全。

20.1.2　试验方法

1. 仪器选择

试验变压器及操作箱、毫安表。

2. 试验接线

由电极引出一根导线，串入一个标准电流表，接至升压变压器高压头处，金属器皿与升压变压器高压尾短连接地，具体接线可参照图 2-20-1 所示。

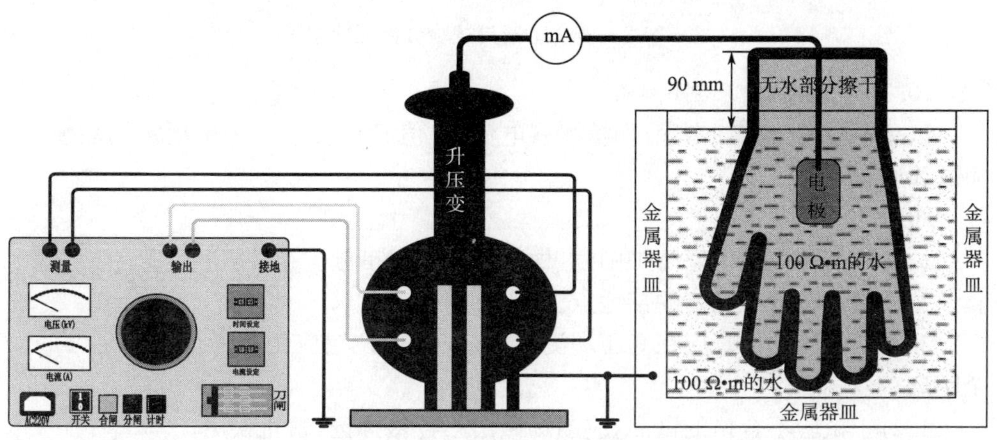

图 2-20-1　绝缘手套试验装置示意图

3. 试验步骤

在被试手套内部放入自来水，然后浸入盛有相同水的金属盆中，使手套内外水平面呈相同高度，手套应有 90 mm 的露出水面部分，这一部分应该擦干，试验接线如图 2-20-1 所示。以恒定速度升压至表 2-20-1 规定的电压值，保持 1 min。

20.1.3　试验标准

绝缘手套的试验项目、周期和要求见表 2-20-1。

表 2-20-1　绝缘手套的试验项目、周期和要求

项目	周期	要求			
工频耐压	半年	电压等级	工频耐压(kV)	持续时间(min)	泄漏电流(mA)
		高压	8	1	≤9
		低压	2.5	1	≤2.5

试验完毕后，试验人员应该及时出具试验报告，贴上《安全工器具试验合格证》不干胶标志牌，如图 2-20-2 所示。

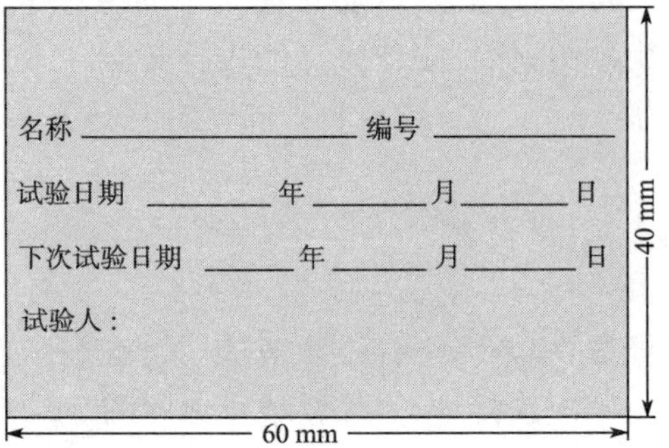

名称 ____________ 编号 ____________

试验日期 ______ 年 ______ 月 ______ 日

下次试验日期 ______ 年 ______ 月 ______ 日

试验人：

40 mm

60 mm

图 2-20-2　安全工器具试验合格证标志牌

20.1.4　试验结果判断

试品不应发生电气击穿，测量泄漏电流，其值满足表 2-20-1 中规定的数值，认为试验通过。

20.1.5　注意事项

1. 试验场地应设置好防护围栏，做好安全防护措施。

2. 试验设备要有良好的接地点。

3. 泄漏电流的测量应在高压端测量，毫安表的位置应距离操作者有足够的安全距离。

4. 对于试验不合格的试品，应当场做出不合格标记，禁止误用。

20.2　绝缘靴

20.2.1　试验目的

保证绝缘靴的安保作用，用以防止接触电压、跨步电压、泄漏电流、电弧对操作人员的伤害。

20.2.2　试验方法

1. 仪器选择

试验变压器及操作箱、毫安表、绝缘靴专用试验支架。

2. 试验接线

由金属电极板引出一根导线串入一个标准电流表接至升压变压器高压头处，且金属电极板应贴近绝缘靴底部，表面覆盖一层钢珠，金属盘与升压变压器高压尾短连接地，具体接线可参照图 2-20-3 所示。

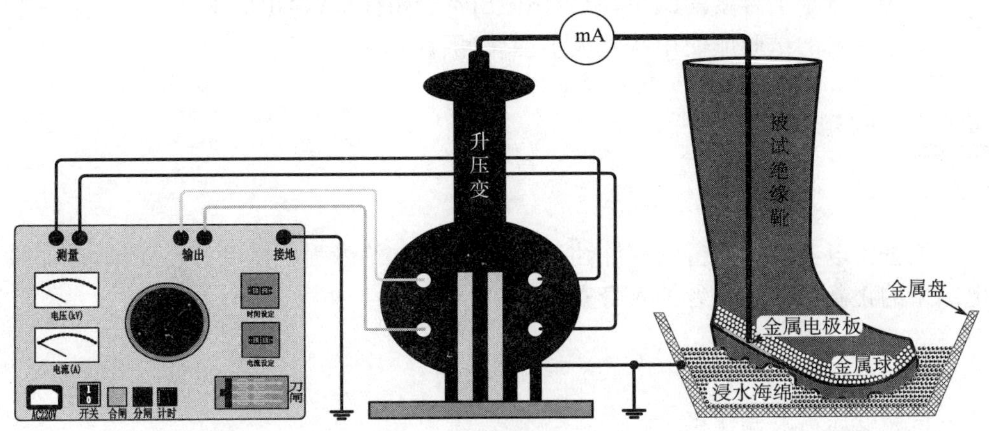

图 2-20-3　绝缘靴试验电路示意图

3. 试验步骤

将一个与试样鞋号一致的金属片为内电极放入鞋内，金属片上铺满直径不大于 4 mm 的金属球，其高度不小于 15 mm，外接导线焊一片直径大于 4 mm 的铜片，并埋入金属球内。外电极为置于金属器内的浸水海绵。

以 1 kV/s 的速度使电压从零上升到所规定电压值的 75%，然后再以 100 V/s 的速度升到规定的电压值，当电压升到表 2-20-2 规定的电压时，保持 1 min，然后记录毫安表的电流值。

20.2.3　试验标准

绝缘靴的试验项目、周期和要求见表 2-20-2。

表　2-20-2

项目	周期	要　求		
工频耐压试验	半年	额定电压	持续时间	泄漏电流
		25 kV	1 min	≤10 mA

试验完毕后，试验人员应该及时出具试验报告，贴上《安全工器具试验合格证》不干胶标志牌，如图 2-20-2 所示。

20.2.4　试验结果判断

试验中不发生电击穿，电流值小于 10 mA，则认为试验通过。

20.2.5　注意事项

1. 试验场地应设置好防护围栏，做好安全防护措施。

2. 试验设备要有良好的接地点。

3. 泄漏电流应在高压端测量，毫安表的位置应距操作者有足够的安全距离。

4. 对于试验不合格的试品，应当场做出不合格标记，禁止误用。

5. 绝缘靴的试验应使用铁砂或小钢珠，不宜灌水。

20.3　验电器

20.3.1　试验目的

检查验电器声光报警的完好性，检查绝缘杆的绝缘强度是否符合要求，保证验电结果的正确性和操作者的人身安全。

20.3.2　试验方法

1. 仪器选择

试验变压器及操作箱。

2. 试验接线

可参照图 2-20-4 进行接线测试。

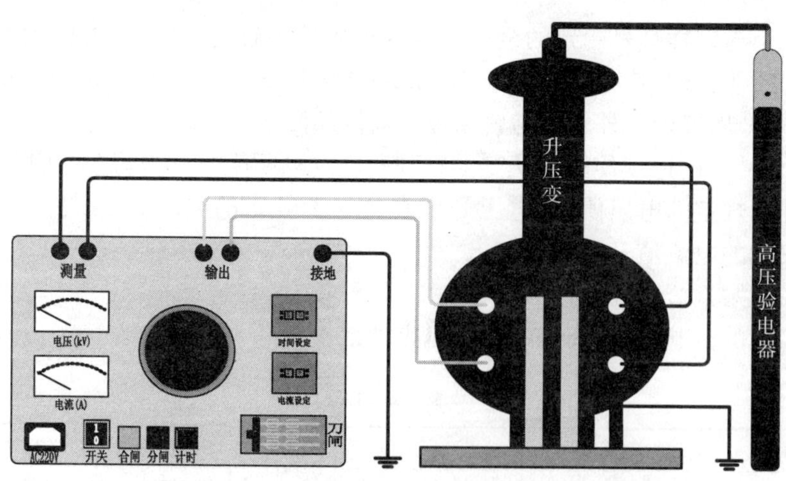

图 2-20-4　高压验电器启动电压试验电路示意图

3. 试验步骤

(1)验电器启动电压试验

将验电器的接触电极与试验变压器的高压电极相接触，逐渐升高试验变压器的电压，当验电器发出有电的信号时，如“声光”指示等，记录此时的启动电压值。

(2)绝缘杆工频耐压试验

见绝缘杆的试验方法。

20.3.3　试验标准

绝缘杆工频耐压试验标准见表 2-20-3。

表　2-20-3

序号	项目	周期	要　　求			说明
1	启动电压试验	1 年	启动电压值不高于额定电压的 40%，不低于额定电压的 15%			电极应与试验电极接触
2	工频耐压试验	1 年	额定电压(kV)	试验长度(m)	工频耐压(kV/1 min)	
			10	0.7	45	
			35	0.9	95	
			63	1.0	175	
			110	1.6	220	
			220	2.1	440	

20.3.4　试验结果判断

如果测量得到的启动电压在(0.1～0.4)倍额定电压之间，则认为启动电压符合要求。绝缘杆在耐压中应不发生闪络或击穿，试验后绝缘杆应无放电、灼伤痕迹和发热现象。

试验完毕后，试验人员应该及时出具试验报告，贴上《安全工器具试验合格证》不干胶标志牌，见图 2-20-2。

20.3.5　注意事项

1. 首先对验电器进行自检，自检完好后进行启动电压的测试，若验电器不能通过自检，应检查验电器的电池是否有电等。

2. 绝缘杆的注意事项见 20.4。

20.4　绝缘杆

20.4.1　试验目的

判断绝缘杆是否符合使用要求，保证工作人员的人身安全。

20.4.2　试验方法

1. 仪器选择

试验变压器及操作箱。

2. 试验接线

可参照图 2-20-5 进行接线测试。

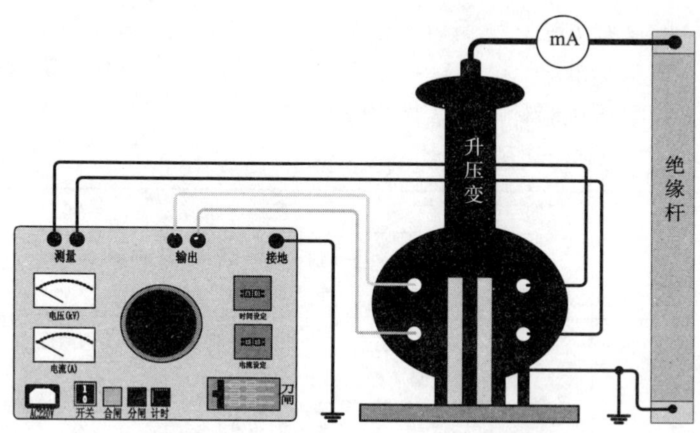

图 2-20-5　绝缘杆耐压试验电路示意图

3. 试验步骤

(1)试验电极的布置,试验电压应加在工作部分与握手部分之间。高压试验电极布置于绝缘杆的工作部分,接地极布置于握手部分上侧。接地极和高压试验电极以宽 50 mm 的金属箔或用导线包绕。

(2)试验长度的选择,高压试验电极和接地极间的长度即为试验长度,根据表 2-20-4中规定确定两电极间距离。

表　2-20-4

<table>
<tr><th>序号</th><th>项目</th><th>周期</th><th colspan="3">要　求</th><th>说明</th></tr>
<tr><td>1</td><td>启动电压试验</td><td>1 年</td><td colspan="3">启动电压值不高于额定电压的 40%,
不低于额定电压的 15%</td><td>电极应与试验电极接触</td></tr>
<tr><td rowspan="6">2</td><td rowspan="6">工频耐压试验</td><td rowspan="6">1 年</td><td>额定电压
(kV)</td><td>试验长度
(m)</td><td>工频耐压
(kV/1min)</td><td>工频耐压时间</td></tr>
<tr><td>10</td><td>0.7</td><td>45</td><td rowspan="5">1 min</td></tr>
<tr><td>35</td><td>0.9</td><td>95</td></tr>
<tr><td>63</td><td>1.0</td><td>175</td></tr>
<tr><td>110</td><td>1.6</td><td>220</td></tr>
<tr><td>220</td><td>2.1</td><td>440</td></tr>
<tr><td></td><td></td><td></td><td>330</td><td>3.2</td><td>380</td><td rowspan="2">5 min</td></tr>
<tr><td></td><td></td><td></td><td>500</td><td>4.1</td><td>580</td></tr>
</table>

(3)施加电压,对于各个电压等级的绝缘杆,施加对应的电压。对于 10～220 kV 电压等级的绝缘杆,加压时间 1 min;对于 330～500 kV 电压等级的绝缘杆,加压时间 5 min。缓慢升高电压,以便能在仪表上准确读数,达到 0.75 倍试验电压值

时，以每秒 2%试验电压的升压速率升至规定的耐压值，保持相应的时间，然后迅速降压，但不能突然切断。

20.4.3　试验标准

试验标准见表 2-20-4。

20.4.4　试验结果判断

如果试验过程中不发生闪络或击穿，试验后绝缘杆应无放电、灼伤痕迹，不发热，则认为合格。

如果试验过程中发生闪络、击穿或过热，应根据原因进行处理，处理后重新进行试验，合格后才能使用。

试验完毕后，试验人员应该及时出具试验报告，贴上《安全工器具试验合格证》不干胶标志牌，如图 2-20-2 所示。

20.4.5　注意事项

1. 首先应目测合格后，才可以进行交流耐压试验。目测绝缘杆表面应光滑平整、无裂纹、无划痕或烧灼痕迹，绝缘漆层完好。

2. 应保证试验长度，如绝缘杆间有金属连接头，两试验电极间的距离还应在此值的基础上加金属部件的长度。

3. 可以同时对多根相同额定电压的绝缘杆进行试验。若其中一根发生闪络或放电等，应立即停止试验，剔除异常的绝缘杆，对其他的继续重新试验。

4. 绝缘杆之间应保持一定距离，便于观察试验情况。

5. 应使绝缘杆中间连接的金属部分相互对齐，以防止不对齐两金属部分间产生悬浮电位差放电。

6. 若试验变压器电压等级达不到试验的要求，可分段进行试验，最多可分成 4 段，分段试验电压应为整体试验电压除以分段数再乘以 1.2 倍的系数，对于分段试验的绝缘杆，应注意加压部位的尺寸须符合规程规定。

第三篇　系统试验

第21章　交流电源系统试验

21.1　试验目的

检查交流屏绝缘、仪表指示及功能是否满足设计要求。

21.2　试验方法

1. 仪器选择

绝缘电阻表、耐压测试仪、数字万用表。

2. 试验接线

参照400 V柜绝缘测试方法和耐压测试方法。

3. 试验步骤

(1)依照图纸，检查盘内主回路及二次回路接线的正确性和螺钉的紧固情况。检查交流馈出回路名称及开关容量应与设计文件一致，检查各馈出电缆去向及连接的正确性。

(2)用500 V绝缘电阻表测量主回路及辅助回路的绝缘电阻。测试各馈出回路连同开关的绝缘电阻应良好。绝缘电阻符合要求后，分别将各回路进行1 000 V交流耐压测试。

(3)在电源进线的端子处，临时接入两路380 V交流电源。将运行方式设置为分段运行，先投入一路，将电源送至1号小母线，检查电源电压在屏上的显示情况。投入另外一路，同样检查仪表的显示情况。检查断开其中的任一路进线电源，检查母线联络接触器的自动投入情况。将运行方式切换到1号主供，1号电源带全部负荷，母联接触器合闸，2号进线备用，此时将1号进线电源失压，2号电源自动投入，将1号电源电压恢复，2号进线自动分闸，1号进线自动合闸。将运行方式切换到2号主供，2号电源带全部负荷，母联接触器合闸，1号进线备用。此时将2号进线电源失压，1号电源自动投入，将2号电源电压恢复，1号进线自动分闸，2号进线自动合闸。将备投方式停用，两路电源分别供电，其中一路电源失压，母线联络接触器不动作。

21.3 试验标准

1. 测量低压电器连同所连接电缆及二次回路的绝缘电阻值，不应小于 1 MΩ；在比较潮湿的地方，可不小于 0.5 MΩ。

2. 低压电器动作情况的检查，应符合下述规定：对采用电动机或液压、气压传动方式操作的电器，除产品另有规定外，当电压、液压或气压在额定值的 85%～110% 范围内，电器应可靠工作。

3. 低压电器连同所连接电缆及二次回路的交流耐压试验，应符合下述规定：试验电压为 1 000 V。当回路的绝缘电阻值在 10 MΩ 以上时，可采用 2 500 V 兆欧表代替，试验持续时间为 1 min。

21.4 注意事项

1. 交流屏内电压采样装置应无短路现象，电流采样装置应无开路现象，且各馈出之支路与实际情况相符合，标签清楚。送电前应检查馈出回路的绝缘情况。

2. 试验完毕或重复试验时，必须将被试品对地充分放电至少 5 min。

3. 测试过程中测试人员应站在绝缘垫上，戴好绝缘手套，挂好警戒线。

4. 通电检查时，最好两人配合，一人测量，一人拿表、读数。

5. 通电过程中要经常巡视屏上各装置组件，各装置仪表应显示正确，且无报警和跳闸信号。发现异常应立即切断电源。

6. 交流屏试验完毕后，应断开暂时不用的馈出电源。

7. 有的交流屏自身有相序保护，当给交流屏加上 380 V 电源时，进线电压没有显示，此时可将任意两相互换。当进线数字电压表指示灯微亮，是由于进线电压过低导致电压表不能正常显示，应提高电源电压。

8. 当双电源切换装置不能正常实现时，应检查两路电源是否满足要求，然后查看装置设置是否正确。

第 22 章　直流电源系统试验

22.1　试验目的

检查直流屏绝缘、仪表指示及功能是否满足设计要求。

22.2　试验方法

1. 仪器选择

绝缘电阻表、耐压测试仪、数字万用表。

2. 试验接线

参照 400 V 柜绝缘测试方法和耐压测试方法。

3. 试验步骤

(1)核对直流屏的型号、蓄电池的安装容量，检查各直流馈出回路的名称和开关容量应与设计文件一致。

(2)检查进线交流电缆及馈出电缆连同开关的绝缘电阻，绝缘电阻测试仪选择 500 V 的挡位。绝缘电阻符合要求后，分别将各回路进行 1 000 V 交流耐压测试。

(3)将交流电源从交流盘送至直流盘，检查充电机应正常工作，电压电流显示情况应正常。

(4)断开交流电压，合上蓄电池保险，直流屏能正常工作。

(5)模拟交流过压、交流欠压、直流过压、直流欠压、充电机故障、馈出开关跳闸，检查信号显示情况。

(6)检查控制母线手动调压、自动调压功能。

(7)检查装置的绝缘监察功能。

(8)分别给各个馈出回路试送电，检查送电方向与回路标识的一致性。

22.3　试验标准

1. 测量低压电器连同所连接电缆及二次回路的绝缘电阻值，不应小于 1 MΩ；在比较潮湿的地方，可不小于 0.5 MΩ。

2. 低压电器动作情况的检查，应符合下述规定：对采用电动机或液压、气压传动方式操作的电器，除产品另有规定外，当电压、液压或气压在额定值的 85%～110% 范围内，电器应可靠工作。

3. 低压电器连同所连接电缆及二次回路的交流耐压试验，应符合下述规定：试验电压为 1 000 V。当回路的绝缘电阻值在 10 MΩ 以上时，可采用 2 500 V 兆欧表代替，试验持续时间为 1 min。

22.4 注意事项

1. 直流屏内电压采样装置应无短路现象，电流采样装置应无开路现象，且各馈出之路与实际情况相符合，标签清楚。送电前应检查馈出回路的绝缘情况。

2. 试验完毕或重复试验时，必须将被试品对地充分放电至少 5 min。

3. 测试过程中测试人员应站在绝缘垫上，戴好绝缘手套，挂好警戒线。

4. 通电检查时，最好两人配合，一人测量，一人拿表、读数。

5. 通电过程中要经常巡视屏上各装置组件，应无报警或调整信号，发现异常时应立即切断电源。

6. 送电时应注意电压电流表显示是否正常，绝缘监察信号是否正常。输入、输出和母线电压显示是否正确。

7. 直流屏试验完毕后，应断开暂时不用的馈出电源。

8. 当给上输入电源时，如果交流电压显示不正确，应检查交流电源是否正常；当母线电压显示不正确时应将直流屏内的浮充模块打开，且根据电压值调节电压挡位；当送馈线电压时，如果装置显示报警接地时，可将馈线开关依次拉闸，根据报警信号的消失与否仔细查看馈线绝缘情况。

第 23 章　牵引变压器系统调试

23.1　试验目的

检查各装置运行情况是否正常；检查各套保护间的电压、电流回路的相别及极性接线是否正确；带实际断路器模拟各种故障，检查断路器跳、合闸回路的可靠性；检查所有相互间存在闭锁关系的回路，其性能是否与设计符合；自投动作是否正常。

23.2　试验方法

1. 仪器选择

继电保护测试仪、数字万用表、三相电力参数测试仪。

2. 试验接线示意图

分别将三相继电保护测试仪三相电压、三相电流输出线接入室外端子箱相应电压电流端子上，并断开外部接线，具体接线可参照图 3-23-1 所示。

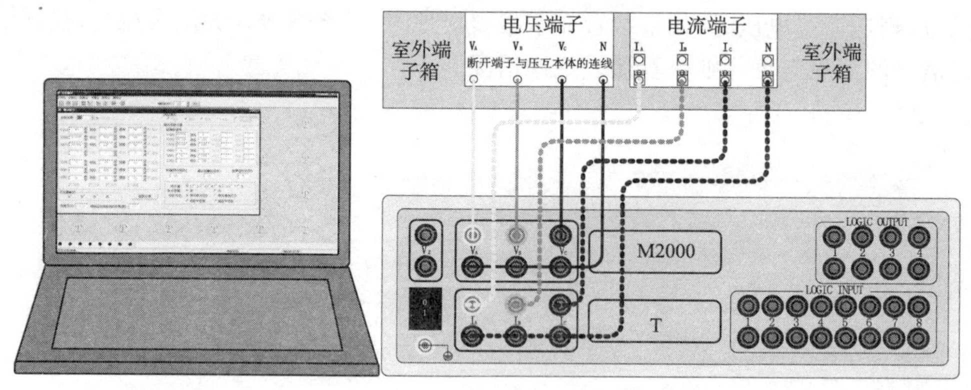

图 3-23-1　交流传动接线示意图

3. 试验步骤

(1)二次回路检验

①电流互感器二次回路检查

检查电流互感器二次绕组所有二次接线正确性及端子排引线螺钉压接的可靠性。检查电流二次回路接地点与接地状况，电流互感器的二次回路必须分别且只能有一点接地；由几组电流互感器二次组合的电流回路，应在有直接电气连接处一点接地。

②电压互感器二次回路检查

检查电压互感器二次绕组所有二次接线正确性及端子排引线螺钉压接的可靠性。经控制室中性线小母线(N)连通的几组电压互感器二次回路,只应在控制室将 N 一点接地,各电压互感器二次中性点在开关场的接地点应断开;为保证接地可靠,各电压互感器的中性点不得接有可能断开的熔断器或自动开关等。独立的、与其他互感器二次回路没有直接电气联系的二次回路,可以在控制室也可以在本体处或室外端子箱实现一点接地。

检查电压互感器二次回路中所有熔断器(自动开关)的装设地点,熔断(脱扣)电流是否合适。

检查串联在电压回路中的熔断器(自动开关),隔离开关及切换设备触点接触的可靠性。

③二次回路绝缘检查

试验前,从保护屏柜的端子排处将所有外部引入的回路及电缆全部断开,并将电压、电流回路的接地点拆开,分别将电流、电压、直流控制、信号回路的所有端子各自连接在一起,用 1 000 V 兆欧表测量绝缘电阻,各回路对地,各回路相互间的绝缘电阻值均应大于 10 MΩ。

(2)直流传动

检查所有在运行中需要由运行值班员操作的把手及连片的连线、名称、位置标号是否正确,在运行过程中与这些设备有关的名称、使用条件是否一致。

检查直流回路有无寄生回路出现。在其他回路电源均正常工作的情况下分别拉开电源开关,检查是否还有电源存在。

检查断路器、隔离开关就地、远方分合闸操作传动是否正常。

检查断路器防跳功能是否能正确工作:断路器处于合闸,且已储能,保持手动合闸状态,模拟保护故障,断路器跳闸后,断路器无合闸动作。如保护装置与断路器防跳回路并存时,一般是拆除断路器防跳回路,防止其发生冲突。

检查断路器、隔离开关机械和电气闭锁功能是否可靠。

检查各种保护动作信号、监控信息、音响信号、开关位置指示灯显示是否正确。

(3)交流传动

在互感器的二次端子处对二次接线施加电压、电流,观察保护装置的测量显示情况,检查连接到保护装置的电压电流的极性是否一致,模拟各种保护故障,检查保护应可靠动作,断路器可靠跳闸。断开保护压板保护动作时断路器应可靠不动作。

(4)主变本体保护传动

①瓦斯保护,打开主变瓦斯计外壳,按下重瓦斯试验按钮,模拟重瓦斯保护,保护装置信号指示灯亮,触发跳闸出口,同时跳高、低压侧开关。短接瓦斯计中轻瓦斯保护出口,模拟轻瓦斯保护,本体保护装置报警信号指示灯亮。

②压力释放保护，轻提压力释放装置按钮，模拟压力释放保护，保护装置信号指示灯亮，触发跳闸出口，同时跳高、低压侧开关。

③主变温度保护，拔出主变温度传感器探头，可放置于油中加热，用温度仪检测油温，同时观测主变温度计是否一致，当油温达到报警温度时，保护装置信号指示灯亮，发出超温报警，当温度达到跳闸温度时，保护装置指示灯亮，触发跳闸出口，同时跳高、低压侧开关。

(5)备自投动作传动

牵引变备自投主接线如图 3-23-2 所示。

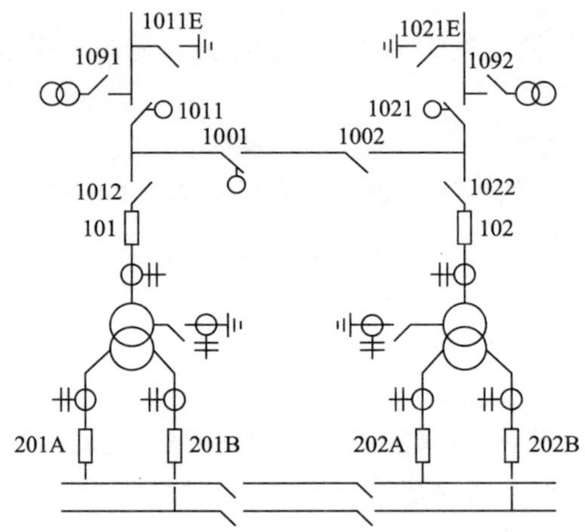

图 3-23-2 牵引变电所备自投主接线示意图

对照图纸，检查备自投装置中各个开关的“开入”、“开出”状态是否正确。

用继保仪模拟两路正常电压，查看保护装置中电压显示是否正确，备自投投入，保护装置经过延时充电，备自投充电过程时，若充电条件未满足，则“允许”指示灯不亮，通过人机对话的“开入”菜单查询相应的哪个状态不满足。当充电条件满足后，备自投充电完毕时，“允许”指示灯亮。

一般来说，自投方式有如下几种：

运行方式	故障类型	动作情况
1 号进线+1 号主变	1 号进线失压	2 号进线+1 号主变
	1 号主变故障	1 号进线+2 号主变
1 号进线+2 号主变	1 号进线失压	2 号进线+2 号主变
	2 号主变故障	1 号进线+1 号主变
2 号进线+2 号主变	2 号进线失压	1 号进线+2 号主变
	2 号主变故障	2 号进线+1 号主变

续上表

运行方式	故障类型	动作情况
2 号进线+1 号主变	2 号进线失压	1 号进线+1 号主变
	1 号主变故障	2 号进线+2 号主变

根据设计要求，保护装置还可以选择直列运行优先，其动作方式如下：

运行方式	故障类型	动作情况
1 号进线+1 号主变	1 号进线失压	2 号进线+2 号主变
	1 号主变故障	2 号进线+2 号主变
2 号进线+2 号主变	2 号进线失压	1 号进线+1 号主变
	2 号主变故障	1 号进线+1 号主变

①失压自投

正常运行条件下，1011 隔离开关合闸，101、201A、201B 断路器处于合闸位置，1002、1012、1022 手动隔离开关均处于合闸位置，1001、1021 隔离开关均处于分闸位置，102、202A、202B 断路器处于分闸位置，1 号进线，2 号进线均有压。

断开 1 号进线的电压，1 号进线失压经过延时，101、201A、201B 断路器跳闸，1011 隔离开关分闸，然后依次合上 1021 隔离开关，1001 隔离开关，101 断路器、201A、201B 断路器，备自投成功，动作结果是 1 号系统分闸，2 号进线投入，经过 1001 隔离开关向 1 号主变系统交叉供电。

②主变自投

正常运行条件下，1011 隔离开关合闸，101、201A、201B 断路器处于合闸位置，1002、1012、1022 手动隔离开关均处于合闸位置，1001、1021 隔离开关均处于分闸位置，102、202A、202B 断路器处于分闸位置，1 号进线，2 号进线均有压。

模拟 1 号变压器本体保护或差动动作，101、201A、201B 断路器跳闸，然后合 1001 桥隔离开关，再合 102 断路器、202A、202B 断路器，备自投成功。动作结果是 1 号主变系统跳闸，经过桥隔离开关向 2 号主变系统交叉供电。

(6)一次电流、电压试验

①试验准备

全所一次设备及母线上不得有人进行工作。

现场有较稳定的三相交流电源。

变电所进线隔离开关处于分闸位置。

主变压器、CT、PT 单体试验完毕。

全所交流二次回路通电试验完毕且恢复正常。

②试验方法

将主变压器进、出线侧断路器和进线侧断路器前手动隔离开关处于“合闸”

位置。

在主变压器一次侧电流互感器进线处施加交流三相电压。

用万用表检查高低压测电压小母线电压是否正确，各个保护装置电压采集是否正确。

交流三相电压停电后，将主变压器二次侧电流互感器出线侧母线短路接地。再次施加交流三相电压。

从主变保护盘差动保护装置后面找出高压侧和低压侧电流接线端子，用三相电力参数测试仪的精密电流钳分别夹在高压侧 A 相和低压侧 a 相，注意精密电流钳的方向要一致，读取相应的电流值及相位角，按照此方法依次测量流入各差动继电器的各相电流的相位角，根据测试的数据绘制出变压器差动保护高、低压侧线电流向量六角图，如图 3-23-3 所示。

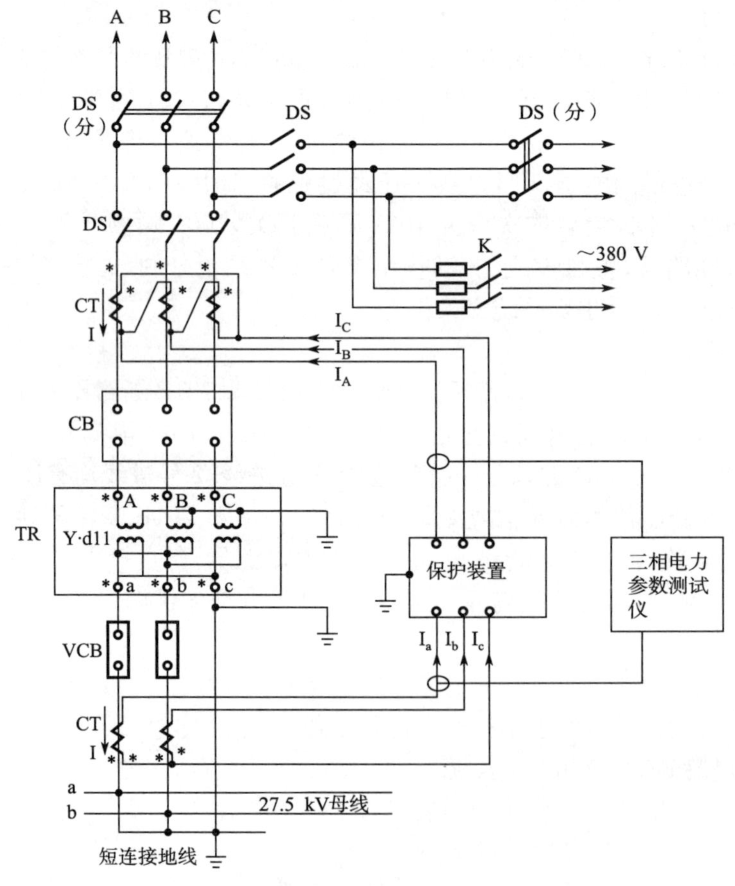

图 3-23-3　整组低压通电测试接线示意图

查看差动保护装置上差流是否正确，平衡系数是否设置正确。

同上用三相电力参数测试仪的精密电流钳分别测出后备保护，测控装置，计量装置等所有电流回路是否正确。

③试验原理图

原理如图 3-23-4 所示。

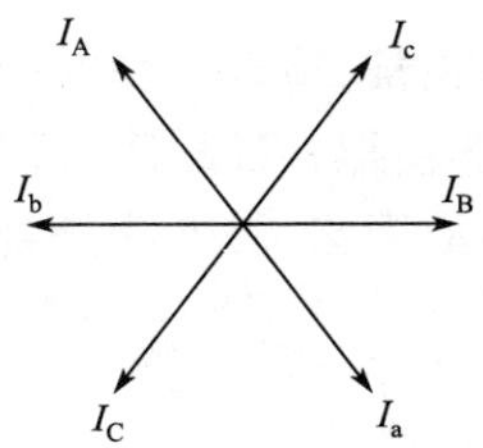

图 3-23-4　差动保护极性测试六角图

23.3　试验标准

保护装置各种保护的动作、联锁，回路应满足设计的要求。

23.4　注意事项

1. 二次回路传动试验开始前应检查安全措施是否符合要求，运行设备和试验设备应有明显的隔离标志，试验时应仔细核对设备名称。防止误碰运行设备造成人员受伤或运行设备继电保护误动作。

2. 二次回路传动试验时，应先将电压互感器二次接线与互感器断开，高压侧隔离开关断开。

3. 电气设备做远方传动试验时，应有联络和就地应急操作处理措施，设备处应有专人监护。

4. 当操作对象为一组若干开关的联动时，应注意隔离开关与断路器之间的配合，防止隔离开关没有完全合闸到位，断路器就合闸，否则应对隔离开关进行调整。

5. 操作过程中，出现异常情况，应立即关断直流电源，处理故障。

6. 不得随意变更二次接线，回路确实需要变动时，要依据设计变更通知单进行更改。变更后的内容要详细标明在竣工文件中。

7. 试验前拆动的二次线必须逐一做好记录，恢复时严格核对。

8. 整组试验后不得再在二次回路上进行工作。

第 24 章　馈线系统调试

24.1　试验目的

检查各装置运行情况是否正常；检查各套保护间的电压、电流回路的相别及极性接线是否正确；带实际断路器模拟各种故障，检查断路器跳、合闸回路的可靠性；检查所有相互间存在闭锁关系的回路，其性能是否与设计符合。

24.2　试验方法

1. 选择仪器

继电保护测试仪、数字万用表、三相电力参数测试仪。

2. 试验接线

分别将三相继电保护测试仪三相电压、三相电流输出线接入室外端子箱相应电压电流端子上，并断开外部接线，具体接线可参照图 3-24-1 所示。

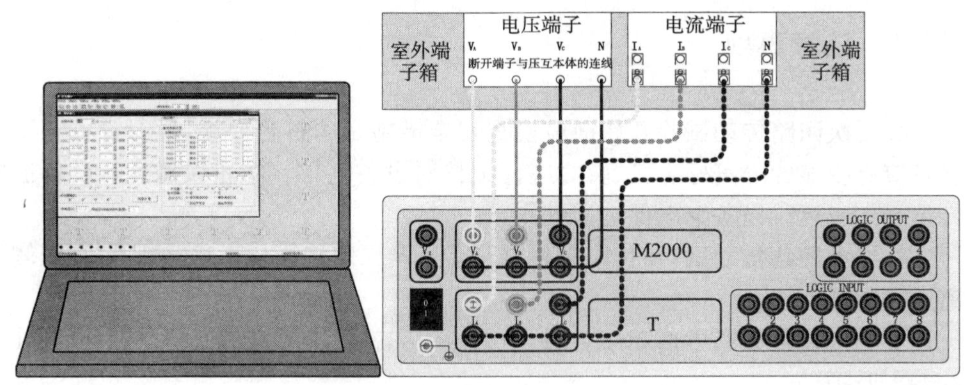

图 3-24-1　交流传动接线示意图

3. 试验步骤

(1)二次回路检验

①电流互感器二次回路检查

检查电流互感器二次绕组所有二次接线正确性及端子排引线螺钉压接的可靠性。检查电流二次回路接地点与接地状况，电流互感器的二次回路必须分别且只能有一点接地；由几组电流互感器二次组合的电流回路，应在有直接电气连接处一点接地。

②电压互感器二次回路检查

检查电压互感器二次绕组所有二次接线正确性及端子排引线螺钉压接的可靠性。经控制室中性线小母线(N)连通的几组电压互感器二次回路，只应在控制室将 N 一点接地，各电压互感器二次中性点在本体处的接地点应断开；为保证接地可靠，各电压互感器的中性点不得接有可能断开的熔断器或自动开关等。独立的、与其他互感器二次回路没有直接电气联系的二次回路，可以在控制室也可以在本体处或室外端子箱实现一点接地。

检查电压互感器二次回路中所有熔断器(自动开关)的装设地点，熔断(脱扣)电流是否合适。

检查串联在电压回路中的熔断器(自动开关)，隔离开关及切换设备触点接触的可靠性。

③二次回路绝缘检查

试验前，从保护屏柜的端子排处将所有外部引入的回路及电缆全部断开，并将电压、电流回路的接地点拆开，分别将电流、电压、直流控制、信号回路的所有端子各自连接在一起，用 1 000 V 兆欧表测量绝缘电阻，各回路对地，各回路相互间的绝缘电阻值均应大于 10 MΩ。

(2)直流传动

检查所有在运行中需要由运行值班员操作的把手及连片的连线、名称、位置标号是否正确，在运行过程中与这些设备有关的名称、使用条件是否一致。

检查直流回路有无寄生回路出现。在其他回路电源均正常工作的情况下分别拉开电源开关，检查是否还有电源存在。

检查断路器、隔离开关就地、远方分合闸操作传动是否正常。

检查断路器防跳功能是否能正确工作：断路器处于合闸，且已储能，保持手动合闸状态，模拟保护故障，断路器跳闸后，断路器无合闸动作。如保护装置与断路器防跳回路并存时，一般是拆除断路器防跳回路，防止其发生冲突。

检查断路器、隔离开关机械和电气闭锁功能是否可靠。

检查各种保护动作信号、监控信息、音响信号、开关位置指示灯显示是否正确。

(3)交流传动

在互感器的二次端子处对二次接线模拟输出电压、电流向量，加压加流时要特别注意母线安装方向和电压互感器的极性端接线位置，确保按正常的运行方向下模拟输出电压、电流向量，在保护装置上观察电流电压向量角度是否正确，模拟各种保护故障，检查保护应可靠动作，断路器可靠跳闸，并能可靠重合上，断开保护压板保护动作时断路器应可靠不动作。

(4)一次电流、一次电压试验

①试验准备

a. 全所一次设备及母线上不得有人进行工作。

b. 现场有较稳定的交流电源。

c. 主变低压侧断路器、馈线断路器处于“分闸”位置。

d. 27.5 kV 母线联络隔离开关处于“分”位，电压互感器隔离开关处于“合”位。

e. CT、PT 单体试验完毕。

f. 全所交流二次回路通电试验完毕且恢复正常。

②试验原理图

可参照图 3-24-2 所示。

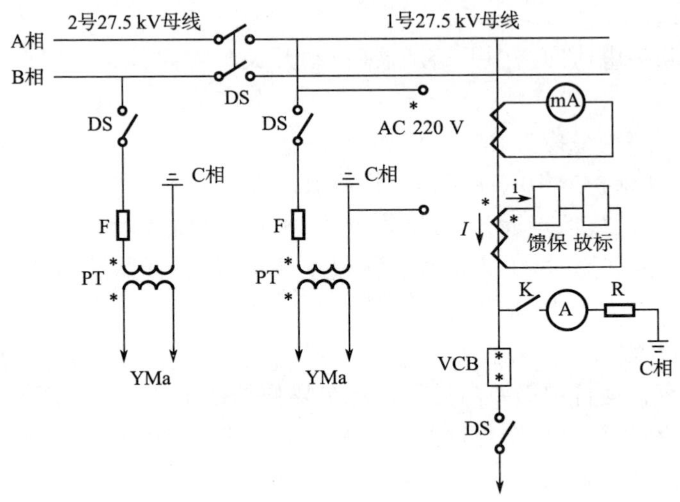

图 3-24-2　交流传动接线示意图

③试验方法

在 A 相馈线电流互感器出线侧及接地极之间串接一可调电阻(25 Ω)或电炉，在 A 相母线及接地极间施加交流 220 V 电压(火线接母线)。

在馈线保护屏 A 相馈线保护装置背面电压、电流接线端子处，用三相电力参数测试仪的精密电流钳夹在电流线上，电压线并在电压端子上，注意精密电流钳的方向不要夹反了，如图 3-24-3 所示。

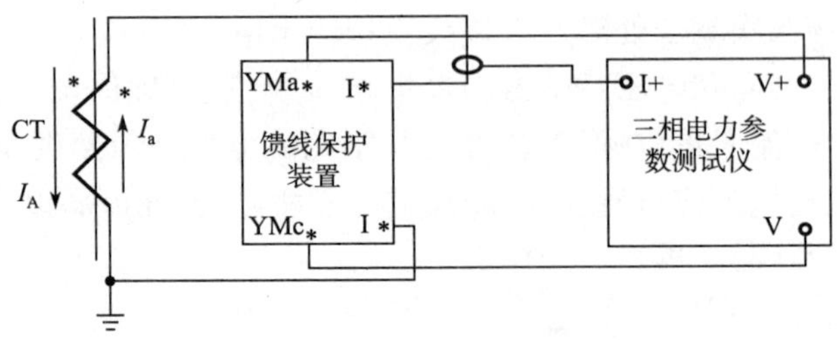

图 3-24-3　交流传动接线示意图

读取测试仪中的电压、电流、相位值，负荷电压与负荷电流应同相位，相位角为0°(或 360°)。根据测得的数据判断馈线保护装置交流电压、电流回路接线是否正确。

B 相馈线保护回路的试验方法同 A 相相同。

24.3　试验标准

保护装置各种保护的动作、联锁，回路应满足设计的要求。

24.4　注意事项

1. 二次回路传动试验开始前应检查安全措施是否符合要求，运行设备和试验设备应有明显的隔离标志，试验时应仔细核对设备名称。防止误碰运行设备造成人员受伤或运行设备继电保护误动作。

2. 对电压回路进行交流传动试验时，应先将电压互感器二次接线与互感器断开，高压侧隔离开关断开。对电流回路加电流时仔细核对对应的电流互感器二次的准确级别，检查确认不使用的电流互感器二次绕组已经可靠短封接地。

3. 电气设备做远方传动试验时，应有联络和就地应急操作处理措施，设备处应有专人监护。当操作对象为一组若干开关的联动时，应注意隔离开关与断路器之间的配合，防止隔离开关没有完全合闸到位，断路器就合闸，否则应对隔离开关进行调整。

4. 操作过程中，出现异常情况，应立即关断交直流电源，处理故障。

5. 试验前拆动的二次线必须逐一做好记录，恢复时严格核对。

6. 整组试验后不得再在二次回路上进行工作。

第 25 章　电容补偿系统调试

25.1　试验目的

检查各装置运行情况是否正常；检查各套保护间的电压、电流回路的相别及极性接线是否正确；带实际断路器模拟各种故障，检查断路器跳、合闸回路的可靠性；检查所有相互间存在闭锁关系的回路，其性能是否与设计符合。

25.2　试验方法

1. 仪器选择

继电保护测试仪、数字万用表、电容电感表、升流器。

2. 试验接线

分别将三相继电保护测试仪三相电压、三相电流输出线接入室外端子箱相应电压电流端子上，并断开外部接线，具体接线可参照图 3-25-1 所示。

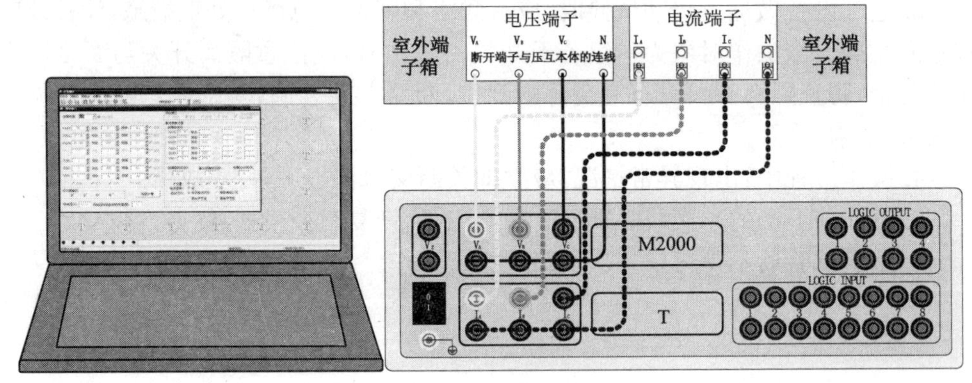

图 3-25-1　交流传动接线示意图

3. 试验步骤

(1)二次回路检验

①电流互感器二次回路检查

检查电流互感器二次绕组所有二次接线正确性及端子排引线螺钉压接的可靠性。检查电流二次回路接地点与接地状况，电流互感器的二次回路必须分别且只能有一点接地；由几组电流互感器二次组合的电流回路，应在有直接电气连接处一点接地。

②电压互感器二次回路检查

检查电压互感器二次绕组所有二次接线正确性及端子排引线螺钉压接的可靠性。经控制室中性线小母线(N)连通的几组电压互感器二次回路，只应在控制室将 N 一点接地，各电压互感器二次中性点在本体处的接地点应断开；为保证接地可靠，各电压互感器的中性点不得接有可能断开的熔断器或自动开关等。独立的、与其他互感器二次回路没有直接电气联系的二次回路，可以在控制室也可以在本体处或室外端子箱实现一点接地。

检查电压互感器二次回路中所有熔断器(自动开关)的装设地点，熔断(脱扣)电流是否合适。

检查串联在电压回路中的熔断器(自动开关)，隔离开关及切换设备触点接触的可靠性。

③二次回路绝缘检查

试验前，从保护屏柜的端子排处将所有外部引入的回路及电缆全部断开，并将电压、电流回路的接地点拆开，分别将电流、电压、直流控制、信号回路的所有端子各自连接在一起，用 1 000 V 兆欧表测量绝缘电阻，各回路对地，各回路相互间的绝缘电阻值均应大于 10 MΩ。

(2)直流传动

检查所有在运行中需要由运行值班员操作的把手及连片的连线、名称、位置标号是否正确，在运行过程中与这些设备有关的名称、使用条件是否一致。

检查直流回路有无寄生回路出现。在其他回路电源均正常工作的情况下分别拉开电源开关，检查是否还有电源存在。

检查断路器、隔离开关就地、远方分合闸操作传动是否正常。

检查断路器防跳功能是否能正确工作：断路器处于合闸，且已储能，保持手动合闸状态，模拟保护故障，断路器跳闸后，断路器无合闸动作。如保护装置与断路器防跳回路并存时，一般应拆除断路器防跳回路，防止其发生冲突。

检查断路器、隔离开关机械和电气闭锁功能是否可靠。

检查各种保护动作信号、监控信息、音响信号、开关位置指示灯显示是否正确。

(3)交流传动

在互感器的二次端子处对二次接线施加电压、电流，观察保护装置的测量显示情况，检查连接到保护装置的电压电流极性是否一致，模拟各种保护故障，检查保护应可靠动作，断路器可靠跳闸。断开保护压板保护动作时断路器应可靠不动作。

(4)差流保护回路检查

差流用作并联电容补偿装置对地短路的主保护，特别是对保护电抗器、末端电容器和它们的引线具有重要的意义。

该保护是由并联电容补偿装置首端和末端两电流互感器二次侧差接构成的。

差流保护原理如图 3-25-2 所示，用试验线把两个流互串在一起，用升流器一次加电流，在保护装置中读取差值应为零，则差流回路极性接线正确。

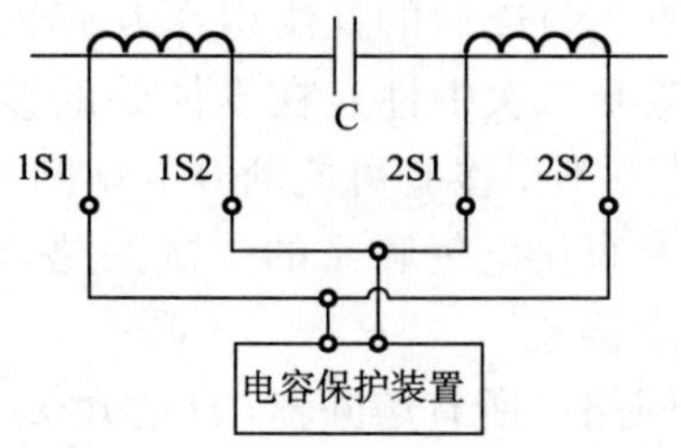

图 3-25-2　交流传动接线示意图

(5)差压保护回路检查

差压保护用于电容器内部故障和局部电容器过电压保护。它是利用与两段串联电容器各并联一台电压互感器的二次回路差动连接而构成的，电压互感器兼做放电线圈，正常时，因两段串联电容器的容抗基本相等，所以差压基本为零，原理图如图 3-25-3 所示。

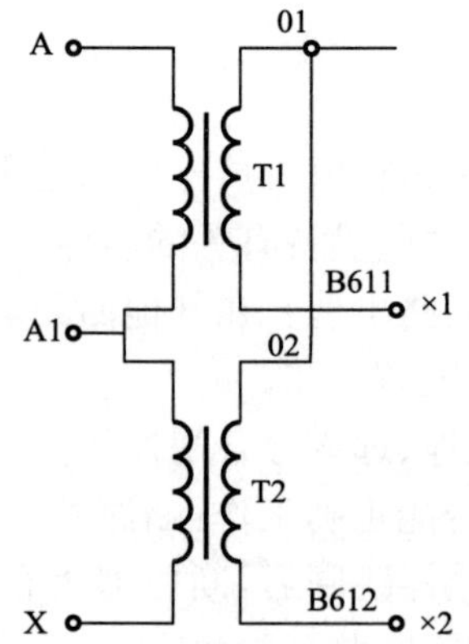

图 3-25-3　交流传动接线示意图

用试验线把放电线圈 A 和 X 端连在一起，把 220 V 交流电一端加到 A1 和 X 端，另一端加到 A1 端，用万用表测量 x1，x2 电压等于放电线圈二次侧电压 a1，x1 加上 a2，x2 的和，从电容保护装置中读取的差压值应与实际测量相同，则差压回路极性接线正确。

(6)电容电抗匹配系数计算

在一般铁路系统中变电站低压侧均装设电容器组，并接有串联电抗器，串联电抗器的作用可以抑制电容器的合闸涌流，但主要作用是为了抑制电力系统的高次谐波。由于铁路系统中三次及以上谐波成分较大，因此串联电抗率为 12％的电抗器，可取得比较好的抑制作用。

串联电抗器的电抗值与电容器组的容抗值之比就是该组电容器装置的电抗率。

即：
$$K = X_L / X_C$$
$$X_L = K \times X_C$$

其中　$X_L = w_L = 2\pi f L$，　$X_C = 1/w_C = 1/2\pi f C$，

电容值 C 可用电容表测出整体电容值。

代入上式，计算出电感量 L，从而选择合适的电抗器挡位。

(7)一次电流、一次电压试验

由于电容保护一次电压采集的是低压侧 27.5 kV 电压，做馈线系统调试时，就可以检查电容的电压回路是否正确。应特别注意 A 相 B 相的电容电压不能采集反了。

用升流器在电容馈线的电流互感器一次加电流，从电容保护装置上读取电流值是否正确，检查电容器组馈线的电流回路是否正确。

25.3 试验标准

保护装置各种保护的动作、联锁，回路应满足设计的要求。

25.4 注意事项

1. 传动试验开始前应做好安全措施，运行设备和试验设备应有明显的隔离标志，试验时应仔细核对设备名称。防止误碰运行设备造成人员受伤或运行设备继电保护误动作。

2. 进入电容器间隔前，应对电容器组进行充分放电，严防电容器静电伤人。

3. 做远方传动试验时，应有联络和就地应急操作处理措施，设备处应有专人监护。

4. 对差压保护二次交流传动时，应先拆开放电线圈的二次接线防止反充电。

5. 试验前拆动的二次线必须逐一做好记录，恢复时严格核对。

6. 整组试验后不得再在二次回路上进行工作。

第 26 章　馈线故障测距系统试验

26.1　单体试验

26.1.1　试验目的

检查各装置硬件运行情况是否正常；检查各装置软件功能设置是否正确。

26.1.2　试验方法

1. 仪器选择

兆欧表、数字万用表、可调节直流电源、继电保护测试仪。

2. 试验接线

分别将三相继电保护测试仪三相电压、三相电流输出线接入保护控制盘内部，并断开外部接线，具体接线可参照图 3-26-1 所示。

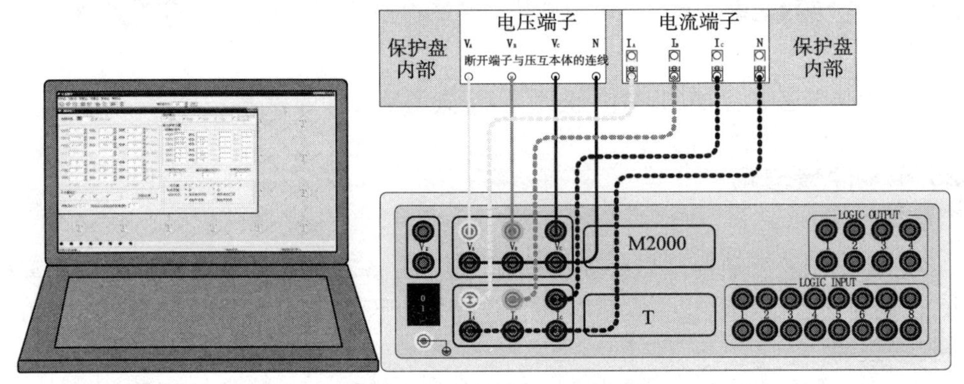

图 3-26-1　电铁馈线故障测距系统调试接线示意图

3. 试验步骤

(1)装置外观检查

检查装置的配置、型号、额定参数(直流电源额定电压、交流额定电流、电压等)是否与设计相符合。检查主要设备、辅助设备的工艺质量，以及导线与端子采用材料的质量是否符合设计。

(2)绝缘测试

按照保护装置的技术说明书拔出不能承受高压的插件。在保护屏端子处分别短接交流电压回路端子、交流电流回路端子、直流电源回路端子、开关量输入回路端子、开关量输出回路端子、自动化系统接口回路端子及信号回路端子。断开与其他保护的弱电联系回路。用 500 V 兆欧表分别测试各回路绝缘电阻，在测量某一组回路对地绝缘电阻时，应将其他各组回路都接地。测试后，应将各回路对地放电。测试完毕将装置接线恢复到运行状态。

(3)装置上电检查

打开装置电源，装置自检后，应能正常工作。按照装置技术说明书描述的方法，检查并记录装置的硬件和软件版本号、检验码等信息，校对时钟。

(4)装置逆变电源检查

用可调直流电源接到装置的电源端子上，合上装置逆变电源插件上的开关将直流电源电压由 0 缓慢上升到 80％额定电压值，此时逆变电源插件面板上的电源指示灯应亮。固定试验直流电源为 80％额定电压值，拉合直流开关，逆变电源应可靠启动。

(5)装置的开入、开出量检查

按照设计图纸要求，分别改变开关量输入状态，检查对应的开关量采集信息变位情况。用开出传动的方法，检查使用的开关量输出回路工作正常。

(6)装置的模数变换功能检查

装置不输入交流电压、电流量，观察装置在一段时间内的零漂值满足装置技术条件的规定。在保护装置上施加电流、电压量(注意极性端)，检查保护装置采样显示正常且基本误差应不大于 1％。

(7)装置的基本参数整定

按照设计要求的条件，设定装置参数。包括各模拟量采集回路的 PT、CT 变比以及通信地址等。

26.1.3　注意事项

1. 严禁带电插拔插件。

2. 绝缘测试时严防高电压损坏弱电插件。

3. 二次回路变动时应按审批后的图纸进行，严防寄生回路存在。

4. 试验结束后应对所拆动的回路进行恢复和检查。拆动的二次线必须逐一做好记录，恢复时严格核对。

26.2　分系统试验

26.2.1　试验目的

检查装置各开关量接入回路以及模拟量接入回路的正确完好性。

26.2.2　试验方法

1. 直流传动

模拟装置故障，检查后台故障信息显示情况。

模拟馈线故障跳闸，检查故障测距装置启动情况。改变电压电流数值，检查故障测距装置启动情况。

2. 交流传动

在互感器二次的电缆接线处将二次线拆下，在相应的二次线上施加电压电流值，注意接线的极性端，观察装置上的电压、电流幅值及相位的显示情况应与施加量相符合。

3. 测距功能试验

①对于直接供电方式的单线牵引网，认为供电臂内阻抗参数均匀分布，则短路故障点距离 L，短路故障点至母线的电抗 X 与牵引网单位距离电抗 x 三者的关系是

$$L=X/x$$

用继保仪加压加流，模拟短路故障，故障测距装置经送入的母线电压向量 U 和短路电流向量 I，变换处理后得到电抗电压降 U_x，电流 I_x，然后求商得短路故障点至母线的线路电抗 X，则短路故障点距离为 $L=X/x$（x 是线路单位距离电抗值）。

②对于 BT 供电方式的单线牵引网，由于 BT 漏抗为集中参数，所以短路故障时测量电抗 X 与故障点距离 L 呈分段线性关系，如图 3-26-2 所示。

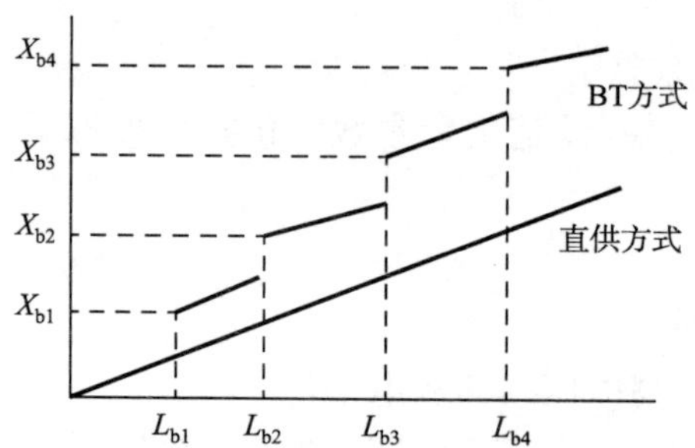

图 3-26-2 交流传动接线示意图

故障点距离： $$L=(X-\sum_{1}^{N}X_{bt}/2)/x \tag{3-1}$$

式中，N——牵引网在距离 L 范围内的 BT 台数；

X_{bt}——每台 BT 的漏抗。

用继保仪加压加流，模拟短路故障，故障测距装置经送入的母线电压向量 U 和短路电流向量 I，变换处理后得到电抗电压降 U_x，电流 I_x，然后求商得短路故障点至母线的线路电抗 X，代入公式求得距离 L。

③AT 供电系统一般选用吸上电流比进行故障测距，AT 供电系统中各供电装置（牵引变电所，开闭所，分区所，AT 所）的 AT 中点都设有吸上电流的数字测量装置，并通过专用通道相互连接成数字传输系统，与牵引变电所远动微机终端接

口。调试前应确保各个通道正常，用继保仪模拟馈线故障，且同时在 AT 所或分区所吸上电流互二次加一电流量，由馈线继电保护启动故障测距系统，并由中继继电装置将启动信号传送到各 AT 数字测量装置，继而各 AT 中点吸上电流的数字信号被依次传送到牵引变电所，并由牵引变电所的微机远动终端将各种数据转发到调度中心，最后调度中心计算按测距公式：

$$L=L_n+\frac{D_n}{100-Q_n-Q_{n+1}}\left(100\times\frac{K_{n+1}I_{n+1}}{K_nI_n+K_{n+1}I_{n+1}}-Q_n\right) \tag{3-2}$$

计算比较，即可求得故障点距离，并打印输出计算结果。

故障测距原理如图 3-26-3 所示。

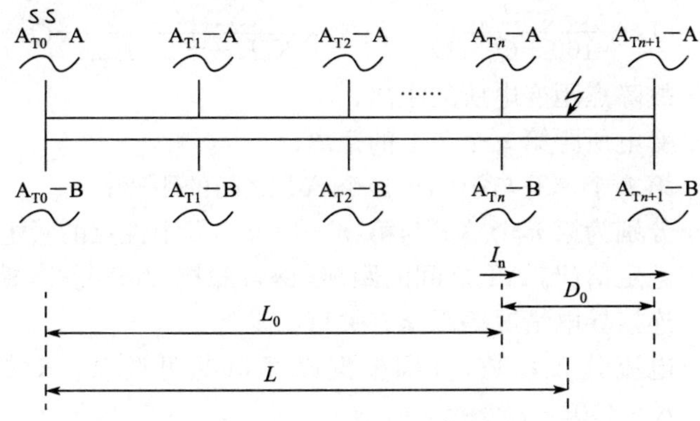

图 3-26-3　故障测距示意图

26.2.3　注意事项

1. 二次回路传动试验开始前应检查安全措施是否符合要求，运行设备和试验设备应有明显的隔离标志，试验时应仔细核对设备名称。防止误碰运行设备造成运行设备继电保护误动作。

2. 二次回路传动试验时，应先将电压互感器二次接线与互感器断开，高压侧隔离开关断开。拆动的二次线必须逐一做好记录，恢复时严格核对。

3. 严防电流回路开路、电压回路短路。

4. 试验结束后应对所传动的回路进行恢复和检查。

26.3　系统试验

26.3.1　试验目的

检验系统功能的实现情况。

26.3.2　试验方法

1. 设置变电所、AT 所、分区所的测距装置的地址以及各 AT 的编号。

2. 检查各测距装置的通信功能应正常。

3. 在变电所，遥测各 AT 所、分区所测距装置的故障量记录信息上传到变电所功能正常。

4. 检查变电所故障测距离功能，根据线路及通信条件的不同，不同线路条件的测距计算原理如下。

①吸上电流比

供电臂有故标专用通信通道，各所亭均安装故障测距单元，线路可为单线或复线。适用于 T—R、F—R 短路故障，不适用 T—F 故障。

图 3-26-3 表示故障发生在第 n 个 AT 和第($n+1$)个 AT 之间测距公式：

$$L=L_n+\frac{D_n}{100-Q_n-Q_{n+1}}\left(100\times\frac{K_{n+1}I_{n+1}}{K_nI_n+K_{n+1}I_{n+1}}-Q_n\right) \tag{3-3}$$

式中，L——故障点距变电所的距离；

L_n——变电所距第 n 个 AT 的距离；

D_n——第 n 个 AT 与第($n+1$)个 AT 之间的距离；

I_n,I_{n+1}——分别为第 n 个 AT 与第($n+1$)个 AT 中性点的吸上电流和；

Q_n,Q_{n+1}——整定值(与 AT 之间的距离，钢轨漏抗，AT 漏抗，馈线长短，钢轨连接导电情况等因素有关)；

K_n,K_{n+1}——电流分布系数，范围根据站场情况可调整。对标准区间线路 $K=1.0$。

通信通道一般建议采用以供电臂为单元的 2M 光纤环形通道。

②上下行电流比

无需通信通道，供电臂必须为复线，且末端必须并联闭环供电，重合闸时测距无效，适合各种短路形式。

故障测距公式如下：

$$L=\frac{\min\ (I_{up},I_{dn})}{I_{up}+I_{dn}}\times(L_{up}+L_{dn})+\Delta L \tag{3-4}$$

$$\bar{I}_{up}=\bar{I}t_{up}-\bar{I}f_{up} \tag{3-5}$$

$$\bar{I}_{dn}=\bar{I}t_{dn}-\bar{I}f_{dn} \tag{3-6}$$

式中，L_{up}、L_{dn}——上、下行供电臂长度；

I_{up}、I_{dn}——上、下行供电臂电流；

ΔL——修正参数。

③吸馈电流比

无需通信通道，供电臂为单线单 AT 区段。适合 T—R、F—R 短路，不适合 T—F 短路。

故障测距公式如下：

$$L=\left(1-\frac{\vec{I}_{at}}{\vec{I}}\right)\times D+\Delta L \tag{3-7}$$

$$\vec{I}=\vec{I}_t-\vec{I}_f \tag{3-8}$$

式中，$\vec{I}_{at}$——为所内 AT 中性点电流；

D——AT 段长度；

ΔL——修正参数。

当变电所采用单相变压器、十字交叉变压器及 V/X 牵引变压器时，变压器二次侧可取消 AT 变，中点电流为两供电臂的合成电流，无法直接作为 AT 中性点吸上电流，因此可采用间接方法求取 $\vec{I}_{at}$。

$$\vec{I}_{at}=\vec{I}_t+\vec{I}_f \tag{3-9}$$

26.3.3　注意事项

1. AT 故障测距系统的安装试验和其他许多设备相互关联，包括 AT 供电设备、通信设备等。在试验前应检查各设备的接口是否正确妥当，名称、功能是否一致，图纸有无错、漏等现象。

2. 调试时涉及控制中心、变电所、AT 所、分区所，地点分散，试验时应保证通信畅通。

3. 调试涉及的系统庞大，为了保证调试质量和进度，应成立专业化调试工作组，明确各成员的分工，加强技术培训，使各参加调试成员职责明确、操作熟练。

第 27 章　变电站综合监控系统试验

27.1　试验目的

检查后台所有遥测、遥信信号是否正确显示，所有设备处在远方位置，能从后台实现对供电系统所有设备的遥控。

27.2　试验方法

1. 仪器选择

继电器保护测试仪

2. 试验接线

分别将三相继电保护测试仪三相电压、三相电流输出线接入保护控制盘内部相应电压、电流端子上，并断开外部接线，具体接线可参照图 3-27-1 所示。

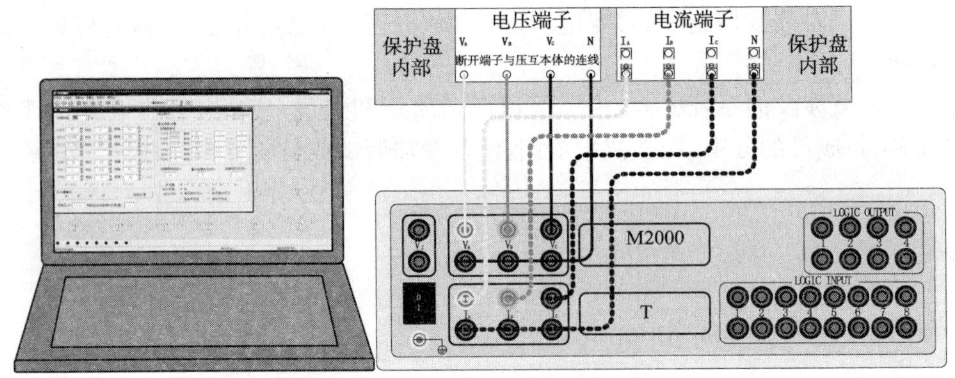

图 3-27-1　电铁馈线故障测距系统调试接线示意图

3. 试验步骤

(1)屏内元件检验

检查屏内各安装单元的配置、型号、额定参数是否与设计图纸相符合。

(2)逆变电源工作的正确性和可靠性检查

检查后台机所用交流电源是否为逆变电源提供，检查其工作的正确性和可靠性。

(3)抗干扰措施实施情况检查

检查屏柜及装置的屏蔽接地是否正确连接和可靠连接。检查安装在装置输入回路和电源回路的减缓电磁干扰的器件和措施是否符合相关标准和制造厂的技术要求。

(4)自动化系统安装与调试

连接后台机与保护管理机、连接通信管理机与保护模块、设置模块地址，实现数据的互传。

(5)外围设备工作正确性和可靠性检查

通过人机界面查看各模块通信状态是否正常；通过人机界面执行打印命令检查打印机的工作状况；通过综控屏上的音响试验按钮和解除按钮，检查预告音响和事故音响的工作状况；检查综控屏上控制方式转换开关，检查就地远方控制功能的转换情况。

检查 GPS 天线安装情况应正确良好。

(6)监控软件的版本号、校验码等程序的正确性和完备性检查

检查装置的硬件、软件版本号、检验码，校对时钟。

(7)后台机与间隔层各测量、控制、保护装置的网络通信功能检验

检查监控后台与各测量、控制、保护装置的通信线缆是否已经按照设计图纸要求连接。设置各测量、控制、保护装置的通信地址，从后台机观察各装置的通信状态是否正常。模拟装置通信故障，检查各测量、控制、保护装置的名称与后台显示结果是否一致。检查通信处理装置是否能实现通信管理、规约转换、信息联锁、操作联动、软件智能备自投等复杂系统操作和信息快速传递任务。检查通信切换装置是否能实现双机热备切换、GPS 对时、站内 IED 接口、安全监控和一次在线监测设备接口等任务。

①后台与综合测控装置

分别从主变保护盘内加入电流、电压，分别模拟两台主变的 I_a、I_b、I_c、I_0、I_α、I_β、U_a、U_b、U_c(U_{ab}、U_{bc}、U_{ca})、$3U_0$、U_α、U_β、P、Q、cosφ、f、地回流、轨回流、各开关动作量，然后检查后台各量的显示是否正确。对照表 3-27-1 进行各个信号的模拟操作。

表 3-27-1 综合测控装置“四遥”信息表

遥信	遥信名称	开入属性	遥测	符号	名称
1	* 开关分	外部开关	7	I_1	地回流电流
2	* 开关合	外部开关	8	I_2	轨回流电流
遥测	符号	名称	9	P *	* 相有功功率
Q	总无功功率	高压侧 * 相电压	10	Q *	* 相无功功率
2	U_l *	低压侧 * 相电压	11	P	总有功功率
3	U_0	零序电压	12	Q	总无功功率
4	I_h *	高压侧 * 相电流	13	cosφ	功率因数
5	I_l *	低压侧 * 相电流	14	F	频率
6	I_0	零序电流	15	T *	温度 *

续上表

遥测	符号	名称	遥测	符号	名称
16	DCU *	直流电压 *	18	U_{ha} *	高压侧 * 相电压 * 次谐波
17	DCI *	直流电流 *	19	I_{ha} *	高压侧 * 相电流 * 次谐波

②后台与变压器差动保护装置

从主变保护盘内加入电流，分别模拟两台主变的差动故障，检查后台是否有相应的故障显示或报警。对照表 3-27-2 进行各个信号的模拟操作。

表 3-27-2 变压器差动保护装置“四遥”信息表

故障	符号	名称	故障	符号	名称
1	保护启动	动作	6	高压侧 B 相 CT 饱和	告警
2	差流速断动作	动作	7	高压侧 C 相 CT 饱和	告警
3	比率差动保护动作	动作	8	保护启动	启动
4	高压侧 A 相 CT 饱和	告警	9	断路器跳闸失败	
5	低压侧 CT 饱和	告警			

③后台与变压器后备保护装置

从主变保护盘内加入电压、电流，分别模拟两台主变的后备保护动作，检查后台是否有相应的故障显示或报警。对照表 3-27-3 进行各个信号的模拟操作。

表 3-27-3 变压器后备保护装置“四遥”信息表

故障	描述	事件类型	故障	描述	事件类型
1	保护启动	动作	9	反时限过负荷动作	动作
2	保护启动	启动	10	零序过流保护动作	动作
3	高压侧 * 过流动作	动作	11	零序过压保护动作	动作
4	低压侧 * 过流动作	动作	12	高压侧失压动作	动作
5	高侧 * 过负荷 1 告警	告警	13	高压侧 PT 断线	告警
6	高侧 * 过负荷 2 动作	动作	14	高压侧 PT 断线恢复	
7	反时限过负荷告警	告警	15	低压侧 * 相 PT 断线	告警
8	反时限过负荷返回		16	低压侧 * 相 PT 断线恢复	

④后台与备自投装置

从主变保护盘内加入电压、电流，查看备自投装置与后台所采的电压是否正确，然后再模拟所有的备自投动作，查看后台是否有相应的故障报警或动作报告。对照表 3-27-4 进行各个信号的模拟操作。

表 3-27-4　备自投装置"四遥"信息表

遥测	符号	名称	故障	描述	事件类型
1	U_1	电压 U_1	19	合＊断路器失败	动作
2	U_2	电压 U_2	20	分＊隔开	动作
3	U_3	电压 U_3	21	合＊隔开	动作
4	U_4	电压 U_4	22	分＊隔开失败	动作
5	U_5	电压 U_5	23	合＊隔开失败	动作
6	U_6	电压 U_6	24	1 号主变故障启动自投	动作
7	U_7	电压 U_7	25	2 号主变故障启动自投	动作
8	U_8	电压 U_8	26	1 号进线失压启动自投	动作
9	I_1	电流 I_1	27	2 号进线失压启动自投	动作
10	I_2	电流 I_2	28	1 号进线失压且 1 号主变故障	动作
11	I_3	电流 I_3	29	1 号进线失压且 2 号主变故障	动作
12	U_3	电压 U_3	30	2 号进线失压且 2 号主变故障	动作
13	U_4	电压 U_4	31	2 号进线失压且 1 号主变故障	动作
14	U_5	电压 U_5	32	倒闸作业成功	动作
故障	描述	事件类型	33	倒闸作业失败	动作
1	备自投启动	启动	34	倒闸作业Ⅰ回停电	动作
2	保护启动	启动	35	倒闸作业Ⅱ回停电	动作
3	备自投退出	动作	36	倒闸作业Ⅰ回送电	动作
4	1 号主变故障	动作	37	倒闸作业Ⅱ回送电	动作
5	2 号主变故障	动作	38	倒闸作业Ⅰ回倒Ⅱ回	动作
6	1 号进线失压	动作	39	倒闸作业Ⅱ回倒Ⅰ回	动作
7	2 号进线失压	动作	40	倒闸作业全所停电	动作
8	备自投成功	动作	遥信	遥信名称	开入属性
9	备自投失败	动作	1	＊开关分	外部开关
10	PT1 断线	告警	2	＊开关合	外部开关
11	PT2 断线	告警	3	复归	内部硬件
12	PT3 断线	告警	4	投退	内部硬件
13	PT4 断线	告警	5	可编程软件遥信 1	软件
14	装置被闭锁	动作	6	可编程软件遥信 2	软件
15	闭锁被解除	动作	7	软件虚拟遥信充电模式 1	软件
16	分＊断路器	动作	8	软件虚拟遥信充电模式 2	软件
17	合＊断路器	动作	9	软件虚拟遥信充电模式 3	软件
18	分＊断路器失败	动作	10	软件虚拟遥信充电模式 4	软件

⑤后台与馈线保护测控装置

从馈线保护盘内加入电压、电流，查看后台显示测量是否正确，再模拟相应的开关位置信号和故障信号，检查后台显示是否与之对应，并模拟相应的故障跳闸信号，检查后台是否能够正确显示。对照表3-27-5进行各个信号的模拟操作。

表3-27-5　馈线保护测控装置“四遥”信息表

遥信	遥信名称	开入属性	故障	描述	事件类型
1	*开关分	外部开关	1	保护启动	动作
2	*开关合	外部开关	2	保护启动	启动
3	控制回路断线	软件	3	距离Ⅰ段动作	动作
4	PT断线	软件	4	距离Ⅱ段动作	动作
5	重合闸软压板	软件	5	距离Ⅲ段动作	动作
6	重合闸允许	软件	6	距离Ⅳ段动作	动作
7	本地远动	内部硬件	7	电流速断动作	动作
8	手动分闸	内部硬件	8	过流Ⅰ段动作	动作
9	合位	内部硬件	9	过流Ⅱ段动作	动作
10	跳位	内部硬件	10	过流Ⅲ段动作	动作
11	信号复归	内部硬件	11	反时限过流动作	动作
遥测	符号	名称	12	电流增量保护动作	动作
1	U_1	电压U_1	13	距离Ⅱ段加速动作	动作
2	U_2	电压U_2	14	距离Ⅲ段加速动作	动作
3	I	电流	15	距离Ⅳ段加速动作	动作
4	P	有功功率	16	过流Ⅰ段加速动作	动作
5	Q	无功功率	17	过流Ⅱ段加速动作	动作
6	COS	功率因数	18	过流Ⅲ段加速动作	动作
7	F	频率	19	断路器跳闸失败	动作
8	I_1	基波电流	20	偷跳重合闸	动作
9	I*	电流*次谐波	21	一次重合闸	动作
10	I_3	电流三次谐波	22	二次重合闸	动作
11	I_5	电流五次谐波	23	PT断线	告警
12	I_7	电流七次谐波	24	PT断线闭锁距离保护	动作
13	I_9	电流九次谐波	25	重合闸被闭锁	动作
14	I_{11}	电流十一次谐波	26	低压保护跳闸	动作
15	R	电阻	27	低压保护告警	告警
16	X	电抗	28	失灵保护动作	动作
17	I_t	T线电流			
18	I_f	F线电流			

⑥后台与变压器本体保护装置

模拟变压器本体保护动作，查看后台是否显示故障报警，并与之对应。对照表 3-27-6进行各个信号的模拟操作。

表 3-27-6　变压器本体保护装置指示灯定义表

指示灯	指示灯的状态	状态说明
电源(绿灯)	发平光	电源正常
	灯不亮	异常
本体轻瓦斯(红灯)	发平光	本体轻瓦斯保护动作
	灯不亮	本体轻瓦斯保护没有动作
温度过高(红灯)	发平光	温度过高动作
	灯不亮	温度过高没有动作
本体重瓦斯(红灯)	发平光	本体重瓦斯动作
	灯不亮	本体重瓦斯没有动作
油位异常(红灯)	发平光	油位异常动作
	灯不亮	油位异常没有动作
压力释放(红灯)	发平光	压力释放动作
	灯不亮	压力释放没有动作
超温(红灯)	发平光	超温动作
	灯不亮	超温没有动作
电源(绿灯)	发平光	电源正常
	灯不亮	异常
保护跳(红灯)	发平光	保护装置启动跳闸
	灯不亮	保护装置没有启动跳闸
跳位(绿灯)	发平光	断路器在分闸位置
	灯不亮	失电或控制回路断线
合位(红灯)	发平光	断路器在合闸位置
	灯不亮	失电或控制回路断线

⑦后台与交直流屏

模拟交直流屏内各空开故障跳闸、失电、绝缘故障等信号，查看后台显示的告警信号是否能够与之对应。

⑧后台与接触网隔离开关监控屏

分合接触网隔离开关，查看后台所显示的相应开关的位置信号是否能够与之对应，并执行远程遥控，查看相应的开关是否能够执行正确的操作。

(8)后台机监控系统数据库的正确性和完备性检验

检查实时数据库和历史数据库的在线监视、管理、统计和维护等工具功能的正确性。

(9)各种数字、模拟信号及其计算值的正确性和完备性检验

通过人机界面检查模拟操作开关量输入的内容所采集的数字信号的正确性;在测控装置的二次回路施加如下测量量的内容,检查模拟信号及其计算值的正确性。

测量及计算结果应包括:单相电流、有功功率、无功功率、有功电度、无功电度;各段母线线电压;高压侧相电流、低压侧电流、有功功率、无功功率、各侧有功电度、各侧无功电度、变压器温度;低压侧各段电压、直流电压、直流电流、控制母线电压、合闸母线电压。

通过人机界面检查采集的测量量内容。模拟量采集周期:电气量小于 1 s;非电气量小于 20 s;系统综合测量精度:电气量不大于 1.5%;非电气量不大于 2.5%;电度量的采集:应具有分时计量功能和电网断电时的信息保存功能。确定模拟量精度应测试自模拟量通道输入信号(CT、PT 的二次侧)到人机界面的显示的总误差。测量量精度测试时采用高精度的数字表在模拟量通道输入端(CT、PT 的二次侧)测量,并和人机界面的显示进行比较,计算误差。电度量精度测试时,先在某一时刻记录被测电度量的电能表读数和系统的测量读数。进行精度测试时,应用外加信号进行测试。但对于变化较慢的参数,也可采用运行时的实际信号进行测试。定间隔后(一般不少于 24 h),再记录被测电度量的电能表读数和系统的测量读数,然后通过计算,确认精度。

(10)遥控操作、防误闭锁、权限设置、信号复归等功能的正确性和完备性检验

通过实际控制操作断路器分合、电动刀闸分合、分接头开关操作、保护的投跳/投信选择,检查遥控功能的正确性。可在保护整定控制字上修改,实现单个保护的投运、投信或退出运行;通过保护压板的投切,实现相应的保护投运、投信或退出运行。定值组切换:具备多组定值的整定和切换功能;保护整定值可由后台计算机进行调用;保护整定值可由后台计算机进行修改。

在主接线示意图上找到遥控,遥调,信号复归操作所对应的开关,双击开关并选择"遥控操作"子选项,即可根据不同的遥控属性弹出遥控,遥调或信号复归对话框。若返校错误,请检查相应装置上的手动/远动按钮是否打在远动位置。确认手动/远动按钮打在远动位置后可重新设置。对于遥调和信号复归,没有返校直接执行即可。

程控功能可以对变电所的所有被控对象(断路器,刀闸等)按预先设定的若干单控步骤实施一系列的遥控操作。每一程控都包含若干步,每一控制步骤根据控制的动作类型和控制对象执行相应的命令,再根据判断标志检验控制命令的结果。程控过程可以设置程控的执行条件,以免误操作。程控执行前先检查各控制对象

是否具备控制条件，不符合条件的提示操作人员进行相应的处理。程控过程中出现不正常情况（如返校错误，遥信变位超时等）系统将提示操作人员做出相应的选择。程控参数可以根据需要实时进行修改。

通过程控过程可以实现全所停电、全所受电、变电所供电臂受电等。采用程控过程大大简化了操作过程，提高了控制安全性，同时也加快了控制执行的速度。

检查控制字的修改和查看、修改保护定值的功能。

检查防误闭锁功能的正确。断路器和刀闸操作，应有严格的操作返校措施和退出执行功能；应采用安全可靠的闭锁措施；模拟退出执行和延时自动退出执行功能；模拟设置和修改闭锁条件。

权限的管理检查：系统应通过用户编码、密码识别并分配操作权限来实现系统的安全管理。所有的用户都必须经过登录过程才能访问系统。必须录入合法的用户名和登录密码后才能进入。检查操作权限的级别是否符合安全运行的要求重要的运行参数和系统配置参数的修改应有相应的权限及口令。参数修改至少包括：断路器、变压器等参数；模拟量整定值（变比、限值等）；继电保护定值；脉冲电度初值；电度分时计费的时段；系统时钟；各种密码。自动化系统参数保护装置在退出远方定值修改功能时，测试不能进行远方定值修改，检查操作互斥和操作授权功能应正确。

保护信号的远方/就地复归功能检查：保护信号能在就地保护装置或就地屏（柜）上进行复归；保护信号能在变电所后台机上进行信号复归。

（11）各种实时监控信息的分类、合并及重要程序排序的正确性和完备性检验

通过人机界面检查如下功能：

通过模拟断路器事故跳闸（包括偷跳）、继电保护动作等模拟各类故障，检查事故信号；通过模拟电源故障、操作失败、模拟量越限、开关量输入变位、综合自动化系统异常、接口故障、装置异常等故障，检查预告信号；通过断路器变位、继电保护动作/返回、电源故障、自动化系统通信故障、装置故障、操作失败等操作，检查事件顺序记录内容；检查事件顺序记录方式是否循环方式，先进先出；在同一间隔和不同间隔分别将 SOE 分辨率测试仪的二路输出信号接到二路状态输入端，测试仪设置时间定值可变，多路状态输入端（大于三路）同时模拟接点通断，记录时间，重复 5 次，检查事件顺序记录分辨率。通过一般开关量输入变位、自动化系统状态异常及返回、控制操作、参数修改、模拟量越限、自动化系统状态改变（如：投入/退出、远方/就地等），模拟各类状态变位检查记录内容及时间。

（12）监控系统及其他各子系统（报表、趋势分析、打印功能、GPS 对时等）的正确性和完备性检验

查看报表、趋势分析、GPS 对时是否符合产品技术规定和设计要求；所有打印方式各打印一份。

(13)模拟断路器事故跳闸(包括偷跳)、继电保护动作;模拟各类故障、模拟量越限、开关量输入变位、综合自动化系统异常,检查各种告警信号的完好性

(14) 监控后台的系统备份和数据备份检验

通过人机界面操作检查系统备份位置、数据备份位置,恢复操作验证。

(15) 装置投运

检测负责人应在现场工作结束后检查试验记录有无遗漏项目,核对定值是否与定值通知单相符,试验数据、结论是否完整正确。将一切装置恢复到可以运行状态。

27.3 注意事项

1. 做后台装置遥测监测时,一定要断开流互、压互二次与流互、压互本身的连接线,防止高电压反送到高压侧造成事故。

2. 遥测、遥信、遥控、监测时,间隔层一定要有人确认信号是否正确。

3. 插拔插件时应先关断电源,并做好防静电措施。

4. 严防计算机病毒感染监控系统,不得使用未经杀毒的存储介质接入监控计算机。

第四篇　系统整套启动试验

第 28 章　牵引变电所受电启动试验

28.1　启动前的准备工作

1. 检查变电所的单体试验报告和系统试验报告，确认电气设备试验合格。

2. 检查所内竣工图纸、主要设备的技术文件和最终的继电保护整定计算书是否齐全。

3. 所内进线设备编号及相序核对无误。

4. 通过监控后台打印继电保护装置整定信息与继电保护整定计算书核对应一致。

5. 检查系统模拟盘、临时接地线、验电工具、绝缘工器具、值班用品、抢修工器具及材料齐全。检查所使用的安全工器具是否在检验有效期内。

6. 检查所有隔离开关、断路器是否在分闸位置；检查变压器分接位置是否在指定位置；检查控制方式选择是否在就地位置；检查重合闸、备自投功能是否在撤除位。

7. 受电前变压器、线路绝缘经测试状况良好。

8. 检查所用电系统、直流电源系统、各保护测控装置、综合自动化后台运行正常。

28.2　电源受电测试

28.2.1　试验目的

检查进线电缆带电显示指示的正确性，检查高压柜门闭锁的可靠性。对进线电源进行高压核相，保证电源相序连接正确。检查进线线路压互运行是否正常，电压测量指示是否正确，根据图纸检查线路电压送入相应装置的显示情况。

28.2.2　试验方法

1. 选择仪器

高压核相器、低压核相器、数字万用表。

2. 试验步骤

线路受电后，可以听到高压线路的电晕放电声。线路带电压互感器、线路避雷器冲击后，可以在电压互感器端子箱检查二次电压，核对相序。检查避雷器泄漏电流指示是否正常。第二路电源受电后进行二次核相，分别记录下 A1A2、A1B2、A1C2、B1A2、B1B2、B1C2、C1A2、C1B2、C1C2 的电压值后进行分析，判断两路电源相序的一致性。

检查线路电压的显示情况：检查电压表指示是否正确，检查装置测控装置及保护装置的采集数据是否正确；检查监控后台电量显示是否正确。

28.2.3　注意事项

严格按照安全操作规程进行操作，核相时非正常解锁要加强安全防护。核相操作人员要熟练使用核相器。高压接触部位要保证高压的安全带电距离。

28.3　牵引变压器冲击受电

28.3.1　试验目的

变压器在额定电压下 5 次冲击试验，检查变压器在冲击电流、电压下的耐受情况，检查保护的躲励磁涌流的能力。

28.3.2　试验方法

(1)选择仪器

数字万用表。

(2)试验步骤

检查变压器保护单元信号显示正常，室外变压器附近人员已经撤离，在控制盘上手动合闸对变压器进行第一次冲击，合闸时观察冲击电流的显示情况，合闸后，多方位聆听变压器的声音应没有其他杂音，观察低压进线带电表显示情况，检查低压进线避雷器泄漏电流的指示情况应正常。10 min 后手动分闸。间隔 5 min 后进行第二次冲击，5 min 后模拟重瓦斯保护分闸。间隔 5 min 后进行第三次冲击，5 min后模拟过温跳闸。间隔 5 min 后进行第四次冲击，5 min 后模拟压力释放跳闸。对第二台变压器重复上述操作进行三次冲击，之后进行第四次冲击时投入主变自投功能。模拟主变故障，第二台主变故障跳闸，第一台主变自动投入进行第五次冲击。将故障信号复归，模拟第一台主变故障，对第二台主变进行第五次冲击。之后第二台主变进入空载运行。

为节省操作时间，两台变压器冲击可交替进行。由于主变不能并列运行且存在相互联锁，只能将一台退出运行后另一台再投入。

28.3.3　注意事项

1.倒闸操作，应由现场电力调度员发布操作命令，值班员操作，并应设人员监护。无电力调度员命令，严禁操作。

2.严格按照安全操作规程进行操作，冲击时变压器附近不能有人。操作者要掌握紧急分闸的操作方法。

3. 操作人员必须由两人进行，一人操作一人监护，操作人员必须戴安全帽戴绝缘手套穿绝缘鞋。

4. 值班长接受电力调度的操作命令和操作程序并做好记录，由操作人员操作。在执行该操作内容之前操作人员应复述一遍操作内容，监护人员进行监督和监护。

28.4　27.5 kV 母线受电

28.4.1　试验目的

检查 27.5 kV 母线在冲击电压下的耐受情况，检查两段母线电压的显示情况，检查保护装置电压显示情况，检查后台监控系统母线电压显示。检查投入所用电变压器后交流屏带正式电源的工作情况。

28.4.2　试验方法

1. 选择仪器

数字万用表。

2. 试验步骤

依次将两段 27.5 kV 进线开关合闸，检查母线电压显示情况。检查保护装置电压显示情况，检查后台监控系统母线电压显示。检查所用电系统可以受电后，对所用变进行三次冲击，观察保护是否能够躲过涌流。检查交流电源屏电源电压。

3. 注意事项

严格按照安全操作规程进行操作，冲击时变压器附近不能有人。操作者要掌握紧急分闸的操作方法。

28.5　并联电容补偿装置冲击受电

28.5.1　试验目的

并联电容在额定电压下三次冲击试验，检查电容器、电抗器在冲击电流、电压下的耐受情况。检查电容器冲击时的熔断器是否有熔断现象。

28.5.2　试验方法

1. 选择仪器

数字万用表。

2. 试验步骤

检查确认并联电容补偿装置可以进行冲击后人员远离，在保护屏处当地手动合闸，对电容组进行第一次冲击，在保护装置的测量单元观察电流值并记录，核对电容器组的容量应与设计一致。5 min 后手动分闸。间隔 5 min 后对电容器组进行第二次冲击 5 min 后模拟差流保护动作分闸检查保护装置声光信号正确。5 min后对电容器组进行第三次冲击,之后进入运行。

28.5.3　注意事项

1.严格按照安全操作规程进行操作,冲击时电容器组附近不能有人。操作者要掌握紧急分闸的操作方法。

2.电容器组保护跳闸后不准强送电。保险熔丝熔断后,应查明原因。处理故障按规章办理作业手续。作业开始前必须进行验电、放电、挂接地封线。放电必须对电容器逐个进行放电。

第29章　接触网馈线受电分区所、AT所启动试验

29.1　启动前的准备工作

1. 检查接触网设备的单体试验报告和分区所(AT所)单体试验报告、系统试验报告,确认电气设备试验合格。

2. 检查牵引供电系统竣工图纸、主要设备的技术文件和最终的继电保护整定计算书齐全。

3. 自动重合闸功能在撤除位。

4. 接触网绝缘和导通测试良好。

29.2　变电所向接触网馈线送电

29.2.1　试验目的

检查接触网在冲击电压下的耐受情况。

29.2.2　试验方法

1. 选择仪器

数字万用表,验电器。

2. 试验步骤

确认接触网可以送电后,分别按照电调送电命令向馈线合闸送电,在微机保护装置上检查接触网的充电电流,在接触网末端分别对已送电和未送电的馈线进行验电确认送电方向的正确性。

29.2.3　注意事项

严格按照安全操作规程进行操作,操作者要掌握紧急分闸的操作方法,不送电的馈出开关应拉出在试验位置。

29.3　分区所、AT所母线受电

29.3.1　试验目的

检查27.5 kV母线在冲击电压下的耐受情况。

29.3.2　试验方法

1. 选择仪器

数字万用表,核相器。

2. 试验步骤

将接触网停电,合上送电方向上的分段隔离开关,合上分区所(AT所)接触网隔离开关,在变电所向该馈线送电,检查分区所(AT所)高压开关柜带电显示情况,检查线路电压互感器电压测量情况。核对同一方向接触网上行、下行对应的T线、F线电压相位的正确性。

确认母线分段开关在分位,分别合上馈线断路器,检查接触网上、下行供电臂并联运行的情况。

若相邻两个变电所均已向该分区所送电后,在分区所对两个方向的接触网馈线进行核相。确认两个相邻变电所主接线的换相连接应正确。

29.3.3 注意事项

严格按照安全操作规程进行操作,冲击时变压器附近不能有人。操作者要掌握紧急分闸的操作方法。

29.4 自耦变压器冲击受电

29.4.1 试验目的

自耦变压器在额定电压下5次冲击试验,检查自耦变压器在冲击电流、电压下的耐受情况,检查保护的躲励磁涌流的能力。检查自耦变压器在故障时自动装置的动作的正确性。

29.4.2 试验方法

1. 选择仪器

高压核相器、低压核相器、数字万用表。

2. 试验步骤

确认自耦变压器可以送电,自耦变压器附近人员已经撤离到安全地带,在控制室保护屏处合闸对自耦变压器进行第一次冲击,合闸时观察冲击电流的显示情况,合闸后,多方位聆听自耦变压器的声音应没有其他杂音。10 min后手动分闸。间隔5 min后进行第二次冲击,5 min后模拟重瓦斯保护分闸。间隔5 min后进行第三次冲击。5 min后模拟过温保护分闸。间隔5 min后进行第四次冲击。5 min后模拟压力释放保护分闸。按照上述步骤对同一段母线上的另一台自耦变进行三次冲击,投入自耦变备自投功能,对其进行第四次冲击。5 min后模拟自耦变故障分闸,故障自耦变对应的开关跳开,另一台自耦变自动投入。

29.4.3 注意事项

严格按照安全操作规程进行操作,冲击时自耦变压器附近不能有人。操作者要掌握紧急分闸的操作方法。

第 30 章　牵引供电系统带负荷测试

30.1　测试前的准备工作

1. 牵引供电系统已经正式送电。
2. 联合调试的列车运行方案已经被上级批准。
3. 主要设备的技术文件和图纸齐全。
4. 综合监控系统运行正常。
5. 各种通信联络设施齐全，话路畅通。

30.2　变电所带负荷测试

30.2.1　试验目的

检查系统带负载后，各测量电流显示的正确性。检查主变差动保护装置各电流回路极性接线的正确性。检查馈线距离保护测量阻抗的方向，确认保护方向投入的正确性。检查总回流、轨回流、地回流测量数值的大小，判断回流通路的完整性。

30.2.2　试验方法

1. 选择仪器

高压核相器、低压核相器、数字万用表。

2. 试验步骤

接触网带负荷后，在各保护装置上检查电流显示情况。查看差动保护的差动电流、制动电流的数值，比较确认电流极性接线是否正确。

查看馈线保护装置的测量电压、电流及其相位角的数值，确认保护方向的正确性。

在监控屏上查看总回流、地回流、轨回流并记录。

30.2.3　注意事项

严格按照安全操作规程进行操作。观测电压电流时严防电流互感器开路和电压测量回路短路。

30.3　分区所、AT 所带负荷测试

30.3.1　试验目的

检查分区所（AT 所）各保护装置测量电流的显示情况。确认自耦变差动保护

电流极性的正确性。确认馈线距离保护方向的正确性。

30.3.2　试验方法

1.选择仪器及原理介绍

高压核相器、低压核相器、数字万用表。

2.试验步骤

接触网带负荷后，在各保护装置上检查电流显示情况。查看自耦变差动保护的差动电流数值，比较确认电流极性接线是否正确。

查看馈线保护装置的测量电压、电流及其相位角的数值，确认保护方向的正确性。

在监控屏上查看总回流、地回流、轨回流并记录。

30.3.3　注意事项

严格按照安全操作规程进行操作。观测电压电流时严防电流互感器开路和电压测量回路短路。

第 31 章　接触网短路试验

31.1　测试前的准备工作

1. 设立总指挥组，下设变电所工作组、接地现场工作组、相关车站驻站联络组、抢修组（变电抢修小组、接触网抢修小组）。

2. 确认牵引供电系统已经送电启动且运行正常，接触网故障标定系统已经调试完毕，变电所、分区所、AT 所保护全部可靠投入。

3. 短路参数测量装置如录波仪已经安装接线调试完毕可以正常使用，且可靠接地。

4. 确认变电所、分区所按规定的运行方式供电。

5. 确认变电所监控系统具有故障录波功能，可对短路试验进行录波；打印机工作正常，可对短路试验结果进行打印。

6. 短路试验方案经有关部门批准。

31.2　接触网短路试验

31.2.1　试验目的

1. 接触网短路试验可以验证牵引供电系统理论计算结果的正确性，校验继电保护装置的计算结果。

2. 检验牵引供电系统保护装置功能及保护动作顺序，验证接触网故障点标定装置的正确程度。

31.2.2　试验方法

1. 选择仪器

(1)录波仪（分区、AT、牵引所各一套），调试计算机，数字万用表

(2)接触网作业车（配置断路器及相应遥控装置），长杆接地线（10 m，25 mm^2）。4 组，钢轨短接线 2 组（1.6 m，25 mm^2），27.5 kV 验电器等。

2. 试验接线

可参照图 4-31-1 进行接线测试。

3. 试验步骤

(1)分区所附近设短路点，接触网全并联运行方式，对上行接触网人工实施永久性短路 1 次，试验步骤如下。

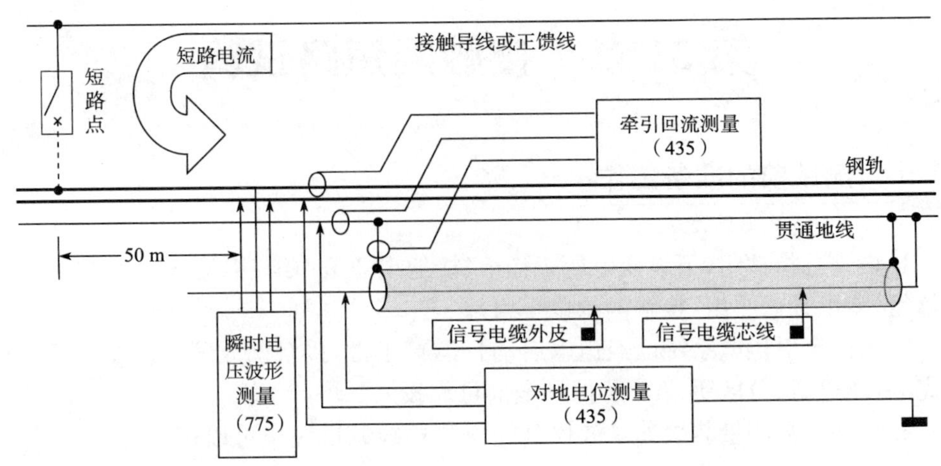

图 4-31-1 综合接地和电磁兼容短路试验方案示意图

①牵引变电所:依次断开相应馈线断路器及隔离开关,并确认分位。

②现场准备:如图 4-31-2 所示,现场人员在短路接地点两侧验明接触网和正馈线无电后挂好接地封线,在试验区段做好短路用移动断路器同接触网和回流线的连接,连接好操作电源和遥控操作开关,确认开关操作正常,确认作业车断路器在分位。撤除试验区段的临时接地线,人员撤离短路点 25 m 外,向指挥组汇报可以送电。

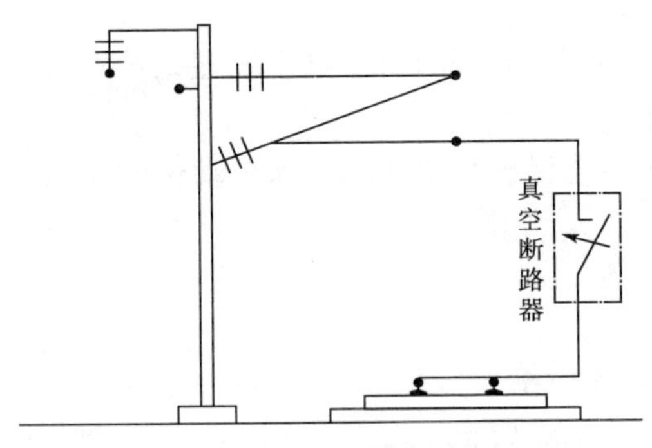

图 4-31-2 短路点现场短路接线示意图

③在牵引变电所合相应馈线隔离开关和馈线断路器,AT 所,分区所依次合相应隔离开关和断路器,实现接触网全并联运行。

④示波器及调试计算机处于在线等待状态,工作正常。

⑤现场工作人员接到合闸命令后,在安全地带操作断路器合闸。

⑥牵引变电所馈线开关跳闸,记录相邻 AT、分区所的联跳情况,检查并确认采集的数据,做好记录,分析故障信息,核对故障标定装置故障位置的正确性,并进

行校正,数据采集完毕后,复归信号,断开相应馈线隔离开关。

⑦现场小组验明试验区段无电后,在试验区段短路点来电侧挂临时接地线;拆除接触网短路点的临时设施,恢复到可以运行的状态,撤除试验区段临时接地线。

⑧短路试验结束后,对试验区段进行一次检查,确认无悬挂物、无异常情况后向现场调度汇报;由牵引所内值班人员对试验时的设备及各开关、刀闸位置进行确认后向现场调度汇报;试验人员恢复所有相关接线和保护。现场调度经核实确认后向指挥中心报告。

(2)分区所附近设短路点,接触网全并联运行方式,对上行正馈线 F 人工实施永久性短路 1 次,试验步骤同上,分析并校正数据。

(3)分区所附近设短路点,短路点要与第一次实施短路的地方相差一定的距离,目的是验证故障测距的精确性,接触网全并联运行方式,对上行接触网人工实施永久性短路 1 次,试验步骤同上,分析并校正数据。

(4)AT 所附近设短路点(BT 供电方式无此项内容),接触网全并联运行方式,对下行接触网人工实施永久性短路 1 次,试验步骤同上,分析并校正数据。

(5)全部短路试验完毕后,现场工作组成员对现场设备进行巡视,确认现场机具设备未侵限,接触网设备正常,电务、工务设备无异常,向工作领导人汇报,在确认人员、机具均已在安全地带,设备正常后,指挥现场人员撤除两侧接地防护封线,通知驻站联络员向供电调度汇报试验结束,请求消除试验作业命令,恢复正常供电。待送电成功后,安排现场小组成员巡视接触网和变电所内设备无异常后,结束试验工作。

31.2.3　注意事项

1. 在试验日期之前,向各相关单位、部门发短路试验通知,停止试验区段的所有施工。

2. 试验前应对所有操作人员进行安全教育,并结合本试验项目布置,讲解有关人员分工、岗位位置、联系程序等注意事项。

3. 试验前 2 h,除配合试验施工人员外,所有施工人员都不准上线路作业;并封闭试验区段,严禁各种轨行车辆进入。

4. 短路点 20 m 内不允许任何人在试验过程中进入此区域,并设置防护网和标志。

5. 试验过程中,除试验组人员外,其余人员应远离试验区域;参加试验操作人员不宜多于 5 人。

6. 操作人员防护设备配备齐全。现场人员应当能熟练操作干粉灭火器、气体灭火器等灭火设备。

7. 试验过程中,通信畅通,保持步调一致,严格遵守停送电工作票制度。